La Scala

Vittoria Ronchey

1944

Rizzoli

ISBN 88-17-66621-1

Prima edizione: febbraio 1992

1944

Avvertenza

Ogni riferimento a fatti e persone realmente esistenti o esistiti deve considerarsi puramente casuale. La narrazione è frutto di pura fantasia ed è liberamente ispirata alla storia di quell'anno, interpretata dalla immaginazione individuale.

Personaggi principali

Roberto Corigliano, matricola d'ingegneria
Renato Massova, suo cugino
Iselda Corigliano nata Massova, sua madre
Alessandro Corigliano, ingegnere, suo padre
Bianca Corigliano, sua sorella
Maria Adele Caserani nata Beni, madre di Iselda
Gualtiero Caserani, patrigno di Iselda
Federico Massova, fratello di Iselda, affiliato da Gualtiero
Bice Massova, sua moglie
Arrigo Pasatieri, legale e consigliere dei Massova Caserani
Padre Donato Lombardo, rettore del Convitto "Bellarmino"
Fausto Feliciano, ex camerata, amico di Roberto
Lisa Pennino, matricola di lettere classiche
Architetto Pennino, suo padre
Signora Pennino, sua madre
Rossana Ragno, amica di Lisa
Il ragazzo della Fuci, amico di Lisa

AGATA SERPIERI, amica di Lisa
MARVIN BARRETT, amico di Lisa
GUIDO DELLO IOLO, universitario, già direttore de "L'Arco"
EDGARDO VARESE, universitario, già condirettore de "L'Arco"
RINALDO MARTINO, amico di Guido
MARIA VITTORIA JOVI FREZZA, universitaria democratica
CARLO JOVI FREZZA, suo marito
TENENTE MARVIN DOUBLEDAY, dell'Oss
COMMISSARIO MIGLIAVACCA
BRIAN GREGORY, monsignore irlandese
COMPAGNO SARTI, assistente di fisica
MARIA LOVATELLI, principessa romana, sua fidanzata
SERGENTE MICHAEL O'GROATS, dell'Oss

E inoltre:

PROFESSORESSA GIUSEPPINA LUCIANI RÈNDINE, insegnante di Lisa al ginnasio
PROFESSORE LUIGI GABURO, insegnante di Lisa al liceo
PADRE MORENO, confessore di Roberto
PADRE ALIPIO, sostituto di padre Moreno
SUOR BRIGIDA, insegnante di tedesco di Roberto
SIGNORA DELLO JOLO, madre di Guido
PIA MALVEZZI, ereditiera
GEMMA MALVEZZI, proprietaria terriera, sua madre
ELISABETTA, madrina di Bianca
IL GENERALE, marito di Elisabetta
IL CATTEDRATICO DI DIRITTO, fratello del Generale
MARGHERITA VEDOVA MARTINO, amante dell'avvocato Pasatieri
ROBBI, fratello minore di Rinaldo, figlio di Margherita
MANILIO detto ILIO, fattore di Maria Adele alla Querciolotta

La Elis, moglie del giardiniere della Querciolotta
Ermes, cantiniere anziano della Querciolotta
David Alan Strassberg, ufficiale medico *On His Majesty's Service*
Il colonnello Irving Mills, responsabile dell'Oss
Mary Beth, fidanzata del tenente Doubleday
Edwina, sua cugina
Professor H.F.G. Pflaum, docente all'Università di Baltimora
Winnie, cuoca della famiglia Doubleday a Baltimora
Jole C., infermiera del Celio
Mauro C., suo figlio
Deborah Calvert-Jones, maggiore delle ausiliarie, proprietaria di Venier
Venier, *sky terrier* di due anni

Il biondo Tevere

Era rimasto appoggiato alla spalletta del fiume. Il Ponte Cavour si specchiava bianco e sbieco sull'acqua increspata. Appariva vuoto, sguarnito. Non c'erano più le sentinelle all'erta da una parte e dall'altra del Tevere. Non rimbalzavano più dall'una all'altra sponda gli echi armoniosi della lingua tedesca.

Das süße Lied verhallt, wir sind allein...

Sua madre, dopo la decisione del consiglio, aveva riportato giù dalla mansarda in salotto la radio e il grammofono coi dischi del *Lohengrin* e del *Tannhäuser*, le *Fontane* di Respighi, il *Torneo notturno* di Malipiero.

...wir sind allein...

Lohengrin. Gli piaceva l'opera, a Roberto. Tale madre, tale figlio. Nello smistare con mani abili i dischi affastellati sui tavoli intorno al suo letto per infilarli ciascuno nella sua foderina di carta quadrata che si piegava ai bordi rimasti vuoti, lei s'era accorta che qualcuno era scheggiato e aveva alzato le spalle.

Con un sorriso imbarazzato, quasi volesse chiedergli scusa per la soffocante protezione di cui l'aveva circondato – e se poi fosse stata superflua? –, sua madre Iselda aveva smantellato i ricordi di quella reclusione. Poche volte, forse nessuna, la ricordava intenta a fare traslochi. Anzi a pensarci bene non la ricordava occupata neanche con una valigia. Per la prima volta l'aveva vista affaticata, mentre smontava le tende pesanti che impedivano alla luce di filtrare sul breve cortile, quasi un corridoio tra le mura. Non aveva chiamato il portiere né alcuna delle donne ricomparse a offrire i loro servizi. Voleva fare tutto da sola, ché nessuno sapesse di quel rifugio né ora né mai. Farlo e disfarlo, per suo figlio, era stata una cosa che riguardava solo lei. Impaziente, raccoglieva le pile di libri che si erano accatastate sul pavimento. Il libro di Moravia, il *Giuseppe* di Thomas Mann nella verde collana della Medusa come Werfel, *I quaranta giorni di Mussa Dagh*. E *Così parlò Zarathustra*, persino *Im Westen nichts Neues* di Remarque, autore vietato, disfattista e pertanto introvabile. Aveva immaginato che c'era la mano di suor Brigida? Si poteva scommetterci: a lui non era piaciuto.

Ora che un consiglio di famiglia era occorso per liberarlo, Roberto si chiedeva perché a murarlo vivo fosse bastata sua madre. Perché lei tanto tenera, troppo tenera, a diciassette anni gli aveva levato l'aria e quasi persino la luce? Poche settimane dopo l'8 settembre, avevano fatto appena in tempo a vedere l'occupazione tedesca della città, Iselda lo aveva costretto a sparire, a nascondersi. Aveva dovuto vivere nella mansarda con una sola finestra sul retro, alta ma senza visuale, impedita dal liscio muro di fronte, d'un rosso pompeiano scolorito (avrebbe odiato per sempre quel colore!) che si frapponeva come una quinta fra lui e i platani del viale giù in basso, sul quale scendeva ripida la cordonata. La sola fuga allo sguardo era quel poco di verde a destra tra due palazzine, quel breve scorcio di Villa Glori, l'ingresso sul viale e poco più, che gli aveva permesso di vedere migrare e tornare i passeracci, mutare le stagioni. Sulla via Paolo Frisi invece l'appartamento doveva apparire a tutti chiuso e disabitato, con le sue serrande suggellate e le tende da sole arrotolate sotto i cornicioni, intorno all'anima di ferro sempre più arrugginita.

Per studiare gli aveva portato su persino la poltrona della scrivania di suo padre, un onore per lui, una specie di investitura. A Roma ci aveva già Bianca, la "bimba", non poteva lasciare che lui invece raggiungesse suo padre in campagna, alla Querciolotta, dove Maria Adele che lo aveva cresciuto bambino lo aspettava a gloria?

– Il mio bimbo, fatemi vedere il mio bimbo d'oro! –, avrebbe gridato, sporgendosi dalla balaustra di marmo di Carrara, all'arrivo della macchina davanti alla scala d'ingresso, quando la ghiaia e qualche ciottolo, scrocchiando sotto le gomme, coprivano il ronzio sommesso del motore della grande automobile ed erano il solo annuncio del visitatore.

La campagna. Che senso di aria, di libertà. La libertà qui in città, invece, gli pareva di non ricordarsela più. Appena l'avevano autorizzato a uscire era andato verso la periferia, ai Due Ponti, a Grottarossa, non in città. Con la jeep di Fausto anche a

Fregene. Del resto erano solo poche settimane che il consiglio di famiglia si era riunito, aveva discusso e deliberato. Aveva deciso per lui e i cugini – "ragazzi incolpevoli", come aveva detto l'avvocato Pasatieri chiamato a consulto – il ritorno alla vita civile. "La vita civile", così l'avevano definita, come dopo un servizio militare o un ritiro dai frati. Dai parenti riuniti era stata sancita la fine dell'emergenza, la loro liberazione. Gli avevano dato vestiti nuovi e denaro stampato dagli Alleati in a*m-lire*.

S'era riunito a casa Massova Caserani il consiglio di famiglia. Stavano tutti seduti intorno al tavolo grande di radica di noce tirato a lucido, senza un graffio, impeccabile come tutto in casa degli zii, con la bella venatura scoppiata in un disegno a onde concentriche entro cui galleggiavano piccoli noduli color avorio. Era un solido, pesante tavolo da pranzo e la sala, pur essendo adibita ai pasti quotidiani della famiglia, era austera come l'aula di un tribunale. Un *chippendale* di grande firma e gran prezzo – suo zio non s'era mai convertito allo stile Novecento che lui chiamava "stile fascista" –, eppure le poltrone ai due capi del tavolo erano più alte, e questo disturbava. Forse erano state fatte a imitazione di quelle autentiche, quando il tavolo era già proprietà dei Caserani. Vi sedevano quel giorno da un lato suo zio Federico e dall'altro l'avvocato Pasatieri.

Il sole del primo pomeriggio passava attraverso l'intaglio delle tende di lino inamidato, là in alto dov'erano decorate da una fascia di pesante ricamo. Batteva sui bicchieri e sulla caraffa dell'acqua, che versava riflessi sui fogli bianchi e le penne confitte nelle loro basi di onice lustro. Roberto si era sentito molto a disagio. Faceva anche caldo. Tutto era stato approntato come per un consiglio di amministrazione. Solo che i ragazzi erano seduti accanto alle loro madri, sua sorella Bianca invece era vicina alla madrina Elisabetta che aveva portato con sé anche il cognato professore di diritto, uomo influente ora come già "allora", che si era trovato d'accordo con l'avvocato: tutti liberi qui a Roma, nessuna preoccupazione.

Il sole autunnale era ancora caldo e aveva riscaldato la pietra della spalletta. Godeva di quel calore e della placida luce romana che filtrava dai platani un poco spogli, dopo essersi ispessita di riflessi sull'acqua. Per dargli piacere bastava già l'aria aperta, dopo quasi un anno di clausura, come dopo una malattia. Era finita l'occupazione tedesca a Roma e anche i primi convulsi mesi dopo l'arrivo, a giugno, degli Alleati erano finalmente trascorsi. Lui era stato costretto a una specie di clandestinità, sia prima che dopo.

Solo adesso che lo *Studium Urbis* riapriva i corsi aveva ricominciato a circolare, sia pure con prudenza. Fausto sarebbe passato dal lungotevere a prenderlo con la jeep, ma non sapeva con precisione a che ora. Avevano detto intorno alle quattro. Si sarebbe iscritto a un partito, non sapeva quale. Il suo avrebbe dovuto essere il Partito fascista, ma quei tempi erano passati e, almeno per ora, era meglio così. Avrebbe domandato a Renato che cosa fare. Non era solo suo cugino, ma il suo migliore amico. Roberto era restato in piedi appoggiato al parapetto e fissava lo scorrere dell'acqua, le frasche, i mulinelli. Appena la primavera diventava smaniosa lui e Renato infilavano le magliette del circolo per le loro prime sortite giù a fiume. Il Tevere si gonfiava dorato, mormorante sotto le secche del Ponte Milvio, pareva parlasse.

– A fiume, secondo i romani, c'era un dio. *Numen inest* –. Si guardavano intorno, e: – C'è un dio –, dicevano.

Renato strizzava gli occhi al sole.

– Un dio biondo –, la mano appoggiata al fianco lo fissava, ché pure Roberto era biondo, per farlo arrossire –. Un ragazzino. Il biondo dio Tevere.

E si guardava intorno e respirava, Renato, sotto la maglietta aderente del circolo, con un'aria soddisfatta di possesso imperturbabile, quella che aveva sempre e con tutti. Gonfiava il petto prima di calarsi giù dal molo a salto, attento a non rovesciare la canoa.

– Il dio leggero dei canottieri.

La sede del circolo era in muratura rosa. Aveva la forma di un cubo e un'ala semicilindrica, in cui si leggeva, anche da lontano, la scritta appuntita a lettere romane. Le sponde erbose, appiccicose di argilla, l'aria smaltata, tutto era immobile, come eterno. Roma era eterna.

Incontravano i gabbiani lungo il fiume, che venivano da sud, dal fronte del mare dove la sabbia era scura e metallica e attraversata dal filo spinato.

Roma era eterna.

– *Heimat*. La patria.

– Ma sentilo, il cocco di suor Brigida. Santa Brigida, mia divina...

Finita la parte più dura della risalita contro corrente, ben oltre Ponte Milvio, verso l'Aniene, rifiatavano. Il silenzio fuori città era completo, ma Roberto, che non poteva voltarsi, doveva alzare la voce egualmente.

– *Heimat,* Renato. Io mi sento di assomigliare a quei troiani che vagavano in cerca di un luogo...

– Vaga vaga...

Così diceva. Gli venne allegria a pensare a suo cugino, gli scappò da ridere tra sé. Faceva muro, quando lui cercava di parlare difficile. Renato non ammetteva le parole superflue, ma il suo biasimo era affettuoso e buffo, con lui almeno.

– ... che chi vaga non voga.

Per Renato tutto era solo movimento, sguardo. E azione, gesto preciso, ordinante, che lì si faceva ritmo, cadenza di remi nell'acqua. Altrove armonia di squadra, agone intenso, lotta: contro il disordine di tutto e tutti, di ogni cosa non umana, almeno non abbastanza umana per dominare e costringere; anche contro se stessi, quindi.

– Amo la morte, l'acqua, il sacrificio, il fato –, Roberto aveva gridato più che al cugino al vento, al dio del fiume, alle scie che facevano i rovi nell'acqua strascicandosi sulla corrente, ai mulinelli che mettevano il gelo addosso.

"Il gelido Aniene..."

In quarta ginnasio, quando avevano cominciato a leggere l'*Eneide*, si faceva chiamare Palinuro invece che Roberto. Palinuro, firmava i biglietti che faceva avere a Renato da una classe all'altra del convitto, con quelli che andavano al bagno.

– A' Palinuro... –, scherzavano i compagni.

"Il gelido Aniene, e stillanti di rivi / le Erniche rupi."

Rifiatava, flettendosi in avanti.

– Magari i compagni di Enea risalivano il Tevere come noi, in una giornata di aprile come questa.

– Voga, voga. Mica avevano queste braccia fine, Palinuro e soci, ché mi pari tua sorella.

L'alito caldo di Renato che si piegava in avanti sfiorava il collo del cugino, che quell'inverno non era cresciuto per niente. Non gli fosse toccato di voltargli le spalle, sarebbe piaciuto a Roberto guardare Renato negli occhi.

– Ti piacerebbe, che fossi mia sorella.

Si intendevano, Renato e Bianca. Erano sempre stati eguali, loro due, egualmente normali, nel senso che erano loro a incarnare la norma e lui a cercare invano di eguagliarla. Anche se Bianca in famiglia era una figura evanescente, che non si sapeva mai cosa pensasse, o se pensasse qualcosa. Roberto almeno non l'aveva capito mai. Ma proprio per questo, come donna, era normale.

– Ti s'innaffiasse un po', zia Iselda, invece che le begonie.

Sua madre Iselda aveva la mania delle begonie. Il terrazzo di via Frisi in aprile era infiorato di viola come nella settimana di Passione la cappella del Bellarmino.

– Dovevano essere giganteschi. Vestiti di pelli, a forza di viaggi, e con le ciocie come i burini.

"E quelli che Anagni nutre, la ricca / e tu padre Amaseno..."

Conoscevano bene quel fiume, metro per metro, d'estate lo risalivano anche a nuoto. Non in quelle ultime estati però. Era andata sempre peggio, fino alla reclusione.

E ormai pensava di allontanarsi dalla spalletta per abbandonarsi sul sedile di travertino caldo di sole. Fausto tardava, ma ora era libero e non aveva fretta di rientrare. Era bello stare lì a guardare e ricordare. Gli risuonava nelle orecchie il fruscio controvento dello scafo, il tonfo leggero dei remi, ci riaveva negli occhi il luccichio metallico dell'aria.

– Però le corazze ai Capitolini...

– Al Pigorini.

– Al Pigorini, parevano fatte per uomini come noi, le corazze dei guerrieri greci: torace profondo, spessore di muscoli ma statura normale.

– E chiamala normale –, s'intignava Renato.

Si accorse che stava di nuovo pallidamente sorridendo al ricordo. Mentre si calava giù dal molo aveva spiato i muscoli lunghi di Renato scoperti dai pantaloni corti. Ogni primavera si accorgeva di quanto era cresciuto nell'inverno il cugino, che aveva la pelle dorata e crespa di una peluria leggera, non come lui, che era ancora liscio. Arrossì e scalciò con la punta della scarpa le foglie impolverate ai piedi della spalletta. Al Bellarmino era stato sempre al primo banco. E Mussolini, allora? Era basso e anche un po' pingue. Ma era un capo: aveva l'animo per esserlo. Il corpo, un perfetto involucro per l'anima. Docile, scattante, allenato. L'armonia della scultura e della musica sintetizzata in ogni gesto, la dirittura di un regolo in ciascun atto della volontà. E la capacità di sentire tesa come la corda di un arco. Il coraggio: era stata questa la sua disciplina, era lo scopo dell'esistenza, il senso di quei pomeriggi giù a fiume. Vincere i mulinelli, i gorghi della vita, vincere la vertigine. Il capogiro della corrente e dell'acqua. La vita lo voleva pronto, all'erta, costantemente vigile, nocchiero, Palinuro di se stesso. Il suo corpo si era preparato al vero scopo di un uomo: si era preparato a essere docile alla sua anima.

– Ma quali corazze d'Egitto! Saranno stati ex voto. Un po' più grandi di quelli del Divino Amore, può essere pure...

E la brezza di ponente si portava via la voce ironica di Renato mentre sbiancava l'acqua bionda. Di solito restava silenzioso, sempre senza voltarsi, mentre sentiva il cugino dietro che soffiava per sollevare dalla fronte, senza lasciare i remi, il ciuffo dei capelli castani, folti e lisci, che gli calava sul taglio obliquo, etrusco, degli occhi.

– Ti s'innaffiasse un po', zia Iselda, ragazzino...

Sua sorella Bianca avrebbe potuto continuare gli studi alla luce del sole presso il Sacro Cuore, aveva deciso Iselda, meglio se da interna, fosse o non fosse suo padre Alessandro da considerarsi un gerarca, ma quanto a lui, che aveva finito il liceo ed era in età di leva... Per Iselda rischiava il rastrellamento. Avrebbe dovuto tenersi nascosto e lei con lui, per accudirlo e proteggerlo. Tra i suoi molti timori c'era stato anzitutto quello di rappresaglie indirizzate al marito, non fosse mai che le colpe del padre ricadessero sul figlio, la luce degli occhi suoi. Dei suoi grandi occhi chiari e sempre un po' in pena, sormontati da quelle esili sopracciglia segnate dalla matita, interrogative. Così si era rassegnato. A lei non aveva potuto opporsi mai. Resisterle era inutile.

Passare le linee

Quell'inverno le università erano rimaste chiuse: i giovani e persino gli adolescenti erano occupati a sfuggire con scarso successo alle retate della Todt. I professori erano alla macchia, oppure andati al Nord. Alcuni, già antifascisti schedati, si trovavano in prigione. Di questo Lisa non sapeva quasi niente. Poi c'erano quelli che avevano resistito il 9 settembre, dopo l'armistizio, per non cedere le armi ai tedeschi. Di questo si parlava tra amiche e qualche lampo stracciava la cortina di nebbia della sua mente confusa. Un giovane che si chiamava Persichetti, sì, l'aveva sentito nominare dai suoi amici, ma non sapeva bene perché.

"L'hanno ucciso", diceva quasi incredula Agata del suo professore che si chiamava Pilo Albertelli e finché non era stato arrestato aveva insegnato storia al Liceo Umberto. Ed era già quasi primavera. Di una sparatoria davanti al Liceo Dante Alighieri e di un morto, un ragazzo di cognome Gizio, Lisa invece aveva saputo subito, perché era del quartiere. Delle cose di cui i giornali non scrivevano si aveva un'informazione locale, di vicinato, come in un paese.

Ma altri erano spariti senza che ci fossero sparatorie, silenziosamente. Lisa cercava di ricordare e di connettere. Altri misteri affioravano alla memoria.

Già durante gli anni passati, ma soprattutto appena scoppiata la guerra, quando lei faceva ancora il ginnasio, c'erano stati segretamente grandi processi che avevano colpito le file dei partiti antifascisti clandestini. Quando qualche professore era assente, i liceali mormoravano che era stato arrestato, ma Lisa al ginnasio aveva solo professoresse ed è poco dire che si sarebbe stupita molto se le avessero detto che erano in prigione. Di queste, solo una era arrivata un giorno a scuola con gli occhi arrossati, il golfino abbottonato storto, il volto gonfio. Non aveva proprio fatto cenno ad alcun evento privato, nulla di nulla, non si usava. Non c'era confidenza con le allieve, si faceva solo lezione. Ma alla fine dell'anno, passando tra i banchi e carezzando Lisa sui capelli crespi le aveva detto:

– Studiando, lavorando, meritando buoni voti tu e le tue compagne, senza saperlo, mi siete state di grande aiuto in questi momenti terribili.

Si era di nuovo commossa e come quel giorno già lontano le erano venuti gli occhi rossi. Si chiamava Giuseppina Luciani Rèndine, non era sposata e insegnava latino e greco. Lisa di nuovo aveva pensato a un lutto in famiglia. Che il motivo di tanta angoscia fosse quel ragazzone gioviale, iscritto a matematica e fisica (appariva qualche volta all'uscita di scuola e le allieve ridevano e si davano di gomito: "Il fratello, quello è il fratello della professoressa") non le era proprio passato per la mente. Anzi era, come si dice, mille miglia lontana dall'immaginarlo. E invece era allora che Lucio Luciani Rèndine, comunista, era stato arrestato per la prima volta.

Adesso, pur avendo già finito il liceo, la piccola Lisa era un po' in ritardo: sapeva tutto su Duccio di Boninsegna ma della vita continuava a capire ben poco. Come tutte le prime della classe era un po' in ritardo sulle cose della vita. I fatti di quegli arresti erano vaghi e vaporosi. Ancora, come allora, c'erano segni che vedeva ma non decifrava, cenni che sentiva ma non afferrava. Misterioso era per lei il significato di "passare le linee". Si sarebbe detto che "passare le linee" potesse avvenire solo in una terra di nessuno, lontanissimo dalla città, in una zona impregnata di oscurità e aperta all'agguato della morte, ma anche libera e non sorvegliata. Talvolta invece sembrava che "passare le linee" si potesse qui, a Roma, da un momento all'altro, appena girato l'angolo. Ogni tanto qualcuno spariva. Passare le linee era anche "entrare in clandestinità", ma questo era tutt'un altro discorso e Lisa faceva moltissima confusione.

Le linee in realtà si passavano anzitutto nella zona tra Colleferro e Cisterna per raggiungere gli Alleati sbarcati ad Anzio. Molti si nascondevano invece al di qua delle linee, nei Castelli, tenendo le armi in cantine dette grottini, dove stavano al fresco con il vino e i formaggi di pecora. Le veniva l'acquolina in bocca solo a pensarci, a casa sua il formaggio non lo mangiavano mai, la ricotta qualche volta l'andava a prendere in bicicletta all'alba, dai pastori sulla via Appia Antica, traversando impavida tutta Roma. La facevano all'interno di grotte scavate nei ruderi, negli ovili caldi e fermentati, dov'era ancora buio e solo alla luce del fuoco la tiravano su dal gran paiolo fumigante per metterla nel cestino di vimini a filtrare e bisognava aspettare con pazienza e se il pastore era di buon umore la vendeva, altrimenti si tornava a mani vuote, ma non era possibile saperlo prima che il siero fosse tutto filtrato.

Sul Monte Gennaro c'era il gruppo di partigiani veri, agguerriti, dicevano. Erano addestrati e organizzati da un reduce della guerra di Spagna che gli Alleati avevano fatto sbarcare audacemente da un piccolo sommergibile, penetrato nel Tevere come il fuso in un telaio per cominciare a tessere trame vere, realistiche, non solo pigramente sognate, ragnatele nell'artistica città dello scirocco. Ma Lisa non solo non lo sapeva, in realtà non vi avrebbe prestato mai fede. Nel Tevere un sommergibile? Si sarebbe fatta una bella risata, incredula. Non gliela davano a bere! Ma gli amici sparivano. Questo solo Lisa capiva, con afflizione e senso di abbandono.

Talvolta, uscendo in gruppo con i compagni di scuola era capitato a Lisa che decidessero di "perdersela". Corro finché la perdo, dicevano a Roma i ragazzi di una un po' fanatica. Lisa era la prima della classe e aveva i calzettoni al ginocchio, che le davano un'aria tozza e poco femminile. Nessuno pensava a lei come a una possibile fidanzata e meno di tutti lei stessa. Era cameratesca e insieme saccente, poco docile, niente divertente: si dava arie, dicevano i maschi, sapeva tutto lei. Chi poteva mai corteggiarla? Così, prima di scegliersi reciprocamente, i ragazzi insistevano per andare a una fiera, una giostra, una mostra o altra manifestazione compatibile con i tempi di guerra. Poi a un tratto, avendo più o meno perfezionato o patteggiato le loro scelte di cui le ragazze erano l'oggetto, non sempre passivo certo, ma apparentemente arrendevole, tutti insieme si eclissavano, ognuno tenendo per mano la propria compagna. Mentre la sciocca Lisa si era ripromessa con loro, tutti insieme, un pomeriggio di chiacchiere e risate. Naturalmente lei si offendeva a morte. Qualcuno si impietosiva, qualcuno si divertiva, ma avere lasciato sola Lisa era, tutto sommato, una grande soddisfazione, o almeno un gran sollievo, per tutti. Questo avveniva ai tempi del ginnasio.

Così le capitava adesso. Aspettava una telefonata, finalmente aveva un appuntamento: nessuno si presentava e da quel giorno non aveva più notizie di loro, ragazze e ragazzi; se qualche volta l'appuntamento aveva luogo, tutti sembravano parlare al di sopra della sua testa. Quando a sparire era un ragazzo, dai familiari reticenti le veniva detto, in seguito, che era colpa dei tedeschi; ma in qualche modo lei era offesa egualmente, sospettosa che il ragazzo, lui, l'avesse tenuta lontana da qualche impresa, o almeno dalla confidenza di questa impresa, non fidandosi della sua discrezione e dunque della sua amicizia. C'era in corso un gioco tremendo che rubava a Lisa tutti gli amici, ma dal quale era esclusa pur non facendo niente per esserlo.

Si sentiva come quella volta che s'era quasi scontrata con Guido all'uscita della scuola e mentre già gli sorrideva lui non l'aveva proprio vista, il suo volto era rimasto serio ma i suoi occhi accesi, sotto le corte sopracciglia aggrondate, avevano cercato con ansia alle sue spalle Rossana e al vederla qualcosa era avvenuto tra loro, un'intesa, fatta solo di sguardi. Senza un gesto, senza una parola scortese da parte di entrambi, purtroppo senza che se ne accorgessero, lei si era sentita scartare, come una carta che si fa scivolare senza quasi toccarla sulla superficie liscia dell'altra, in un mazzo che non è stato ancora usato per giocare: rigida e cerosa. La gelosia era per Guido o per Rossana?

Aveva pensato un tempo che restare fuori da tante cose, come capitava a lei, dipendesse dal suo aspetto, dalla difficoltà innata d'attirare l'attenzione, che doveva essere in qualche modo guadagnata, perché lei non l'otteneva con la sola presenza, mentre certe nature fisiche catalizzano lo sguardo. Quanto all'essere donna, come Malaparte adolescente anche lei guardava in un binocolo rovesciato: voleva essere ciò che era destinata a desiderare come altro da sé. Dentro portava scritto "Uomo come me", il suo manifesto di suffragetta.

Poi a un certo punto, molto dolorosamente – era stato un momento difficile per lei –, aveva pensato che la cosa accadesse perché era priva di mezzi e di giusta collocazione sociale. Le parve, a questo punto, che la verità giungesse al suo intelletto sempre con due o tre battute di ritardo. Le dispiacque. Sapeva di avere reagito con superbia e amor proprio, cioè nel modo peggiore. Il suo carattere, pensava, s'era un poco guastato, aggravando le cose. Ma non aveva mai incolpato la sua famiglia di tanti limiti e restrizioni, né le si era minimamente ribellata. Lei quello era per nascita, a quello apparteneva e pensava che era proprio una fortuna le avessero insegnato a contentarsi di poco, cioè d'essere "sana e intelligente", come diceva sua madre. Non le piacevano quelli che puntano alto, hanno uno smisurato senso di sé e, da ambiziosi che sprezzano la virtù dell'autocritica, spiegano agli altri che bisogna "credere in se stessi". Lei in se stessa credeva e non credeva. Non aveva né l'orgoglio del pastore, né la modestia del gregge, che poi sono due facce della stessa medaglia.

Lisa, *Lisette liseuse,* come la chiamavano gli amici per la sua minuscola statura e per le sue gigantesche letture, non si sentiva infelice e non sapeva quanto questo rimpicciolirsi e mutilarsi, questo limitarsi proprio dei poveri, contenti per orgoglio di esserlo, avrebbe guastato e immiserito la sua vita senza ribellione. Erano tempi nei quali chi era povero doveva almeno essere umile, ma lei non lo era. Soprattutto, chi voleva un po' sgomitare – avevano preso in tanti a farlo, diceva suo padre, ora che si trattava di sostituire "i loro valori", aggiungeva con ironia volendo intendere "i loro interessi", a quelli che stavano per perdere la guerra – doveva farlo con la scusa del regno dei cieli dove tutti sono fratelli: da cattolico e da buon cristiano, e cioè con astuzia e modestia e aria di niente. Anche sorretto dalla convinzione cieca e incrollabile del diritto persino per i "poveri di spirito" – non quelli che hanno perso il fiato per troppo singhiozzare, come intende il Vangelo, ma proprio nell'accezione volgare, cioè gli incompetenti o inetti – a spartirsi la torta del privilegio e del potere. Suo padre era severo, il suo sdegno sommesso e pacato, come sconfortato. Lisa era cresciuta come una libera pensatrice proprio sulle orme di lui e accompagnava la madre a messa per non contraddirla ma non pregava, anzi credeva che quello che conta è il merito, la serietà, la buona fede in questa vita e basta così. Non avrebbe certo rinunciato a queste idee per niente al mondo.

Ma la guerra? Perché tutti intorno ne sembravano occupati e lei no? Forse, se ancora avesse avuto da finire il liceo, si sarebbe sentita meno esclusa. La scuola era stata la sua grande occasione, molte case le si erano aperte, soprattutto quelle dove abitava una compagna debole in latino o in qualche altra materia in cui lei eccelleva e, nonostante il razionamento, c'era marmellata inglese e burro per il tè.

Il liceo era stata la sua rivalsa: tutti la cercavano, specie durante i compiti in classe e le grandi ripetizioni generali quando i suoi appunti andavano a ruba e lei diventava il centro dell'attenzione. Ma non ne approfittava, non si faceva pregare, era disponibile e servizievole, dava ripetizioni private e collettive alle amiche senza compenso, grata che le permettessero di essere utile. "Anatolia", così la chiamava un suo professore di lettere dannunziano che amava *Le vergini delle rocce* dove Anatolia, la "donna che sostiene", sta appoggiata alla balaustra nelle prime pagine del libro, con una mano a sorreggere l'altra. Perché Lisa sosteneva il peso – secondo lui – di troppe impreparazioni e pigrizie di altre vergini, egualmente gradevoli a vedersi, un po' meno ad ascoltarsi nelle interrogazioni.

Ma ora Roma era occupata dai tedeschi. Le facoltà erano chiuse. Gli amici di Lisa o erano sfollati verso le case di villeggiatura e quelle di origine o erano rastrellati o erano clandestini oppure erano ebrei, che avevano frequentato la scuola insieme a lei fino allo scoppio della guerra. In Prati erano state molte, fino allora, le famiglie di commercianti che mandavano i figli alle scuole pubbliche per reagire alla segregazione attiva o passiva e per dare loro un'educazione non confessionale. Ma di nessuno di tutti costoro Lisa sapeva veramente qualcosa fuori del loro profitto a scuola, quand'erano stati iscritti, spesso neppure che fossero ebrei.

Erano molto riservate le sue amiche Pontecorvo e Di Castro, Tagliacozzo e Di Nepi, lo erano sempre state fin dall'inizio del ginnasio. Delle feste nelle case, delle riunioni, delle cerimonie importanti parlavano tra loro durante l'intervallo, il giorno successivo all'evento, appartandosi nei corridoi e persino nei gabinetti o nel piccolo sottoscala dove la custode vendeva loro la merenda. Era un acquisto che Lisa non poteva permettersi e si giustificava sostenendo che la madre non voleva che si "guastasse l'appetito". La guardavano con curiosità e commiserazione. Parlavano a bassa voce e per cenni reticenti che mostravano chiaro di non volere essere intesi da altri ed erano ancora bambine, perché questo succedeva all'inizio del ginnasio, anni addietro. Si capivano soltanto tra loro.

Dai cognomi Lisa non aveva mai dedotto niente. Per lei erano cognomi come gli altri. Pensava che in quel gruppo fossero tutte cugine, o figlie di amici che si conoscevano e frequentavano fuori di scuola fin dall'infanzia o che abitavano vicine di casa. Del resto di questi gruppi o conventicole le classi erano piene, giacché uno dei giochi puerili che alcuni praticano a tutte le età è quello di fare gruppo contro altri gruppi, ma a Lisa non piaceva far dispetto a nessuno e voleva invece stare con tutti. Così non faceva caso, in questo non era permalosa, non si lasciava smontare e alla fine, come sempre accade, veniva accettata.

Iselda

Iselda Massova, maritata all'ingegner Corigliano, di amici ebrei ne aveva molti e li cercò alla catena dei numeri telefonici consueti. Lo scopo soprattutto era d'entrare in contatto con gli insegnanti privati dei loro figli, gente certo sicura. Da quando le scuole pubbliche li avevano espulsi, i ragazzi ebrei studiavano privatamente. Ma dopo l'8 settembre i suoi amici israeliti erano tutti scomparsi. Anche i "discriminati", quelli cioè che con l'aiuto di gerarchi e alti prelati avevano visto riconosciuto in via eccezionale alla loro conversione al cattolicesimo il potere di sottrarli alle leggi razziali. Quelli che vivevano con discrezione in mezzo a persone fidate e protetti, si diceva, anche dall'alto proprio per le benemerenze acquisite agli albori del fascismo: pure costoro erano tutti spariti.

Iselda aveva tratto, certo a ragione, infausti auspici e raddoppiato la protezione intorno a lui. Aveva portato su in mansarda certi tendoni neri di tela erta, per le finestre, che pareva di stare al cinematografo. E non faceva che raccomandarsi, con la voce che le tremava e gli occhi lustri: senza di lui che avrebbe fatto? Comunque per un po' Roberto aveva sperato in un ripensamento, per le difficoltà che c'erano a reperire i professori. Come se non sapesse com'era fatta sua madre. Solo perché lui azzardava l'idea della Querciolotta a lei venivano i singhiozzi:

– Da lui... vorresti che ti mandassi da lui...

E le si perdeva lo sguardo oltre l'invetriata azzurra del salotto. Com'era bella, sua madre!

– Lui che è un imboscato per non andare a Salò, tu che sei di leva e hai le retate, i rastrellamenti sulla testa –, e gli carezzava i ricci, la pazza – come una spada di Damocle, bella coppia per farmi morire di paura. Ecco quello che vuoi, farmi morire...

E riattaccava la scena patetica. Tutto quello che succedeva nella vita del figlio non contava per l'effetto che aveva sul titolare, per così dire, della vita in questione, sulla sua *Bildung* come diceva suor Brigida, ma solo per quello che aveva, di rinterzo, sulla madre. Effetto invariabilmente pernicioso, tale da indurre, a detta dell'interessata, invincibili insonnie, capogiri, emicranie e crisi d'ansia al limite del ricovero.

A "lui", al padre di Roberto, Iselda l'aveva detto che della campagna mica si fidava, glielo aveva detto lealmente, quando Alessandro aveva deciso per la Toscana in silenzio e d'improvviso, come decideva le cose lui. Non che non si fidasse della sua gente, ma il fatto era che il marito... come dire, era sempre stato un po' un intruso e poi, per quanto sia, non aveva il tratto di quel gentiluomo di suo padre, patrigno insomma. Qualche ostilità, con i suoi modi da gerarca, anche se gerarca non era, l'aveva suscitata. Che poi sulla fedeltà dei mezzadri a non contarci troppo non si fa mai danno. I Caserani erano ben visti, ci mancherebbe, però coi tempi che correvano...

Intanto a Roma il ragazzo era ben protetto. E gli avrebbe anche organizzato gli studi. Cose che non si potevano imbandire così su due piedi, in campagna come fosse un *pique-nique* e come avrebbe voluto Roberto. L'aveva già affrontato anche con Maria Adele questo problema degli studi di suo figlio.

S'erano incontrate a Firenze, madre e figlia, che ancora non c'era stato l'armistizio. Erano a via Tornabuoni e la sala da tè sembrava quella di sempre, un buon profumo di pasticceria:

– Di che sarà fatta? –, chiedeva Iselda.

– Ora si prova –, faceva Maria Adele, e lei non sapeva se sua madre intendeva le meringhe o la cerca dei professori, per le lezioni private in campagna.

– Dio buono, Iselda, da' retta a me per Roberto –, pregava Maria Adele, subito alleata del nipote, ma intanto Iselda non guardava la madre, gli occhi le si perdevano in una lontananza crepuscolare e vaga, le sopracciglia dolorosamente arcuate. – Fidati che te lo cresco dritto come un cipresso.

Un cipresso. Non una quercia, un ippocastano. Tipica sua madre!

– Li so io i cipressi. Lo so io che cipressi mi ritroverò –, aveva cominciato a disperarsi – gli alberi pizzuti come dicono a Roma...

Sua madre proprio non aveva tatto. Va bene che a stare in Toscana la prospettiva è un po' diversa, pensava Iselda.

– E poi l'inglese –, si rianimava. – È stato Alessandro a volere la classe di tedesco e la monaca prussiana, quell'arrogante. Una baronessa, mi hanno detto i padri, prima di prendere i voti nell'ordine, come si chiama, lì a piazza Farnese, dove c'è stata anche la regina di Svezia. Certo che quando sono classisti, i tedeschi...

– E razzisti –, faceva eco Maria Adele, che non transigeva su quel punto, per via dei suoi amici ebrei.

Dopo tanta voga di tedesco e di Wagner e di Edda erano molte che facevano quei discorsi ai figli, pensava Maria Adele, e torto non avevano. A Roma sapeva bene che non c'erano difficoltà: religiosi irlandesi, canadesi, persino americani, dalla pronuncia non proprio perfetta ma dai voti di povertà irreprensibili, potevano essere ingaggiati a buon prezzo. Ma attempate signorine, che nei loro anni giovanili avevan vissuto negli *States* al seguito di padri emigranti, allettati poi al rimpatrio dal regime che prometteva mari e monti, quelle forse si trovavano anche in campagna. Delusa, quella povera gente, famiglie numerose per lo più, non aveva potuto fare dietrofront per il timore che in America, con lo scoppio delle guerre fasciste, prima o poi l'internassero. Anche da loro ce n'era, e vivevano, si può ben dire, nell'indigenza. I vecchi erano tornati al bracciantato, ma le ragazze troppo delicate, dattilografe, commesse, in campagna non trovavano né da accasarsi né da lavorare. Qualche ricamo, qualche faccenda... l'inglese forse... Ma come fare a insistere con Iselda? La quale intanto aveva deposto la tazza:

– Cara mamma, noi si fa così.

Maria Adele annuiva e sorrideva alla figlia e intanto rifletteva:

"Iselda è tanto insicura quanto testarda, una volta che s'è messa in capo una cosa!"

Nel giudizio su Roberto, la figlia oscillava senza via di mezzo tra la convinzione che fosse perfetto e onnisciente e il tormentoso sospetto che in realtà fosse completamente incapace di prepararsi al mondo. Per quanto lui si ribellasse, finiva anche per insinuargli dubbi su se stesso. Questo era il male. Povero Roberto, pensava Maria Adele, rimproverato perché, dopo tre anni, ancora aveva difficoltà col tedesco. Che ne sapeva Iselda? Mica lo parlava, lei! Eppure sprezzante gli imponeva:

– Lascia perdere il tedesco. Non ci sei tagliato. Ora devi parlare almeno l'inglese, è la lingua di domani per l'Italia.

Ricominciava l'Elogio dell'Inglese, secondo una moda condominiale, in quei mesi, in quei quartieri; Roberto non lo sopportava, però diceva speranzoso:

– Ma c'è la nonna alla Querciolotta.

– Tua nonna l'inglese lo parla ma non lo scrive. Una poliglotta analfabeta. Sai, succedeva in altri tempi.

Iselda intendeva i tempi di cui le parlava sua madre, in cui la vita era fatta di abiti lunghi e bauli profumati, di eterni soggiorni alle terme senza niente da fare. In cui per quelli del loro ambiente tutta l'Europa era un unico paese, un paese bianco e nitido come un grande cammeo, da Baden Baden a Cherbourg.

– Certo parla un inglese da gran signori, tua nonna, ma t'immagini quant'è utile l'inglese di fine secolo a un ingegnere.

– Ma c'è Pia Malvezzi.

Errore madornale, rammentare a Iselda l'esistenza della Malvezzi figlia.

– Santo cielo, quella provinciale presuntuosa! Solo perché è stata a Londra, in casa d'altri, per tre o quattro estati di seguito... Sai, quand'eravamo ragazze...

E la bella Iselda arrotolava all'indice magro la lunga collana di perle e se ne metteva due grani tra le labbra delicate, la testa inclinata da un lato ricordava:

– Si crede Bette Davis, per via degli occhi spiritati sotto quelle sue palpebre basse, pesanti. Povera illusa, con quei gran denti e quel sorriso equino!

Certo alla Pia Malvezzi quando sorrideva le si scoprivano interamente le gengive, ma era un sorriso a detta di tutti contagioso.

– E difatti è rimasta zitella, senza figli, e la donna che non ha figli non è una donna...

Il Compianto per la Donna Senza Figli era un altro dei pezzi forti di sua madre, in questo d'accordo una volta tanto con il regime, e Roberto se lo immaginava tradotto e cupamente gorgheggiato da una di quelle voci tedesche di contralto: altro che *Kindertotenlieder*.

– Eh no! –, aveva concluso Iselda – ho già in mente qualcuno adatto qui a Roma, basta che faccia una telefonata... E tu non mi volere male, non mi fare disperare...

E, tanto per cambiare, sulle labbra subito tremanti di sua madre s'erano affollate frasi del tipo "la campagna ha cent'occhi" e "così acchiappano due piccioni con una fava".

– Ma che fava e fava. Ma che noia!

Se la prendeva lui, ma in un soffio, non ad alta voce. Non aveva mai avuto parole ordinate, ragionamenti, discorsi da opporre a sua madre.

Della campagna lei non si fidava. A suo padre, l'ingegner Alessandro Corigliano, fascista della prima ora, gliel'aveva detto papale papale, quand'era partito. La ritirata di lui alla Querciolotta s'era decisa alla caduta del fascismo, nel luglio del '43, mettendosi allora e per il momento a tacere, da ambedue le parti, i motivi della contesa familiare. Quei dissapori che avevano portato i suoi fin quasi alla separazione. Suo padre s'era fidato, ma lei no.

No, con un marito transfuga e un ragazzo di leva l'imperativo era muoversi il meno possibile. *Queta non movēre*, ripeteva sempre la madre superiora del collegio di Iselda a Poggio Imperiale. *Queta non movēre*, era la lezione di costante prudenza appresa in famiglia. Una famiglia davvero cospicua la sua, e non solo in Lucchesia ma in Vaticano: per il denaro, le relazioni, le parentele, le tradizioni.

– Qui a Roma per i libri c'è il prestito dell'Alessandrina e poi la biblioteca di tuo padre... Be' –, improvvisamente s'illuminava giocosa – anche questa biblioteca potremmo chiamarla alessandrina!

E se lo abbracciava, neanche fosse un deficiente al primo giorno di scuola.

– Ma senza frequenza...

Era l'ultimo mormorio, la quasi afona difesa di Roberto. Una linea difensiva esile come un filo da calza, di quelli che lavorava Bianca il pomeriggio. Sapeva benissimo come i giovani tutti si tenessero alla larga dall'università, e anche i professori, e nessuno frequentasse in quell'anno accademico.

– I tempi sono pericolosi. Quanti ragazzi vengono uccisi al fronte e quanti ne muoiono nei campi di lavoro della Todt dopo essere stati rastrellati dai tedeschi? Di fame e stenti e freddo e malattie in Germania, lavorando per i nostri cari alleati. Pensa alle madri. Morire come schiavi che durano finché durano e qualcosa ancora producono e poi *kaputt*, uno di meno!

E alzava i chiari occhi al cielo, sinceramente indignata dalle notizie che riceveva a sprazzi, per telefono. La mano fina tracciava in aria una specie di segno di croce, il gesto più allusivo e terribile che ella avesse mai imparato. – *Kaputt*, uno di meno.

– Di tutta la lingua tedesca solo *kaputt* sapete dire, tu e le tue amiche.

Lei corrugava le sopracciglia sottili disegnate con la matita sulle arcate spoglie dei suoi occhi lucenti e appassionati, tormentando i fili di perle che arrotolava strettamente intorno alle dita sottili per poi lasciarli andare e un attimo dopo ricominciare a torcerli con un gesto tanto tipico di quando era preoccupata.

– Io penso alle madri...

Che ne morivano tanti si sapeva in Italia, o almeno lei lo sapeva, dal Vaticano e dalla Croce Rossa dove contava, come dovunque, "qualcosa". A suo figlio invece non sarebbe mancato niente, tranne l'agio di muoversi di casa, ovvio.

Infatti la libertà di muoversi alla luce del sole Roberto non ce l'aveva avuta più e per quasi un anno. Qualche scappata, così, da una palazzina all'altra, ma proprio di corsa, soprattutto a via Oriani, dove abitava Renato e giù fino a largo Elvezia dove stavano Fausto e gli altri. Scendeva anche verso via di San Valentino, ma per un itinerario segreto che passava all'interno dei cortili, da un cancello all'altro, e traversava la strada solo due volte, correndo per il resto lungo viottoli interni e vicoli e cordonate, sempre umide e coperte di muschio, tra svolte e giravolte. A messa qualche volta, ma non a San Roberto Bellarmino, il suo patrono, dov'era stato battezzato, piuttosto alla cappella del convitto, dov'era facile imbucarsi con discrezione e soprattutto uscire alla chetichella attraverso la cripta, che dava sui giardini bui delle Tre Madonne: "per fratte" come diceva Renato. Ma certo una passeggiata sui lungotevere come faceva ora, in mezzo a tanta gente, davanti a Ruschena, quella assolutamente mai.

La reclusione era stata pesante. Eppure con l'oscuramento e il coprifuoco s'erano dati da fare, e molto, anche loro: cioè lui e gli amici e i cugini e insomma tutta la squadra. E quasi ogni sera. Quando la madre aveva il bridge al lume di candela a casa di sua zia Elisabetta e del Generale, il quale non faceva più le scale, motivo per cui riceveva nell'attico di viale Parioli dove si moriva di freddo. O quando era arrivata una lettera che non le era piaciuta e Iselda aveva un attacco di vertigini e si chiudeva in camera magari a sentire la *Norma* o la *Butterfly*. Cioè quasi ogni sera.

Buonanotte ai suonatori, intonava allegro Roberto, e si squagliava su in mansarda. E chi lo cercava? Nessuno. Poteva mancare per due, tre ore, e andare a pesca, come si diceva, di pesci rossi. Lui con gli altri "ragazzi incolpevoli". Gli era piaciuto moltissimo, a parte quel maledetto pasticcio di febbraio, giù alla Marina, che non si poteva levare dalla testa.

Rabbrividì. Era talmente limpido che si vedeva quasi, la Marina, dietro l'ansa del Tevere, tutta bianca e riverberata dalla luce del fiume, con le palme verdi (quante ne aveva disegnate alle elementari, ai tempi dell'impero africano!) e dietro la Flaminia e quel cielo blu intenso che era davvero un cielo da ammiragli.

Un reclutamento fallito

A Lisa sui problemi della razza e del razzismo non poteva certo dare lumi la madre, che nella limitatezza delle sue nozioni e nella sua inconcludenza e vaghezza meridionali quasi non sapeva chi fossero gli ebrei, che del resto dal Sud erano rimasti lontani per l'assenza d'imprese e commerci redditizi. Ne aveva un'idea inadeguata e fumosa, come di cosa esistente ma non presente e che avrebbe dovuto, nel caso, palesarsi con una grande evidenza e diversità, e comunque si sarebbe stupita molto di sapere che la classe di sua figlia ne era piena. Anche se, per suo conto, non le sarebbe dispiaciuto affatto, purché fossero buone figliole, serie e timorate.

Comunque Lisa era sicura che la parola ebrei non era mai stata pronunciata (ne ebbe poi sempre uno strano pudore e preferì dire "israeliti") né dalle sue compagne né da altri, quasi che pronunciarla fosse turpiloquio, e se la tenevano all'oscuro delle loro feste e incontri e iniziative era abituata a non offendersi, tanto non avrebbe potuto parteciparvi fuori della scuola. Anzi non essere invitata talvolta era un sollievo, non avendo regali da portare né abiti da sfoggiare, ma in compenso molto amor proprio. E poi sua madre, ignorando la collocazione sociale delle varie famiglie, né a dire il vero preoccupandosene mai, era invece terribilmente sospettosa di altre cose e temeva sempre che le persone estranee alla famiglia non dessero sufficienti garanzie di moralità.

Ad ogni invito da lei ricevuto, per darle il permesso di accettarlo, le faceva molte e inquisitorie domande cui Lisa non sapeva come rispondere, anche se evitava di mostrarsene irritata perché era abituata all'indulgenza verso sua madre. Quella povera donna si chiedeva ansiosa perché mai dessero feste e in un momento così triste. Doveva esserci qualcosa sotto, a rifiutare non si sbaglia mai perché il mondo, si sa... Lisa staccava, come diceva lei, la spina. Sua madre credeva di essere in un suo libro di Annie Vivanti dove le minorenni venivano iniziate all'uso della coca: *Naja tripudians* si intitolava il libro.

Così, con la consueta discrezione e come fosse un fatto loro privato e personale e non uno scandalo orribile, almeno otto delle sue compagne di ginnasio erano silenziosamente sparite dalla classe. Alle telefonate prive di tatto, che la solita Lisa si era precipitata a fare, ognuna aveva dato una motivazione diversa per la sua scelta di studiare privatamente e concludere l'anno da "privatista" con l'esame di Stato.

Se nei giornali di regime si dissimulava l'inasprirsi delle leggi razziali e le loro meschine applicazioni concrete erano nascoste in molte vacue e astratte parole o ridotte a trafiletti di una colonna in pagina interna, stando ai discorsi delle sue amiche ebree nel '38 e nel '39 le leggi razziali non esistevano affatto. Lisa aveva pensato, o le avevano fatto credere, che abbandonando la scuola pubblica per lo studio privato avessero scelto un comprensibile e legittimo privilegio. Dicevano che studiare in casa era meglio, lo facevano tutti quelli che volevano un'educazione accurata e Lisa pensava che certo doveva essere vero ed è giusto che ognuno scelga ciò che gli piace di più se può scegliere. Un professore tutto a sua disposizione sarebbe piaciuto anche a lei.

Siccome erano le migliori della classe, le più studiose ed intelligenti, e Lisa allora non portava rancore al benessere degli altri, considerando le sue ristrettezze alla stregua di un fatto di natura, aveva continuato a frequentarle, a confrontare lo svolgimento dei programmi, a imparare da loro con gratitudine. Soprattutto aveva continuato a farsi prestare libri, cosa che facevano con generosità e volentieri solo per Lisa. Finché, a libri restituiti, le aveva gradatamente perse di vista nel corso del liceo. Qualcuna l'incontrava ancora a passeggio. Erano cresciute, ma come se fossero rimaste quelle del ginnasio si salutavano con saltelli e gridolini, affettuosamente.

Le ricordava tutte le volte che passava davanti a un famoso negozio di tessuti che aveva cambiato sui vetri delle grandi porte il nome del proprietario con la sigla S.A.I.T.A., e i ragazzi scherzando dicevano: **S**amuele, **A**bramo, **I**saia **T**utti **A**riani. Anche lei rideva, ma non sapeva bene che cosa mai volesse dire, o meglio lo sapeva e non lo sapeva, ma pensava che tutto sarebbe andato a posto, tutto per il meglio. Gli adulti avevano certo idee più chiare di lei su quello che dovevano fare. Ma ora che tutte quelle compagne amate erano svanite nel nulla, ancora Lisa non immaginava quale destino di morte le stravaganti Parche avessero cominciato a filare per quelle ragazzine fragili e bene educate.

Eppure, dopo l'8 settembre di quell'anno, la clandestinità l'aveva sfiorata una volta, quando un'amica che si chiamava Agata Serpieri le aveva chiesto se disponeva di alcuni medicinali da regalare o se avesse voglia di cercarli. Lisa aveva risposto smarrita che non ne disponeva né sapeva dove cercarli e solo perché questa era la pura e semplice verità. Non aveva in casa nemmeno l'aspirina. Non immaginò che in quel modo veniva sottoposta a un esame per saggiare la sua disponibilità. In quel momento in verità lei non sapeva come curare i suoi malati, quelli che aveva in casa, perché il cibo era la sola medicina che occorreva loro. Anche lei era molto debilitata e guardava con ammirazione Agata che appariva sempre in forma e, a giudicare dagli occhi e capelli splendenti, anche ben curata e ben nutrita. A quei tempi Lisa credeva ancora che tutti vivessero come loro, solo con le razioni della carta annonaria, e si lavassero i denti con il sapone da bucato come faceva lei, in assenza di dentifricio.

Se Lisa conosceva molte studentesse, qualcuna ancora a Roma, e aveva tanti legami e in tanti ceti, legami divenuti magari epistolari – ed erano di confidenza e amicizia, o almeno di quelle che lei considerava tali – dovunque la famiglia di Lisa era senza amici. E questo perché era la famiglia di un signore povero e istruito, che viveva tra poveri, in un caseggiato popolare. Così non aveva amici tra i vicini, che li sospettavano di alterigia, né tra i borghesi che con maggior fondamento li sospettavano di indigenza.

Tutti, in casa di Lisa, avevano molta dignità ma non avevano medicinali di scorta, né parenti ben introdotti nel ramo medico né amici nel commercio dei farmaceutici. Così Lisa aveva perso la sua sola occasione di partecipare alla cospirazione più o meno clandestina contro i tedeschi e i fascisti. Di costoro ogni giorno, con orrore, udiva minuziosi resoconti di crudeltà e razzie, di rastrellamenti e requisizioni, di uccisioni e torture, a Palazzo Braschi e a via Tasso dove imperava la banda Koch. Non che pensasse di sconfiggerli lei quei signori, ma di fare qualcosa, sì, le sarebbe piaciuto. La resistenza, ah, si chiamava così. Ecco, avrebbe voluto resistere, ma non sapeva come. Per lei sopravvivere era già resistere. Come aveva detto Rainer Maria Rilke, il suo poeta preferito, quando gli avevano chiesto quale era il fine ultimo del poeta: "L'immortalità? Oh, no, l'importante è sopravvivere". C'erano sere in cui pensava che non ce l'avrebbe fatta un'ora, un minuto di più, di fronte a tanto male, a tanta disperazione. E alla fame che le impediva di addormentarsi. Ma poi la mattina era un giorno nuovo.

La sciarpa gialla

Era sulla rampa fradicia che portava alla botola del lungotevere, buttato lì che da lontano pareva uno scherzo, non fosse stato per quel nastro di sangue rosso cupo che scendeva giù dagli scalini striati in cima dal chiarore lunare della griglia. Forse aveva provato a scappare. Era caduto male, a poco più di un metro dalla strada.

Chi fosse stato a sparare il colpo di Beretta che aveva rintronato a lungo e aveva zigzagato tra le volte buie e i canali dell'acqua, se i camerati o gli altri, Roberto mica lo sapeva di sicuro. Era stata più che altro una sassaiola, da principio. Poi quelli improvvisamente s'erano dati come conigli, come tanti conigli selvatici dentro una grotta, e i camerati avevano passato parola di sparpagliarsi e li avevano inseguiti in varie direzioni, e i fuochi delle torce a pila moltiplicavano le ombre e le presenze. Poi Roberto aveva visto il corpo, una massa scura, e gli era parsa una vita quel mezzo secondo in cui aveva guardato, fermando il cono di luce, e aveva capito. Dal silenzio, dal sangue, dall'innaturalità della posizione, scomposta e snodata come un manichino per la classe di disegno, aveva capito che era il corpo di un morto. Una cosa che non aveva mai veduto prima e che non si sarebbe potuto scordare mai più.

Stava piegato e nello stesso tempo riverso, una cosa strana, mai vista prima, e aveva intorno al collo una sciarpa gialla, lavorata ai ferri, che gli copriva il mento e la bocca. Roberto s'era messo a gridare come un disperato, aveva chiamato i suoi per nome a uno a uno, senza pensare alla sicurezza né tenere bassa la voce. Piuttosto, si sarebbe poi sempre ricordato, urlava a squarciagola in una specie di crisi isterica con il rischio di vedersi ricascare addosso quegli infami dei rossi che si erano appena dileguati. Invece erano tornati indietro i camerati, quelli che si erano inoltrati nel braccio sinistro. Gli altri, Renato compreso, in quel momento chissà dov'erano, magari già lontani. E quello che si diceva si diceva, pace. Lui non aveva visto e non sapeva niente. A Renato direttamente non glielo aveva chiesto mai. Con Renato voleva dividere qualunque segreto, ma non quello.

Gli altri della squadra sembravano impressionati, ma soprattutto da quel suo urlare e infatti lui aveva subito smesso, continuando però a tremare dentro. Un colpo al collo e niente, quel fesso c'era rimasto. Era chiaro che bisognava allontanarlo da lì. Lo avevano preso per tirarlo giù ed era caldo e molle, altro che *rigor mortis*, come si chiama. E non era neppure immobile, ma aveva come dei sussulti che per quanto impercettibili Roberto se n'era accorto e gli era presa la paura che si svegliasse, spalancasse gli occhi e gli dicesse:

– Ma che mi state a fare? Dove mi state a portare, così per i piedi?

Avevano provato a quietare Roberto, i camerati. Che si stesse calmo, gli facevano, però calmi non stavano neanche loro. Volevano mandare giù il corpo nel tunnel grande, perché scivolasse a Tevere quando si aprivano le paratie. E Roberto intanto pensava: e se si sveglia e sgrana gli occhi? Poi avevano stabilito che per quanto mingherlino dallo scarico non ci passava, rischiava d'incastrarsi, e se recuperavano il cadavere addio squadre, addio nascondigli, chi ci tornava più, là sotto? Roberto si sentiva tremare i polsi. Perché un corpo nella cloaca, dicevano i camerati, ce lo doveva avere messo qualcuno, mica ci poteva arrivare dalle fogne, un morto mica lo butti dentro la tazza e tiri l'acqua, e a quel punto a Roberto gli si era stretto lo stomaco e gli era venuta la nausea, con quel tanfo di cloaca. E se si fosse svegliato? Se le pupille avessero preso a muoversi, sopra la sciarpa gialla?

– Sapete se passerà la circolare interna, quella nera?

Roberto ebbe un lieve sussulto e si girò interrogativo verso il suo interlocutore, abbassò le ciglia a terra e non vide binari. Tutti sapevano comunque che i tranvai non circolavano.

Come ti guarda uno con un proiettile calibro nove nell'osso del collo e il corpo mezzo spenzolato in una fogna? Roberto ci aveva visto nero e aveva sentito fischiargli le orecchie e le voci dei camerati attutirsi e poi più niente. Poi non si ricordava più niente.

– Intendo se passa a piazza Cavour, sapete, andare fin lì a vuoto, per me... –, e col bastone lo sconosciuto indicò l'ortopedica allacciata alta, quasi una scarpa da montagna.

– No –, rispose Roberto educato – proprio non credo. Né autobus, né tram, a quanto ne so –. E allargò un sorriso.

Il vecchio si allontanò claudicante con un breve gesto di sconforto.

E se anche fosse stato Renato a sparare, e allora? Renato era un capo.

Un botto, un colpo solo di Beretta e quello neanche il tempo di girarsi, non s'era raccapezzato più. Non ci aveva visto più. Aveva smesso di respirare.

Una che lo aveva udito parlare allungò il passo dietro allo zoppo e all'affrettarsi delle piccole caviglie le foglie crepitarono e si sollevarono come scaglie di luce nell'aria dorata. Doveva avere più o meno la sua età. La testa era un trapezio di ricci crespi fermati dietro le tempie da due pettinini simmetrici. Sulle sue labbra le parole precipitavano a frotte, frusciavano, sussurrate una dietro l'altra:

– Venite, so da dove parte la camionetta che fa la circolare nera. Dove dovete andare? Vi serve l'interna destra o l'interna sinistra? Io vado verso la stazione, volete venire con me?

E il vecchio e la ragazza si allontanarono in un trapestio di foglie e di parole, abbastanza perché Roberto non li udisse più.

Dài, mica aveva avuto paura. Quel battito dei polsi non era paura, era un'altra emozione, un tuffo al cuore tra il festoso e il facinoroso, un groppo di emozionata felicità. Era stata guerra, dov'è lecito anche uccidere. Guerra e guerriglia. Soldatesche, guerresche, corrusche. Operazione, offensiva, ostilità. Aprite le ostilità! Ora era tempo di tregua, si sarebbe seduto al sole sopra una panchina. C'era tra i camerati chi pensava di ricominciare: una spedizione punitiva alle armerie rosse in Borghi, un assalto a qualche camion al Prenestino o all'Appio. Roberto stava zitto, ma mica era d'accordo. Tanto per cominciare bisognava che le acque si calmassero, se no magari li riconoscevano, dopo il macello che avevano messo su fino a pochi mesi prima, e li denunciavano al commissariato. E mi sai dire che avrebbero fatto del denaro, se era questo che volevano, i camerati? Ne avevano fin troppo per quel che gli serviva. L'inverno e l'estate erano passati, senza che Roberto avesse un solo desiderio che comportasse l'uso del denaro.

La ragazza dai capelli crespi rallentò e si girò a guardare il giovanotto appoggiato alla spalletta del fiume, che aveva dato come un gemito o uno sbuffo. Non era alto di statura ma aveva le spalle dritte sotto l'imbottitura voluminosa della giacca. I fianchi sottili, che lasciavano vuoti i larghi pantaloni, la vita stretta dalla cintura di Franceschini scoperta dalla mano che teneva in tasca, la cravatta col doppio nodo alla scappino lo rendevano proprio elegante e piacevole a vedersi. Il suo viso non esprimeva che la sua fresca età. Guardava l'acqua.

Roberto aveva la pelle chiara, i lineamenti minuti e gentili, il naso affilato tra gli stretti zigomi oltre i quali si diradavano i capelli sfumati alti sopra le tempie, le orecchie e le guance arrossate come capita a molti biondi nell'adolescenza, gli occhi azzurri innocenti e inespressivi con un lieve strabismo, quasi solo un tic. Diceva Iselda: ma che figlio ho, è un angelo. E Roberto pensava: ma che madre ho, è un'idiota. Però non rispondeva niente, anzi aveva una vera e propria idiosincrasia alle parole maleducate dette a voce alta, che non fossero cioè solo mentali, anche quando Iselda era assente. Come se lei lo opprimesse sempre, anche da lontano.

Come sua madre quando le prendeva un attacco d'ansia, un giorno, prima o poi, anche Roberto si sarebbe sentito soffocare, ma per davvero. Avrebbe sentito il respiro mancare, per un attimo forse... Ma che forse un attimo non può durare all'infinito? Non ci avrebbe visto più. Avrebbe smesso di respirare. Non c'era via d'uscita, a quel cunicolo. Prima o poi, come quello con la sciarpa gialla, pure lui sarebbe morto. Non era irrilevante, per dove andava, che quello lì avesse al collo una sciarpa gialla? Al Bellarmino dicevano che anche i ragazzi si dannano, insomma ci vanno eccome all'inferno, basta che abbiano passato l'età della ragione. E qui c'era qualche disputa tra padre e padre, ma più o meno tutti la fissavano, l'età, tra gli undici e i quattordici anni. Sono specialisti, i gesuiti, in questi calcoli e misurazioni. Ma la sciarpa gialla, si chiedeva Roberto, come la mettevano i padri? Non sono mica tutti eguali, i morti. Lui era lui, e quel fesso aveva una sciarpa gialla. Un puntino giallo nel nero dell'inferno.

All'uscita del cinema con l'oscuramento...

La madre di Lisa in quell'ultimo anno di guerra era diventata talmente magra che il medico delle Annone, prima che il latte sparisse del tutto, le aveva raddoppiato la razione, cosa che, escluse le nutrici, si concedeva solo ai malati gravissimi. Forse pensò che lei lo fosse o forse rifletté sull'evidente incapacità di quella donna a procurarsi qualcosa da mangiare. Questo privilegio fece supporre ai vicini sospettosi che si nascondesse loro qualche infermità tremenda, magari contagiosa. La sola cosa che nascondevano è che la sorella di Lisa dava parte di quel latte a un cucciolo abbandonato che si tenevano segretamente in casa. E questo sì che per i poveri era una bestemmia: quando mancava tutto ai cristiani...

Figuriamoci quindi se Lisa non avrebbe consegnato i medicinali qualora li avesse avuti in casa e col pieno accordo di tutta la famiglia. Ma non li aveva, la sua amica non si fece più viva e così forse si sparse la voce che, pur essendo suo padre antifascista (forse era meglio dire solo "non fascista" perché non aveva proprio né tempo né modo di combatterli, quelli che gli avevano tolto il lavoro e quasi ogni mezzo per sopravvivere), tuttavia per qualche suo timore, o addirittura convinzione, Lisa con loro non ci stava.

Quei medicinali in fondo furono solo come il paio di sci che non aveva quando la invitarono per la prima volta a Ovindoli. La esclusero per sempre dalla comitiva e a Lisa un poco era dispiaciuto allora, perché desiderava molto stare con i coetanei e fare quello che facevano gli altri e vivere come tutti. Se l'avessero iscritta al tecnico o alle commerciali o anche solo, come tante ragazze, alle magistrali forse non sarebbe stata così a disagio. Lì molti vivevano, come lei, di rinunce. Ma al liceo entravano solo i figli di agiata famiglia, tranne qualche eccezione, come lei appunto. Suo padre però a questo aspetto non era sensibile: se le sue figlie avevano cervello, e secondo lui lo avevano, solo il liceo classico era la scuola che meritavano, perché era la sola che portava a tutte le facoltà universitarie.

Essere esclusa le era dispiaciuto, perché dispiace a tutti. E poi dalle gite in montagna l'esclusione pian piano si era allargata a macchia d'olio ai compleanni, alle riunioni di studio. Persino le visite ai compagni malati si facevano ormai senza avvisarla. Ma di questo Lisa non si preoccupava poi molto, perché intanto erano cresciuti, insieme ai prezzi, altri problemi cui pensare e su cui riflettere in casa, da sola. Problemi soprattutto economici, che lei cercava di alleviare affaccendandosi ad aiutare sua madre, che era distratta, fragile, sempre più piccola e inadeguata.

– Qualche volta, alla sera, avanza il pane delle

tessere, poco, quello che qualcuno non ha ritirato. Vicino al cinema c'è un fornaio che lo divide tra chi si trova lì alla chiusura, non come il nostro che se lo tiene per la borsa nera, e così mamma è andata a vedere, all'uscita del cinema...

Lo spettacolo del cinema Mazzini cominciava presto, verso le tre, e si proiettavano due film, uno dopo l'altro. Quando non c'erano compiti e i film, a insindacabile giudizio della signora Pennino, non erano scostumati, lei si lasciava tentare, anche perché le figlie la mettevano in croce. Il biglietto costava solo una lira, e mezza per ciascuna delle figlie, due lire in tutto, si poteva fare. Il padre disprezzava quello svago, ma non era contrario che le donne ci andassero, purché fossero insieme.

– E voi siete tornate sole? E mamma perché non torna? E perché non siete rimaste insieme?

Dopo un lungo silenzio:

– Siamo venute avanti perché sapevamo che ci stavi aspettando. Lei sarà qui a momenti.

E dopo un altro silenzio, così spesso da tagliarsi con il coltello, mentre la presenza impaziente del padre in cucina appariva di per sé allarmante e Lisa cercava di mostrarsi indaffarata a preparare la cena, ma non sapeva cosa mettere sul fuoco:

– Sai com'è mamma –, aggiungeva alle giustificazioni della sorella – il tempo le passa senza accorgersene. Magari è giù al portone. Ha incontrato qualcuno.

Sentiva l'ira trattenuta di suo padre, l'insofferenza per quella donna bislacca.

I minuti passavano lentissimi. Mezz'ora e la madre non tornava. L'avevano lasciata lì, a due passi dal cinema, a via Oslavia, nelle tenebre totali. Però in mezzo a botteghe ancora aperte, anche se completamente oscurate, presso la bottiglieria invisibile dove però pacifici clienti stavano ancora seduti ai tavoli spogli, per bere un bicchiere e chiacchierare. Ora sembrava che il buio l'avesse inghiottita. Nessuno di loro pensò di tornare a cercarla. Non il padre, che non usciva mai, non le ragazze atterrite, che già si consideravano fortunate di aver fatto una volta la strada da sole in quell'oscurità. Sembrava che il buio l'avesse inghiottita, eppure non si decideva nulla. La guerra li aveva annichiliti. Aspettavano. Lisa trovava orribile questa rassegnazione, ma anch'essa era come paralizzata.

– Magari comincia l'allarme e rimanete in tre fuori di casa!

Non si poteva disobbedire.

Tutto rimase immobile e congelato. Anche suo padre non domandò più niente e anzi chiuse con aria definitiva e indignata la persiana, tanto dalla finestra non si vedeva la strada. Il cortile poi era nell'oscurità più completa e non doveva filtrare la minima luce dalle imposte coperte di carta blu, quella per foderare i quaderni. Si sentiva il ticchettio della sveglia sulla credenza, ma il tempo si era fermato. Finché non squillò il telefono. La più rapida a staccare fu Lisa. La madre chiamava dal Santo Spirito. Li rassicurava.

– Se telefonavano gli altri chissà che pensavate, vi conosco. Così ho protestato, ho insistito, mi hanno dovuto contentare...

Lisa non parlava.

– Un ciclista che correva al buio mi ha investito. Non ci siamo visti. Lui non faceva rumore, solo lo spostamento d'aria mentre scendevo dal marciapiedi.

Finalmente, con un filo di voce: – Cosa ti sei fatta? –, Lisa riuscì a dire.

– Un taglio sulla gamba, sai il pedale da corsa era tagliente. È stata come una rasoiata, non ho neanche sentito male... Appena messi i punti ho telefonato... Non volevano, dicevano che ero sotto shock, che andando a terra avevo battuto la testa. Quelli che mi hanno soccorso...

Lisa con i suoi non parlava, tutta tesa che non si spezzasse quel filo che la legava alla madre, così lontana, addirittura al Santo Spirito. Ma li guardava e faceva di sì con la testa e li rassicurava con gli occhi e con un gesto della mano che somigliava al *waving* dei monarchi inglesi, una specie di saluto, va con Dio, non sei più bloccato su questo fatto coi tuoi pensieri, il tempo ha ricominciato a scorrere, l'orologio non è più fermo. E lo diceva silenziosamente ai familiari attoniti, che la fissavano.

– Sono andata a terra, a gambe all'aria, fortuna ch'era buio –, tentava di scherzare sua madre.

Lisa immaginò quelle gambe secche coperte dalle calze di filo spesso e un po' peloso, forse anche rattoppate, e solo allora le venne da piangere.

– E adesso ti fa male? –, chiese.

L'aveva riaccompagnata l'ambulanza. Loro non si erano dovuti muovere. Aveva portato il pane tenuto stretto nella caduta, nella medicazione, nel tragitto dall'ospedale a casa. Lisa non aveva orologio, ma erano solo le nove di sera. Si poteva ancora cenare.

Al mercato sua madre comprava dei piccoli pesci verdastri, d'infima qualità, attenta che avessero le teste senza tracce di sangue, altrimenti erano di una razza immangiabile perché anche fresca aveva un terribile fetore. Se si mettevano dei pezzetti di pomodoro e dell'aglio quelli cuocevano così, senza bisogno di condimento. Se invece c'era l'olio e si aboliva il pomodoro si potevano mangiare senza sale, perché il pesce era fresco e sapido. Lisa preferiva uscire lei a fare la spesa. La madre ci andava regolarmente ma ogni giorno tornava un po' più tardi, con ira di suo padre, si sperdeva, non concludeva. Comprare era difficile, forse si distraeva, forse addirittura si divertiva, perché era candida e curiosa. Talvolta sua madre diceva:

– Esco, vado a comprare la Soda Solvay.

– Ma non puoi farne a meno?

– No, i piatti rimangono grassi, ci vuole la soda – (grassi di che? pensava Lisa).

Oppure:

– Se almeno trovassi un etto di radica saponaria! – (era una strana cosa che somigliava ai funghi secchi, ma messa una notte a mollo nell'acqua faceva una schiuma in cui si lavava con profitto la lana). E sua madre usciva, per parecchio tempo non tornava. Andava dalle conoscenti a vendere qualcosa del suo corredo? Da un discorso che le aveva fatto una vicina, Lisa lo sospettava. Per comprare anche solo qualcosa alla borsa nera i soldi non bastavano.

Suo padre non voleva scendere perché, diceva, lungo le scale c'erano gli sfollati, gli accampati, come li chiamava. In realtà era tutta gente che là aveva vissuto da decenni. Ma come se la guerra avesse dato a tutti un maggior desiderio di mettere in comune la propria vita per cercare vicendevole aiuto o forse anche, in un grande e salutare sforzo di sopravvivenza, per un rassicurante ritorno alle abitudini della campagna dalla quale le famiglie provenivano, le porte dei piccoli appartamenti erano sempre spalancate sui ballatoi delle scale. Lisa, senza volere, gettava occhiate e notava che ciascun andito era, rispetto agli altri, d'una stupefacente uniformità. Una incredibile uniformità. Casa sua era disordinata, trascurata, ma diversa.

Non così nell'altra occasione, l'unica, in cui aveva percorso al suo interno un abitato collettivo, le palazzine di appartamenti tra piazza Bainsizza e il Tevere, che le erano state assegnate per la raccolta della lana ("Togliete dai vostri materassi un chilo di lana per i nostri soldati", dicevano i manifesti). Si era all'inizio della guerra. Lei era stata scelta per il profitto (una mattina d'assenza non le avrebbe nuociuto) e fiera del privilegio era andata a suonare i campanelli in divisa, insieme a un marinaretto quindicenne della sezione "C" che somigliava a una capra, per i lunghi e radi fili che gli scendevano dal mento, pochi e biondi, che si vedevano solo in controluce. Suonavano.

– Siamo venuti per la raccolta della lana.

Quasi sempre apriva una domestica, senza crestina, con l'uniforme delle pulizie e il pacchetto già pronto a fianco della porta legato con un bel fiocco.

– Siamo venuti per la raccolta della lana.

– Aspettate, la signora è ancora in camera, vado a vedere –. Ma quasi mai era la signora a comparire, bensì un signore completamente vestito, profumato come i calendarietti del barbiere, che metteva la mano al portafogli:

– Non possiamo accettare denaro –, diceva la capra.

– E allora che cosa volete?

– Se voi potete, vorremmo la lana.

– E dove dovrei prenderla la lana?

– Dal vostro materasso.

– Dal mio materasso? –, diceva il signore stupito. – Ma siete sicuri?

Lisa, mentre il compagno sosteneva il dialogo, sempre lo stesso, si guardava intorno curiosa e ammirata: pavimenti neri, luci diffuse che provenivano da lastre opalescenti sul soffitto, o da nicchie, o da oblò alle pareti. Ancora marmo nero nelle piccole fontane squadrate con lo zampillo al centro e gli acquari e le piante grasse, tutto illuminato indirettamente, e in modo un po' irreale. Nessuna delle case era eguale, non c'erano cassapanche, cappotti e ombrelli, non erano ricalcate l'una sull'altra. Il benessere permette l'individualismo. Certo non era così che Lisa si esprimeva, ma pensava qualcosa di molto simile. Quelle case sì che sarebbero piaciute a suo padre. A questo punto smetteva di guardare e interveniva con grazia:

– Anche da un cuscino la potete togliere, se volete –, e inclinava di fianco la testa ricciuta, sgranando gli occhioni e guardando di sotto in su. Il più delle volte le davano un cuscino intero, ma nel metterglielo sulle braccia il signore aveva la stessa espressione esterrefatta di prima.

– Evviva! –, strillava Lisa al marinaretto e scendeva le scale a quattro a quattro per portare subito il guanciale, nella sua bella fodera damascata, all'ammasso sul camioncino.

L'anno seguente quella lana le era stata restituita filata per farne calzerotti ai soldati. Lisa l'aveva distribuita per le classi, ma stavolta era lei esterrefatta per la trasformazione subita da quelle imbottiture profumate, che era riuscita a strappare letteralmente di sotto a belle dame neghittose che vi si appoggiavano (avvolte, immaginava, nei loro *négligés* bordati di cigno). Si era trasformata in ruvide, untuose matasse maleodoranti con tanto di cascami di paglia dentro. Forse la sua lana era andata a finire nelle industrie tessili. O forse alla borsa nera...

Le compagne si riunivano il pomeriggio a sferruzzare, dopo aver cosparso la lana di acqua di colonia e con in grembo asciugamani di lino, ma Lisa aveva lasciato l'incombenza a sua madre. Fu in prima fila, però, quando il reggimento di Granatieri di via Lepanto, di fronte alla scuola, si apprestò a lasciare la caserma per il fronte. I soldati più fortunati ebbero in dono un paio di calzerotti fatti a mano, un pacchetto di cinque sigarette e una saponetta Giviemme, ma soprattutto l'indirizzo delle donatrici. Così Lisa insieme alle sue compagne era diventata madrina di guerra a quattordici anni. Ricevette quasi subito una cartolina con la gratitudine e i rispettosi ossequi di Brandolin Giuseppe ed avendo buona vista scorse anche una piccola, quasi invisibile freccia disegnata a indicare il francobollo. Scollato il francobollo scoprì che era anche destinataria di un bacio. L'intero reggimento non tornò più dal fronte.

Per quel che ne intuiva o ne sapeva, poco per la verità, ora questo tramare, questo congiurare dei suoi coetanei le pareva una cosa molto desiderabile, ma che lei proprio non poteva permettersi. Una cosa da ricchi. Non necessariamente ricchi di denaro ma persone abituate da sempre a non essere in ristrettezze, ad avere amici e intorno un ambiente, delle risorse di qualche genere o anche solo della fantasia, tutte cose da ricchi; e dunque una specie di caccia al tesoro, solo un poco più attraente e pericolosa. Utile anche? Forse, ma non ne era ben sicura.

Del resto ci pensava di rado, come a tutte le cose a lei vietate o da lei irraggiungibili e che cercava con molta energia di cancellare. Per non farsi avvilire dalla loro mancanza, per lasciar perdere, per concentrarsi e mordere solo quel pezzetto di realtà su cui i suoi denti non si spezzassero e del quale vitalisticamente, e un poco irrealisticamente, si nutriva. Irrealisticamente perché per nutrirsene veramente si sarebbe dovuta fare la moltiplicazione dei pani e dei pesci, ma lei era stata abituata fin da piccola alla rinuncia e a contentarsi di poco.

Comunque, anche se certo si sbagliava e sovente si contraddiceva proprio con l'avvertire e soffrire quel forte senso di esclusione, per lei sotto tutti quei misteri c'era poco più che il concorso ippico di piazza di Siena, dove il massimo che può succedere è di rompersi una gamba. Non era come al fronte e nelle città bombardate da cui continuavano ad arrivare sfollati. Non era pericoloso e terribile come in quei dormitori in cui le famiglie senzatetto si stipavano con il rischio di epidemie e senza nulla da mangiare. Se si sbagliava nel pensare ciò, e lei stessa si accorgeva di cambiare più volte opinione intorno a quei fatti, avveniva certo perché la sua vita era amputata e privata di molte esperienze, prima fra tutte quella di una vita politica attiva, per colpa delle adunate e dei comizi cui l'aveva ridotta il fascismo. Lisa aveva preferito sempre, salvo che per i saggi ginnici ed eccezionalmente per la visita di Hitler (la curiosità era troppo forte), rimanersene a casa a studiare.

In molte cose del resto Lisa sospettava d'essere in errore: si sentiva confusa e prevenuta. Non riusciva a credere che ragazzi spesso fatui e presuntuosi, come li conosceva e tollerava affettuosa, ce l'avrebbero fatta contro lo stato maggiore tedesco e anche i più grandi, gli universitari... Non l'aveva convinta l'attentato di via Rasella, quell'assenza di autodenuncia di fronte alle rappresaglie, ma pensava sempre in modo problematico, senza essere ben sicura di ciò che pensava e perché. Anche passare rasente le finestre dell'interrato, sul marciapiede dell'Hotel Flora, e lasciar cadere una bomba dentro le cucine dove lavoravano pure dei civili (lasciarla scivolare dalla tasca dell'impermeabile, così... passeggiando, se era poi vero che quel ragazzo l'aveva fatto) le sembrava una cosa certo ardita e memorabile, ma proprio un atto di eroismo no, e neanche a dire il vero una cosa da farsi. Ma poi, o Dio, chissà... Lisa non era molto sicura di niente.

La lontananza del potere, la scuola fascista all'obbedienza, l'educazione cattolica ai buoni sentimenti e soprattutto la mancanza della convinzione di poter giudicare, lei così giovane e così poco importante, la rendeva, contro ogni suo istinto e convinzione, succube del "principio del consenso", il più opportunistico che ci sia. Se lo rimproverava, ma poi si diceva: se tanti la pensano così, tanti che sono più adulti e più, in ogni senso, capaci e dotati di mezzi per agire, cosa conta che a me non sembri apprezzabile, ragionevole e giusto? Se questo era il pensare comune dell'antifascismo romano di cui qualche voce le arrivava, perché avrebbe dovuto avere ragione lei, che non contava niente?

Il disfacimento dello Stato, di tutto lo Stato, l'aveva molto sorpresa e più che spaventata era sbalordita e perplessa. Molti dei poveri che la circondavano, nel grande edificio dove abitava, apparivano in gran festa, e la vedova di un sergente marconista dell'aeronautica, una povera donna, svelò finalmente ai suoi vicini che suo marito era stato una spia e che lei se ne vantava. Nell'estate sarebbe stata poi invitata a molte cerimonie e pranzi delle truppe americane e avrebbe chiesto a Lisa di accompagnarla. Ciò che li aveva oppressi non sembrava più essere la povertà, ma i buoni sentimenti imposti al cittadino e finalmente scomparsi. Come se la loro scomparsa fosse capace di farli subito vivere tutti meglio, più liberi e con maggiore benessere.

Lisa invece non aveva abbandonato l'amor di patria. Sapeva benissimo cos'era l'internazionalismo operaio ma non trovava contraddizione. Amare la propria terra, piangerne la miseria di quell'ora le sembrava un prolungamento degli affetti familiari da lei sentiti con tanta forza disperata e in più una cosa non egoistica, avendo a che fare con la sfera dei doveri, che andava allargandosi insieme agli accresciuti diritti. A condizione che non si dicesse come i bambini: la mia patria è più bella della tua. Il nazionalismo non impressionava Lisa, la faceva solo ridere e in verità non avrebbe dovuto.

Pareva anche a Lisa di non doversi rammaricare affatto della caduta indecorosa dei vertici del potere, che con la patria non avevano a che fare, ma la sua indifferenza era solo in superficie. Inconsciamente soffriva di una crisi di appartenenza e di identità, della fine di tutto quanto le avevano fatto credere e aveva creduto, durante la sua educazione che era stata diffidente e talvolta disobbediente verso il regime, ma pur sempre ispirata a valori di convivenza civile, autonoma e possibilmente giusta ma ordinata e, abbiamo detto, patriottica. L'antifascismo di suo padre era ispirato al Risorgimento e, comunque fosse avvenuto, certo Lisa era una piccola sedicenne mite e amante dell'ordine. Non capiva come gli altri potessero cambiare così da un giorno all'altro, dicendo "io l'avevo detto" e non avevano detto proprio niente, oppure "onore a mio marito che era una spia". Intanto bisognava vedere in cambio di cosa aveva spiato.

Lisa era troppo devota a suo padre, che aveva

fatto la Grande Guerra, per non averne preso a cuore gli ideali e poi aveva la cattiva abitudine di considerare tutto serio, per ingenuità o per ostinazione, di non sapere ancora scivolare morbidamente tra le cose, come faceva la maggioranza dei suoi connazionali per antica saggezza. Solo chi possedeva una grande fede alternativa aveva diritto, secondo lei, di esultare per tanta rovina. Ma una fede vera, che imponesse rinunce, quanti l'avevano? Non sceglievano forse il modo più comodo per scrollarsi dalle spalle ogni responsabilità collettiva? Suo padre, che era liberale, diceva: "Gli italiani non meritano che questo". Ma neanche lui era allegro e restava stranamente monarchico, mentre sua figlia ormai era da tempo repubblicana, così, perché aveva letto Rousseau. Però capiva suo padre. Lisa, purtroppo per lei, capiva tutti.

Aveva letto qualche opuscolo di teoria marxista, il suo professore di filosofia le aveva prestato anche il *Manifesto* e un libretto di Cafiero con la sintesi del *Capitale*: era stato un atto di fiducia e di coraggio passarle quei libri considerati sovversivi. Quel professore divenne poi sindaco comunista del suo paese, una volta tornato in Sicilia a guerra finita. Ma lei, in fondo, non si faceva tante illusioni. Come tutti gli umili, i sacrificati, i più deboli, in qualche misterioso modo sapeva, o credeva di sapere, che la storia è storia di prepotenze e sentiva che lei sarebbe stata sempre tra quelli che le subivano.

Non che lei rifiutasse di fare qualcosa per ribellarsi, anzi tutta quella sua vitalità, a dispetto della situazione che l'avrebbe voluta prostrata e quasi distrutta, altro non era che una ribellione, ma non sapeva che cosa avrebbe potuto fare d'altro. E neanche credeva che avrebbe giovato in quel momento fare la congiurata. Anzi era un lusso che non poteva permettersi, dovendo alzarsi molto presto per fare la coda al mercato dove i contadini non portavano più che tuberi quasi immangiabili, ma li portavano alle cinque della mattina.

A pesci rossi

Quasi ogni notte erano bande che dai Parioli scendevano veloci, ragazzi esili e silenziosi sulle scarpe da tennis appositamente infangate, giù verso Ponte Milvio. Meglio se calandosi attraverso la macchia sotto il piazzale delle Muse o le pendici di Villa Ada. Sciarpe ne portavano tutti e passamontagna e fazzoletti annodati sulla nuca da tirarsi su a coprire la bocca e il naso dalle esalazioni mefitiche delle cloache: i loro erano i fazzoletti azzurri delle vecchie divise da balilla. Formavano un gruppo affiatato, una specie di squadra d'azione. Quando si muovevano nessuno lo sapeva, le ragazze meno che meno. Tenere il segreto era difficile e onorevole. Qualcuna sospettava, al massimo era gelosa. Quando veniva l'ordine divenivano tutti compatti, insolitamente seri, solidali, fine di ogni disputa o litigio o scherzo: *finis*. Seri, silenziosi e soprattutto armati. In casa – tra cacciatori d'Africa Orientale e gerarchi, combattenti e reduci, squadristi e "marce su Roma" – avevano raccolto un arsenale. Sulla loro strada, quando si muovevano per l'operazione, trovavano altri gruppi in luoghi stabiliti di volta in volta e comunicati in codice con mezzi ingegnosi, che mutavano per ogni sera. Sì, erano stati una "colonna", una "brigata" pensava Roberto, ora che sempre più spesso quei ricordi tornavano con un senso di assoluta irrealtà, ma anche di ossessione, con il motivo di quella canzone che facevano girare sul grammofono dall'altro lato del cortile per dire: stai all'erta, tienti pronto, stasera verrà un segnale! E lui doveva mettere lo stesso disco, fare un numero e senza parlare tenere il ricevitore in modo che il motivo passasse dall'altro capo del filo all'ignoto interlocutore silenzioso.

Sotto il ponte, sul greto del fiume, li attendeva qualche altro commilitone della loro guerra privata. Si facevano riconoscere: parole d'ordine, fuochi intermittenti e alternati di torce a pila, ombre gigantesche che si staccavano e si avvicinavano e via per l'imbocco della rete fognaria dentro la grande cloaca, una città clandestina dove aveva trovato nascondiglio il loro quartier generale, con i depositi d'armi nei cunicoli al sicuro dalle paratie d'acqua, i ricoveri d'emergenza secondo gli orari del sistema idrico, con l'emozione per il rischio di trovarsi all'improvviso imprigionati tra due cancellate, e tutto quanto occorreva per la loro guerra. C'erano delle sortite, facevano delle spedizioni fuori, come appostarsi e seguire le squadre della parte avversa che si preparavano con le biciclette a gettare i chiodi a tre punte sulla via Cassia, giusto prima del transito delle colonne tedesche. Arrivare prima, disperderli, salvare le colonne, correre a nascondere le biciclette. Oppure giù dalla discesa di San Valentino fino al ministero della Marina, dove c'era un tombino da cui calarsi in cloaca.

A Roma era la stagione della Grande Clandestinità: ebrei, partigiani, avversari del regime e transfughi dal regime, spie alleate, controspionaggio, spioni in proprio, preti antifascisti, rifugiati, prigionieri fuggiti dai campi militari, civili stranieri già internati, tutti i giovani renitenti alla leva e tutti quelli che avevano abbandonato i reparti dopo l'armistizio. Roma brulicava di personaggi concreti ma irreali, presenti e tuttavia per l'anagrafe inesistenti, senza tessera, ubiqui e ambigui, che non erano mai quel che dicevano di essere, non abitavano dove era il loro indirizzo, non andavano dove affermavano di andare. Alcuni con sofferenza, altri con piacere perché c'era anche, in mancanza di meglio, il gusto dell'intrigo e dell'affabulazione altrui.

Del resto tutti mutavano pelle. Una gran muta collettiva c'era stata il 25 luglio, quando il Partito fascista era diventato di colpo inesistente e più nessuno c'era che vi avesse in alcun modo militato, e anche l'8 settembre, quando i generali erano divenuti soldati semplici e avevano fatto di persona, con inconsueta umiltà, i propri bagagli e i soldati semplici avevano deciso di sé, e spesso di altri, come generali. Per i ragazzi non era soltanto una grande moda da imitare. Era l'unico svago, questo tortuoso percorso del profugo, del renitente e del "clandestino", in una città affamata, spopolata nelle strade, dove quasi non si faceva sport né, a giudicare dall'assenza di manifesti, si svolgevano spettacoli, ad eccezione dei concerti di Santa Cecilia all'Adriano, per lo più frequentati dai soli tedeschi. In una città derelitta e in lutto, sotto il tallone di un'occupazione militare feroce, s'era aperto dunque un grande gioco segreto e pericoloso che accomunava adulti e ragazzi.

Roberto e i suoi compagni non volevano restarne fuori. Non erano mica gli sfollati di San Lorenzo, le loro case erano in piedi, le loro domestiche fedeli, al tè delle cinque s'era sostituito, con le sanzioni, il *karkadè*, ma era sempre invitato qualche amico con cui tramare e passarsi informazioni o lasciare intravedere la canna di una Beretta, mentre le madri, povere tonte, si distraevano e già quel segreto era gagliardo, o erano state messe alla porta con qualche pretesto, e già quell'astuzia tattica pareva geniale. Bisbigliavano nei corridoi ombrosi, dietro le tappezzerie:

– C'è una tipografia in Prati...

– No, a San Carlo al Corso...

Ma poi la notte preferivano restare al coperto nei cunicoli, le informazioni sui covi dentro la città non erano sicure e poi per quello c'erano la milizia, la polizia, le SS, che se la sbrigassero. Non sapevano com'erano organizzati quelli e che cosa aspettarsi, come sabotare quelle attività già clandestine con una controclandestinità che fosse disturbo e disorientamento, ma denuncia no. A Prati, a San Carlo al Corso sapevano di tipografie dove si rifornivano di volantini i ragazzi rossi e tutti gli antifascisti e si stampavano giornali clandestini. Ma non intendevano denunciare i coetanei, troppo facile, volevano sbrigarsela loro. Denunciare era cosa da infami, da banda Koch e affini.

Una volta avevano fatto un prigioniero e lui aveva parlato di tipografie clandestine. Indirizzi non ne aveva rivelati, non ne conosceva. Se li avesse saputi, diceva, avrebbe lavorato lì invece che nelle fogne. Renato aveva detto che bisognava credergli e, siccome era un coraggioso, rispettarlo. Botte ne aveva già prese abbastanza nella cattura. Ma una cosa aveva detto prima che lo lasciassero andare:

– Non si faranno mai scoprire, perché lavorano con i caratteri mobili, non con la linotype, e se vengono sorpresi hanno l'ordine di lasciar cadere le cassette come per sbaglio e così i caratteri si sparpagliano a terra e non si può leggere un bel niente. Prove non ce ne sono.

"Prove non ce ne sono?" aveva pensato Roberto "e che caspita stamperebbero di notte?" Ma come gli avesse letto nel pensiero, quello, un bel tipo alto e fiero che si teneva il sangue raggrumato nei capelli come fosse brillantina profumata, e la paura sembrava non sapesse dove sta di casa, aveva aggiunto:

– Sanno sempre il nome di un morto, uno della giornata. Glielo comunica un compagno che lavora all'Anagrafe e così, per tutti i curiosi, quelli non sono manifesti ma necrologie da attaccare al muro, che se capita qualcosa le stampano davvero –. Ci si divertiva a stupirli, era beffardo. – Comunque ogni manifesto è proprio una necrologia: la vostra. Perché vi faremo tutti fuori!

Le necrologie si usava ancora attaccarle ai palazzi, tutte bordate di nero. E spiegare così l'urgenza, il lavoro notturno non doveva essere difficile per un tipografo consumato, con una clientela, una quieta rispettabilità di pagatore d'imposte. Risultato: sospetti tanti, ma prove nessuna. Intorno c'erano ragazzi e ragazzini, in un armeggiare frenetico, ma certo c'era qualcuno più adulto, invece Roberto e i camerati s'erano organizzati da soli. Per fare sul serio dovevano andare a Salò? Non ne avevano la minima intenzione. Tranne che per qualche fanatico, anche quelle erano cose del popolino, cioè da poveracci. Perciò a loro bastavano quelli che avevano raccolto la sfida delle fogne. E pazienza se una volta Fausto aveva detto che parevano i ragazzi della via Paal ed era una scusa per non farsi più vedere, ché gli era presa la paura: la differenza era tutta nel fatto che c'era la guerra e si rischiava.

Per via di quelle sciarpe, di quei fazzoletti ora riconoscersi era difficile. Forse solo il ragazzo morto l'avrebbe riconosciuto, se l'avesse incontrato a passeggio, che era poco probabile. Quanti ne avrebbe potuti incontrare là, all'aria aperta, di giorno, in una giornata di sole come quella? E poi chi erano, dove abitavano, che cosa facevano ora? Questa domanda assillava Roberto. La rivoluzione, l'insurrezione armata minacciata dai partiti clandestini non c'era stata, né l'irruzione nelle case di via Paolo Frisi e la messa al muro, sul muro rosso pompeiano che Roberto tante volte si era immaginata, con lui in fuga per i tetti. Insieme al sollievo c'era una punta di delusione. Ora già si cominciava a dire: "Meglio una messa al giorno che una messa al muro!". E niente bagno di sangue, dunque. Il bagno, quello caldo, sì:

era tornata l'acqua e l'elettricità e Roberto cantava tra le piastrelle. All'ultimo momento l'ordine era stato di lasciare uscire i tedeschi e poi consegnare le armi. Il Vaticano... Ma quelle erano le cose degli adulti, le solite scempiate dei padri.

E s'era già messo in moto il processo incruento e indecoroso delle epurazioni, con i colleghi invidiosi in prima fila, tutti che aspiravano.

Suo padre, diceva zio Federico, se fosse rimasto l'avrebbe certo subìto, quel processo, ma tutto si sarebbe concluso bene e rapidamente.

– Al massimo la destituzione: una lettera della Teti di collocamento a riposo senza assegni. Che poi col tempo si sarebbe potuta impugnare –, aggiungeva Pasatieri – almeno dal punto di vista amministrativo.

Quando parlava, l'avvocato aveva un gestire pacato ma inessenziale, come se le sue mani, use a palpare scartoffie e sfogliare libri, fossero divenute inespressive. La disoccupazione? Oh! no, quella no per Alessandro, ci mancherebbe! Sarebbe passato a un'industria privata quando voleva, ché Federico con le assicurazioni le teneva tutte in pugno. Quando voleva: non aveva che l'imbarazzo della scelta, lui che aveva un valore, una professionalità e per giunta non era l'ultimo arrivato. Gli operai della Teti, secondo suo zio Federico, erano tutti comunisti e qualche soddisfazione contro i capi, qualche epurazione d'ingegneri, la volevano, l'esigevano, bisognava concederla. Ma per il resto più che prendere lezioni di marxismo nelle cellule non facevano, sotto la guida di giovani universitari, maschi e femmine. Le armi, se le avevano (e secondo Pasatieri le avevano), non le prendevano per sparare. Al padre di Roberto, poi! Avevano ben altri bersagli allora, se avessero voluto. Se lui era un nemico di classe, allora quanti antifascisti, quanti liberali...

Sembrava a Roberto che la guerra più guerra fosse stata la sua, la loro. Chi erano stati i suoi avversari, i pesci rossi? Roberto qualche idea ce l'aveva. Erano figli di vecchi antifascisti di ogni ceto, operai per lo più: ignari, poveracci, proprio come Iselda, di quello che i figli combinavano. E sorrideva, a pensarci... Qualche giovane di bottega e qualche giovinetto di famiglia, di quelli che però non erano affiliati a un partito clandestino, non erano ancora entrati nel gioco grosso, nel movimento di liberazione, come si chiamava. E siccome si sapeva che utilizzavano tutti, dovevano essere fratelli minori tenuti fuori per presunzione e gelosia dai più grandi.

Quelli nel movimento non erano riusciti a entrare, neanche eccezionalmente e con incarichi modesti, portaordini o volantini, acquirenti di abiti usati per sostituire le divise o di medicinali sospetti come bende e tintura di jodio. Per loro nessun incarico, mai. Eppure coraggiosi lo erano, e come! Così li conosceva: coraggiosi, ma se li figurava anche storditi, umiliati, ché neanche sapevano se le loro immaginazioni fossero reali, se quelle trame esistessero davvero. Lo supponevano ma non ne erano sicuri, come lui del resto, e la palla passava sempre sopra la loro testa ma loro, a rete, non erano disposti a restare con le mani in mano. Impazienti, eccitati come lui quand'era con Renato, erano state le sue prede da braccare e i cacciatori da cui essere braccato.

Quelli che lavoravano inquadrati non venivano certo nelle fogne a rischiare il pestaggio o la pistolettata. Sabotaggi, facevano, là per là, metti una bomba e fuggi. Avevano delle responsabilità. Ad avere raccolto la sfida della Cloaca Massima dovevano essere certo le pecore nere, quelli ai quali non si davano ordini. Inaffidabili? Oh! no, pensava Roberto, individualisti. E un conato irrefrenabile di simpatia, ora che era tutto finito, lo spingeva verso di loro. Non l'avrebbero tradito anche se l'avessero riconosciuto. Sapeva che nessuno avrebbe parlato. Come lo sapeva? Ne era sicuro. Un giuramento di sangue legava gli avversari, quell'omertà che chi non è giovane non capisce: un mondo a parte, una corporazione a sé. Come nel Medioevo. E non era stato una specie di medioevo? Ci si può odiare, anche uccidere, ma sono questioni nostre. I padri di ogni fazione sarebbero sempre rimasti all'oscuro di quel che era avvenuto fra loro rivali. E per sempre.

E un'altra cosa Roberto sapeva: che mentre gli adulti sembravano affannati a scordarsi il passato ("Chi ha avuto ha avuto, chi ha dato ha dato") tra pesci rossi e camerati la riconciliazione non era possibile e tuttavia gli apparivano tutti in una medesima luce positiva, anzi fiera, eroica quasi. Non era stato un gioco, era stata la guerra e loro, i fascisti, non potevano stare ad aspettare, senza fare nulla, l'insurrezione armata che doveva farli fuori tutti. Ci erano stati costretti. I veri clandestini erano loro.

Di quei loro nemici qualcuno ci aveva rimesso le penne? Di uno era sicuro, di altri si vociferava. Ma non era questa la guerra? Del resto era giusto. Si dice: vinca il migliore e loro erano i migliori, i più armati, i più audaci. Qualcuno c'era rimasto secco, era sparito, ma chi avrebbe indagato?

Durante tutto l'inverno i rastrellamenti erano stati continui, i tedeschi sparavano dieci minuti dopo il coprifuoco, c'erano stati attentati, deragliamenti, si passavano le linee, arrivavano a Roma ragazzetti sfollati senza più famiglia. Scomparso? Non era cosa che avrebbe affaticato alcun commissariato d'occupazione, anche se qualcuno avesse sporto denuncia. In tanti sparivano. Era questa sospensione della legge, questo ritorno allo stato di natura che aveva elettrizzato Roberto e lo aveva fatto anche rifiatare. Altro che tedeschi. Altro che le saghe dei Nibelunghi. O, come diceva Renato, le seghe dei Nibelunghi.

Nel centro pattugliato, nelle strade intorno alle caserme e ai ministeri, tutto sembrava sotto controllo. In realtà le periferie romane e il sottosuolo, come moltissimi scantinati, erano tornati ad essere catacombe, luoghi segreti della congiura oppure del culto della forza e dell'ardimento. Roberto ora era tranquillo. Ma chiamarlo "ragazzo incolpevole" come aveva fatto l'avvocato Pasatieri era quasi un insulto, perché non sapeva di che cosa era stato capace. Aveva rischiato la vita e per questo, solo per questo, la sua coscienza era tranquilla. Aveva obbedito alle leggi della guerra.

Si erano sfidati. Si erano tenuti testa. Per arroganza, semplice e pura prevaricazione dei migliori? Come si diceva tra il popolino di Roma, "i più". Quelli che avevano più di tutto e lo avevano per natura. E se fosse? Erano stati ad armi pari. Solo allora i tedeschi potevano diventare qualcosa. Diciamo potevano essere o diventare amici: perché il nemico del mio nemico è mio amico. Non certo perché erano gli alleati ai quali s'era data la parola. Ma chi gliela aveva data?

Dovevano essere coetanei i loro nemici, meglio se qualcuno di loro l'avevano già svagato altrove in altra occasione, viveva in un altro quartiere, aveva fatto il tifo per un'altra squadra allo stadio di legno giù al Testaccio, quello dei pezzenti. Ma come facevano i padri del Bellarmino a dire che a questo mondo siamo tutti eguali? Quelli del Testaccio erano in genere col collo corto e neri di ricci. Erano anche strafottenti. A menare erano bravi, ma bisognava abbassargli la cresta.

Roberto fissava i mulinelli oltre il Ponte Cavour, dove la corrente portava oggetti informi e strani e il dio fiume li girava e li rigirava che pareva ci si divertisse. L'avevano buttato a fiume il ragazzo morto, quella sera? O l'avevano tirato su dal tombino davanti alla Marina? E finalmente si staccò dalla spalletta, per andare a mettersi su un angolo del sedile di travertino squadrato che stava più in là, tra le foglie gialle.

La primavera di Lisa

E dopo quell'inverno di occupazione finalmente era venuta la primavera. Mentre i suoi genitori erano larve e anche sua sorella era stata malata di pleurite, Lisa come una gramigna robusta restava attaccata alla vita, faceva passeggiate, aveva voglie da ragazza, non sapeva quali cose inaudite l'aspettavano, nel giro di quell'estate romana.

Era stato un inverno di fame e di scoramento, di case fredde e senza luce elettrica; era passato. C'era stata molta paura, ma i bombardamenti non avevano colpito più e le Fosse Ardeatine, in marzo, erano come una cosa avvenuta in un'altra città, un'atrocità di cui si sapeva poco, non si parlava mai, si sperava che ci fossero "delle esagerazioni".

La fame costringeva a mangiare qualsiasi cosa, talvolta venduta di porta in porta – ora che i negozi erano del tutto vuoti e le tessere annonarie carta straccia – senza controllo igienico, anzi proprio senza alcun controllo. Così un piccolo pezzo di carne arrivò fino alla mensa, sempre desolatamente sguarnita, di casa Pennino. Era una vitella pallida e dolciastra, pagata a un prezzo inusitatamente mite, tanto che la madre di Lisa ne aveva approfittato e l'aveva rosolata con cura, legandola stretta con intorno la salvia, tutta piacevolmente eccitata.

Alcuni giorni più tardi Lisa saliva le scale. Da una porta semiaperta veniva leggero il suono di una canzone, sempre la stessa da mesi:

...Vieni, c'è una strada nel bosco...

– Ma lui da dove veniva?

– Da Jesi veniva.

– È stato arrestato, è sicuro.

– Quando?

– Non si sa.

Lisa si bloccò tra un piano e l'altro. Si chiedeva chi era stato arrestato. Le voci erano tre e il sottofondo musicale continuava.

– Lo conoscevo da tanto tempo, mi sembra impossibile...

– Quando è stato arrestato? –, si era aperta un'altra porta, una voce si aggiungeva: – È per questo che non passa?

– Anch'io mi chiedevo come mai non passa più.

– Ma allora non sapete...

– Non so che cosa? –, la voce s'era fatta aggressiva e scocciata.

– Per fortuna quel giorno io non ci stavo. Se no pure io gliel'avevo comprata quella cosa.

– Quale cosa?

– Quella carne. Mi dà i brividi solo a dirlo.

– Ma quale carne?

– Quella di un poveraccio mitragliato.

– Perché, dove la portava? Quando è stato mitragliato?

– A' sora Emì, nun avete capito gnente, la sua di carne, quella che Dio gli ha dato.

– Ma chi poveraccio? Chi mitragliato?

– Lui era sulla corriera. Sono scesi tutti perché i caccia mitragliavano. Con lui c'era un tipo che faceva commerci, strani commerci, così l'ha convinto, dicono.

– L'ha convinto a fare cosa?

– A smerciare quella carne.

– Dai campi di battaglia, lo sanno tutti, viene quella carne, tutta la carne che portano in città. Non la compro mai. Preferisco morire di fame! –, e si sentì lo scatto trattenuto del battente, una serratura che si chiudeva piano, a due mandate.

– Ma che dite, ma che dite! –, la voce era stridula, di chi sta per piangere. Stavolta si udì sbattere una porta; la porta sempre chiusa di quella vicina, Lisa ne aveva riconosciuto la voce, che aveva un figlio mongoloide e se ne vergognava. Quasi nessuno lo sapeva, ma lei l'aveva intravisto per caso un giorno: una grande testa che si era affacciata alla porta ammiccando e un braccio come di gomma. Si fece silenzio e Lisa riprese a salire. Sul ballatoio per fortuna non c'era più nessuno.

Nei giorni seguenti la favola s'ingigantì, perché il corriere continuava a non passare. L'uomo era ben conosciuto nel povero caseggiato come fornitore di scarse ma essenziali cibarie, tra le più modeste che producesse la campagna umbra. Avrebbe accettato di spacciare addirittura la carne d'una vittima di quel mitragliamento che l'aveva sorpreso durante il viaggio in corriera. Su istigazione di un amico macellaio, che pare avesse provveduto a farla a pezzi.

Ne parlava tutto il fabbricato. Qualcuno sosteneva che l'avrebbe fatto "per buon cuore", con poco guadagno. Forse, si sorprese Lisa trasecolata a ragionare, perché non aveva più nulla da portare in città quel giorno, neanche le solite dozzine di preziose uova, fracassate nel mitragliamento. Forse lui temeva gli occhi addolorati delle donne sempre più magre che lo aspettavano appoggiate sempre più stancamente agli stipiti delle loro porte, o si sporgevano dalle ringhiere scrostate sui ballatoi dipinti a colla gialliccia. Erano donne con bambini, povere come era povero il commercio che lui faceva di quelle sue poche cose dopo il rischioso viaggio e delle cui famiglie, in assenza degli uomini validi, aveva preso a sentirsi responsabile, fino a fare credito a molte. Ma poi subito Lisa si rassicurò: non poteva essere vero. Ma così si favoleggiava. Cosa doveva pensare Lisa? Pensò che ci fossero "delle esagerazioni" e a buon conto non disse nulla in famiglia.

Per fortuna sua madre in genere non parlava con nessuno e quanto a suo padre non usciva nemmeno di casa, anche se era troppo vecchio per essere rastrellato. Del resto, dopo la distribuzione di quella carne a buon mercato, per una singolare ma non inverosimile coincidenza, il corriere smise di passare e a chi diceva che certo era stato arrestato Lisa rispondeva che forse invece era ammalato, che le era sembrato in effetti un poco stordito e come sofferente, lo sguardo smarrito, l'ultima volta che ci aveva parlato. Doveva essere "esaurito". E forse non si trovava lontana dalla realtà.

Esaurito era certo suo padre che non usciva più di casa. Eppure quella casa la odiava. Allo scoppio della guerra l'architetto Pennino, sfrattato su due piedi dall'abitazione che aveva in fitto per il rientro in patria del proprietario – un medico napoletano, già emigrato negli Stati Uniti, che intendeva riaprirvi l'ambulatorio – aveva trovato accessibile alla sua borsa solo quell'alloggio con una stanza di meno, in un caseggiato popolare. Anzi, e sì che il '39 era un anno poco propizio per trovare casa, aveva realizzato addirittura un risparmio sul suo magro bilancio, ma a che prezzo? Aveva ripugnanza persino a mettere il piede sul ballatoio, dove nel bullonato sconnesso si annidava lo sporco di decenni, da cui si sentiva offeso come da uno sputo. Le plafoniere dalle lampadine fulminate non gettavano più alcuna luce e solo dalle finestre pioveva una semipenombra oppure, ma doveva essere proprio bel tempo, una luce carceraria.

– Non riesco a stare in questa stanza –, diceva spesso – i soffitti sono troppo bassi.

Oppure: – Guarda com'è fatta questa casa, si sgretola tutta.

– Fa' una passeggiata, papà.

– E dovrei scendere quelle scale sudicie e giallastre, con tutta quella gente che apre le porte anche quando cucina? Mi fa male il ginocchio.

– Oggi tutti cucinano poco –, lo consolava Lisa. – E poi digiuno e scale ti guariranno dall'acido urico: tra poco starai benissimo.

lui bene non stava affatto e, bruciata l'esigua razione di sigarette nella cui spasmodica attesa aveva passato giorni o settimane, minacciava di buttarsi dalla finestra e loro abitavano al settimo piano. Cosa doveva dire Lisa atterrita? Che forse, in una simile reazione e in una tale minaccia, c'erano "delle esagerazioni". Si difendeva così. Si sarebbe messa in coda, alla prima occasione, per cercare di ottenere anche le sigarette che spettavano a sua madre – in questo a Roma il regime era per la parità e l'età, non il sesso, dava diritto al fumo –, ma bisognava avere la fortuna di trovare questa coda. Non si sapeva mai quale tabaccaio sarebbe stato rifornito e quando. Con questa scusa lei usciva in perlustrazione: in realtà passeggiava per non udire più nulla.

Un incontro casuale

Tra poco, mancava ormai un quarto alle cinque, sarebbe passata di lì la jeep dell'amico suo che lavorava per gli Alleati: Roberto ne avrebbe approfittato per tornare ai Parioli. Era molto in voga offrirsi di lavorare con gli Alleati e in genere si faceva non perché servisse lo stipendio, ma solo per il piacere di essere scelti. Comportava infatti conoscenza perfetta della lingua inglese, bella presenza o almeno tratto da gentiluomo, disinvoltura sociale. Qualche parentela influente, o benemerenza che fosse, non guastava. Si avevano alcuni privilegi, tra cui il primo era guidare una jeep, quel veicolo leggero ed elegante che scalava le colline come un cavallo degli apaches ed era stato all'inizio immaginato dagli americani come traino per un piccolo e perfezionatissimo cannone. Doveva essere l'arma vincente delle loro agili operazioni, strumento d'una tattica nuova e rivoluzionaria, che nella loro immaginazione avrebbe dovuto sconvolgere la guerra tradizionale. Poi gli americani erano stati costretti ad un impegno sempre più pesante, carri armati giganteschi e fortezze volanti, e quel versatile veicolo era rimasto il testimone di un sogno americano e, per gli europei, il simbolo del fare la guerra con agio. Avere a disposizione una jeep non era un privilegio da poco quando non c'era benzina né autorizzazione per le vetture private e il servizio pubblico era, per l'intera rete, completamente sospeso. E poi, diceva Fausto, tutto era finalmente così *swinging*, si sentiva di essere al centro di qualcosa e questo qualcosa si muoveva velocemente, a ritmo di *ragtime*.

All'altro estremo della panchina Roberto vide sedersi, dopo un breve cenno come per chiedere consenso, un giovanotto compìto ed effeminato, uno di quelli che a lui sembravano una razza a sé (sì, proprio come i mongoloidi o gli albini) per le affinità sconcertanti di modi e affettazioni che li legava tra loro, per il modo di parlare: cadenzato, un po' nasale anche nei più sobri e bennati, le vocali aperte che poi, nella breve parlata romana, spiccavano come occhi di grasso nel brodo, indecorose. E non solo: soprattutto per il modo di gestire. Meraviglia della genetica, costui stava sollevandosi l'onda riflessata e spiovente sulla fronte di capelli decolorati, lisci e sottili, con un gesto esperto delle dita affusolate che non lasciava a Roberto il minimo dubbio sul ceppo di appartenenza. Esseri inferiori, coatti a ripetere nei minimi dettagli una sceneggiatura mimica tanto contro natura quanto predeterminata e invariabile, conformisti nella deviazione e cioè il pessimo dei pessimi.

Non che Roberto ci avesse pensato su molto. Non se ne vedevano in giro e nelle case, almeno in quelle che frequentava lui, non ne aveva mai incontrato uno. A rifletterci bene molti anni prima, in casa di un suo compagno di ginnasio, se si tratteneva fino a tardi, poteva salutare uno zio celibe, attempato, che usciva in abito da sera e con una grande sciarpa di seta bianca al collo e lui sospettava avesse un poco di cipria in faccia e rossetto, ma lieve, sulle guance e le labbra. Anche il collirio, sembrava a Roberto, si era messo negli occhi che scintillavano. O aveva fiutato? Ma era il medesimo zio del quale, nella casa in questione, si mettevano sul grammofono i dischi: cantava da tenore leggero o di grazia, come si diceva, romanze di Leoncavallo e l'*Ave Maria* di Schubert. Così lui aveva pensato che fossero cose di teatranti.

In quel momento Roberto arrossì violentemente. Gli capitava fin da bambino di arrossire fino alla radice dei capelli per una gaffe o inadeguatezza non sua ma degli altri – della madre, di un ospite – e si sentiva molto turbato. Ora sentiva come una molla che lo spingeva ad alzarsi, ad andarsene, a non dividere la panchina con quell'essere tarato, quasi a fuggire. Era assurdo, ma si sentiva minacciato. Però non voleva assolutamente lasciare il luogo dell'appuntamento. Forse poteva passare dall'altro lato, ma rischiava che Fausto non lo vedesse e proseguisse con la sua jeep senza fermarsi. E poi quell'impulso alla fuga gli pareva da ridere. Ormai era un uomo, che per giunta aveva fatto la guerra. Ci mancherebbe dovesse stupirsi o scandalizzarsi per tanto poco. Anche se certo, fosse dipeso da lui, avrebbe impedito a certa gente di circolare, così come sui mezzi pubblici non si può salire con una malattia o deformità che ”desti ripugnanza”. Bisognava pazientare finché finisse l’anarchia, e poi certo la civiltà italica degli usi e dei costumi e in più il Vaticano, con la sua intransigenza, avrebbero riportato dignità a Roma. Te lo figuri un guerriero greco con quel *bandeau* ossigenato? Un san Roberto Bellarmino?

Cercò dunque di dominarsi e si sforzò di osservare con calma e indifferenza il vicino. Sicuramente ce ne dovevano essere parecchi come lui in giro per Roma con tutte quelle truppe di occupazione, ma nessuno che avesse mai osato esibirsi a quell’ora e in quel modo, proprio innanzi a Ruschena, dove prima della guerra, se lo ricordava, sostavano sempre degli elegantoni pronti a sfottere chiunque. Invece di quei tipi a lui, così da vicino, non era capitato di vederne. Era bene che se lo guardasse e se lo studiasse. Il fascismo li aveva messi alla gogna, la propaganda li aveva resi prudenti, quei maschioni, a uscire di casa, consci di rischiare sempre il linciaggio, e ora che certo la situazione anche per loro era cambiata tiravano fuori la testa, le ciglia da Minnie, il capo, il ciuffo ritinto, ma con prudenza.

Quello che di loro ancora pensava la gente era chiaro, se la propaganda antimonarchica più efficace stava nelle scritte ”Umberto ricchione” che decoravano la spalletta del Tevere. Lui monarchico non era mai stato e ci provava gusto. Al tempo giusto avrebbero fatto piazza pulita. Comunque no, non doveva essere uno di quelli al seguito delle truppe o militare lui stesso. Aveva un’aria distinta, ispirata, quasi da letterato, anzi da esteta romantico.

Ecco cosa ricordava a Roberto: Byron, Percy B. Shelley, quei ritratti gentili ed effeminati di poeti inglesi. "È uno straniero," pensò Roberto "ecco la feccia che ci portano."

Lo sconosciuto se ne stava immobile, eretto, pieno di sussiego, con il suo bel profilo da medaglione del Canova, consapevole di essere osservato, ma con gli occhi abbassati su un libro aperto. Un libro che dalla grafica si riconosceva in lingua inglese, anche se da lontano Roberto non leggeva il titolo. Era di una magrezza estrema, malata: aveva le spalle strette, il petto, soprattutto, incavato. Una maglia nera a rombi grigi, anzi un pull-over senza maniche e sfilacciato ai bordi gli fasciava il torace incassato tra le spalle angolose. Portava scarpe, calzettoni, *knickerbockers* fuori moda, rigorosamente inglesi, che dovevano essere stati di qualità ma erano ormai molto lisi. Eppure il suo aspetto non era quello di un pezzente, anzi piuttosto elegante. No, nessun mercato delle pulci avrebbe potuto fornirgli a Roma qualcosa di simile, nessun rigattiere in Italia, dalle sanzioni in poi. Roberto era un esperto di vestiario maschile e teneva molto ai suoi capi di classe. No, non era italiano, si disse con inspiegabile sollievo.

Poi distolse lo sguardo, non prima però di aver colto, al di sopra del libro, un'occhiata interrogativa ma non di approccio, un'occhiata mite e serena, malinconica, affettuosa. Il libro inglese si chiuse, il suo proprietario si alzò anche se si era appena seduto e, stavolta senza cenni di saluto, si allontanò con un lieve ancheggiare, sempre avvolto nel suo patetico sussiego. Roberto lo vide attraversare il Ponte Cavour e il suo sguardo non riusciva ad abbandonarlo, come ipnotizzato.

Le mani inspiegabilmente gli tremavano e il sorriso era forzato, quando Roberto salì finalmente sulla camionetta dell'amico. Un presentimento, come un allarme e il senso d'una minaccia era legato a quell'apparizione sulla panchina; non sapeva spiegarsi perché né quale. Quel viso scarno, quegli occhi incavati: era come se avesse visto "un" se stesso o come qualche volta lo faceva sentire il suo terribile confessore padre Moreno, un essere sconosciuto nello specchio di Dorian Gray. E lui correva da padre Alipio a farsi dare l'assoluzione. Era da quell'inverno che non ci andava e avrebbe dovuto farlo, tanto c'è il segreto della confessione. Ma che significava, cosa mai andava pensando? Intanto gli era rimasta una specie di cicatrice sul cuore che aveva un lieve stiramento ad ogni battito. Si sentiva come quando aveva paura, ma non quella eccitante del combattimento, quella opaca della resa. Si sentiva così quando aveva capito che i suoi genitori stavano per separarsi e lui avrebbe dovuto scegliere e intanto non poteva fare assolutamente niente per impedire che litigassero e si scambiassero accuse e parole forti, parole che lui non voleva assolutamente sentire fra loro...

Fausto se ne accorse. Gli domandò che cosa avesse. Lui gli chiese una sigaretta. L'altro staccò una mano dal volante e gli gettò un pacchetto rosso e nero: – Tienilo –, gli disse – gli inglesi sono gente che può –. E si fece una bella risata che a Roberto non piacque affatto. Era un pacchetto di Craven. Lui preferiva le Navy Cut. Non stava mica staccandosi dal gruppo questo Fausto, vendendo la sua lealtà di camerata per le sigarette e la jeep? O si era solo montato la testa, il fanatico? Faceva il democratico soltanto perché si era messo a amoreggiare con un'ausiliaria, così gli avevano detto, che era poco più che una cameriera della mensa.

Roma del sottosuolo

Mentre Roma, la Roma clandestina, brulicava sotterraneamente, quelli che non potevano permettersi lo sfollamento in luoghi più sicuri, ma neanche la clandestinità, i più deboli, i veramente poveri, i diseredati, o erano già stati razziati o erano gli scarti che nessuno più voleva e solo di rado giravano, come cani affamati e senza padrone, per il quartiere. Mentre al di sotto, nel profondo, mille trame s'intrecciavano, e altre che non s'intrecciavano s'immaginavano, così che tutte sarebbero divenute reali dopo, in superficie la vita si era scolorita e rallentata. Le vie erano vuote o percorse da scarsi passanti che sembravano non solo non avere meta, ma neanche in verità l'energia per una passeggiata, come si vede nei cortili degli ospedali. La maggior parte della gente era sparita.

In assenza dei suoi amici, Lisa frequentava conoscenti anziani con biblioteche, suore che davano lezioni di lingue, ragazzi cattolici che erano tornati fortunosamente dai fronti, dopo l'8 settembre, e la fermavano rispettosamente all'uscita della messa, anche senza conoscerla, per fare due chiacchiere tra giovani della parrocchia. Vivevano quasi alla macchia, protetti da qualche certificato medico che aveva le giuste vidimazioni o altra carta liberatoria, ma soprattutto da conoscenze tra curato e Vaticano e insomma sparivano al primo allarme. Si tenevano dunque quasi a portata di voce dalla canonica e lì intorno passeggiavano spesso, dopo la messa e le altre funzioni e anche tra una funzione e l'altra. Con sussiego le spiegavano di essere occupati a cercare "un modo costruttivo e dialogante d'incidere come cattolici nella pacifica ricostruzione della nostra patria, una volta finita la guerra".

In mancanza di mezzi di trasporto, d'illuminazione e soprattutto di cose da fare (molte attività erano interrotte, inclusa quella che aveva dato fino allora stentatamente da vivere al padre di Lisa), di pomeriggio si restava tutti vicino casa per essere di ritorno prima del coprifuoco. Le mattine libere dalla scuola erano una piacevole novità e lei passeggiava sola o in compagnia di un giovanissimo reduce molto spaventato, che era universitario, cattolico e sottotenente. Costui parlava sempre con terrore dei partigiani jugoslavi e di quella volta che qualcuno gli aveva buttato sul tavolo dell'osteria, dove stava mangiando insieme a due commilitoni, un cartoccio di bulbi oculari umani. E quel giorno una pattuglia del suo battaglione non era più tornata.

– Sai –, le diceva – un cartoccio come quello dei lupini, di carta robusta e gialliccia, quella del pane, fatto a cono, con l'estremità incalcata dentro per tenerlo chiuso.

– Vuoi dire la linguetta, quella specie di triangolino che sporge? –, chiedeva Lisa con aria candida e interessata, sgranando gli occhi che sapeva di avere d'un colore poco comune e con l'iride più grande della norma, dunque secondo lei bellissimi.

– Be', sì, quella cosa in fondo, non so come si chiama nei cartocci... –, balbettava intimidito dal suo sguardo lo studente in filologia.

– Ma no, era la lingua –, diceva Lisa tirando fuori un pezzetto della sua e ridendo fino alle lacrime. – La lingua di un commilitone, uno della pattuglia.

E rideva ancora, perché non credeva una sola parola di quello che le raccontava il "ragazzo della Fuci", come lo chiamava, giacché il nome di quella organizzazione che durante il fascismo era stata del tutto ignorata e quasi clandestina era tornato ora di moda, e un poco lo disprezzava come vigliacco e insieme abbastanza spaccone. Tutte fandonie. Eppure il poveretto, avrebbe capito poi la stessa Lisa, non raccontava che la pura verità. Spaccone o no aveva un buon profumo di colonia *Tabacco di Harar* e sigarette del Vaticano e quegli odori maschili la confortavano, le ricordavano suo padre giovane quando ancora poteva prenderla in braccio nelle salite. Se lo teneva volentieri vicino mentre passeggiavano, era alto e benvestito anche se non proprio un'aquila d'intelligenza e comunque lei non aveva di meglio come accompagnatore.

Quelle giornate senza scuola erano rigide e brillanti, troppo rigide per gli abiti autarchici di Lisa, comprati si può dire già logori. Ma lei correva in salita con un'allegria e quasi un senso di primavera, nelle belle giornate invernali. Non aveva freddo, si sentiva viva e felice. Il triangolo in cui scavallava era tra l'osservatorio astronomico, i Prati degli Strozzi (dove la città non aveva ancora lambito il bel casale del Quattrocento e nessuno avrebbe mai immaginato via Teulada e i suoi abomini architettonici e no) e Macchia Madama che si affacciava regale sul Tevere e sul panorama della città. Lei non si stancava di arrampicarsi e dall'alto disegnare a carboncino e, a casa, provare a scrivere e descrivere. Non aveva la pigrizia di quel famoso scrittore, che quando un'immagine gli appariva "nascondere e come avvolgere qualcosa" lasciava questo qualcosa giacere sotto le immagini, come il pesce appena pescato sotto le felci del suo cestino. Fidando che sarebbe rimasto fresco, finché non avesse avuto voglia di andare a tirarlo fuori.

Lisa non lasciava che le immagini, con quel "senso" che solo la scrittura poteva rivelare, si ammucchiassero nella memoria finché poi, cercandole, non avrebbe trovato più nulla. Si provava subito a tirarle fuori, ma non aveva successo. Scriveva frasi goffe e insincere, certo senza la grazia di quelle che, appena vinta la pigrizia, lo scrittore riuscì a comporre e riversare sulla carta dopo un viaggio in carrozza, mentre ancora gli danzavano davanti le prospettive di tre campanili, come tre angeli di Munch. Lisa decisamente non era intrisa della cultura consapevole di un "grand seigneur", era figlia dell'incoltura e del provincialismo di secoli, esasperato dal fascismo, e i suoi professori solo quando andava bene non erano carducciani, ma dannunziani. Leggeva per suo conto, ma più che i cascami del simbolismo francese e più che Rilke in traduzione Errante non era riuscita a trovare e farsi prestare. La biblioteca di suo padre era solo tecnica e oltre ai classici c'era *La cena delle beffe* e altre opere di Sem Benelli con le illustrazioni liberty di De Carolis.

Così, descriveva la *bidonville*, che già cominciava a nascere ad opera degli sfollati sul pendio di Macchia Madama e che solo il villaggio olimpico, vent'anni dopo, sarebbe stato capace di sloggiare. Disegnava quella miseria con accenti ridicolmente estetizzanti, al modo finto realistico di Corrado Alvaro, e lievemente espressionisti: un guazzabuglio. Intanto il ragazzo della Fuci componeva, e le dedicava, falsi ermetici quasi perfetti, che secondo Lisa avrebbero ingannato chiunque se li si fosse voluti far passare per Ungaretti. Lui cercava anche di mettere un freno, correggendola con pazienza, alla prosa turgida e pasticciata di Lisa. Lei pensava, chissà perché, di essere molto superiore alle cose che scriveva e così accettava di buon grado le correzioni anche a ogni riga, così come lui accettava di corteggiarla inutilmente. Poi il "ragazzo della Fuci" fece una timida ma esplicita *avance* e l'amicizia finì all'improvviso, tra l'indignazione di Lisa e il probabile sollievo del suo accompagnatore.

Lei descriveva i poggi alti sul Tevere e quell'erba a ciuffi coriacea e tagliente, liscia e lucida, che nella sua prosa purtroppo "ondeggiava come la chioma di una creatura in ambasce". Pur non essendo quella di Lisa né poesia né letteratura, era vero che il vento e l'odore dei pini e dei tronchi ruvidi e l'ondeggiare dei ciuffi d'erba lungo i poggi cancellavano dal suo viso e dalla sua mente, quasi dalla sua memoria, i pensieri angosciosi, primo fra tutti quello di suo padre.

Quando l'amicizia finì, era già tempo per Lisa di ricominciare a studiare, gli Alleati erano alle porte o almeno, superata Cassino, risalire la penisola sarebbe stata una questione di settimane. Leggeva in biblioteca, cercava di non pensare alla fame e al freddo. Un giorno riuscì a portare con sé una scatola intera di uva passita e un altro, rimasto memorabile, vide nella vetrina di un piccolo negozio di via dei Prefetti un surrogato di dolce la cui porzione costava quanto aveva in tasca, cioè pochissimo. Furono entrambi due giorni felici e produttivi. Appena mangiava qualcosa, lavorava in modo straordinario.

La biblioteca che frequentava era quasi completamente chiusa, i suoi tesori messi al sicuro e imballati, ma la civiltà, allora, di quell'istituzione superava i tempi e permetteva ancora di frequentarla. Era rimasto un angolo aperto, proprio quello da sempre riservato ai non specialisti, al pubblico senza titolo né tessera, neanche quella di studente. Era una saletta al pianterreno, con una grande vetrata che dava accesso a un giardino minimo, riparato e silenzioso, dove si cominciava a stare bene al sole, perché anche nella piccola corte del Collegio Romano era arrivata la primavera.

La notte del 3 giugno Lisa sentì dalla sua casa i cingolati dei tedeschi che si allontanavano verso Nord, verso l'Aurelia, lungo la via Andrea Doria, al Trionfale, che da quella parte era l'unica abbastanza larga per esser il "ponte d'oro" dei romani per farli fuggire. La gente del quartiere, che dalle finestre osservò la ritirata, sostenne poi di avere assistito a un prodigio. Per una metamorfosi degna di Ovidio, i fieri e nobili Sigfridi dalle armi lucenti e dalle divise decorate di nitidi argenti, che battevano il tacco sulle strade subito deserte al loro passaggio, si erano completamente trasformati in personaggi di Hans Fallada: *E adesso pover'uomo?*. I Mauser erano sempre lucidi, le giberne di cuoio perfettamente ingrassate, ma gli uomini erano diminuiti di statura. Impolverati, con l'andatura stanca e le frasche sull'elmetto, marciavano verso gli apocalittici bombardamenti che li attendevano appena fuori della città. Tenevano le spalle curve, trascinavano i piedi, nulla ricordava gli occupanti di solo ventiquattr'ore prima.

Nelle varie periferie a sud le avanguardie alleate entravano in contatto con i tedeschi più lenti a spostarsi, in genere quelli addetti alla sussistenza o agli ospedali, che non erano però meno feroci nel difendersi e nel razziare. Il 4 giugno il confuso brusio della folla e il basso continuo dei motori tenuti al minimo, mentre i giganteschi camion e i carri armati Sherman degli Alleati sfilavano a passo d'uomo in mezzo alla gente festante sul viale Angelico all'incrocio con viale Mazzini, fece scendere Lisa a precipizio per le scale. Già qua? Anche lei si sporse dal marciapiede e prese al volo le caramelle. Il sapore di quelle caramelle, anzi già il colore del loro *stick* variopinto e lucente che volava nell'aria come una farfalla, era la rugiada dell'alba che consola e rassicura dopo una notte piena di fantasmi.

All'armi! Ma siamo fascisti?

Nel loro gruppo Fausto era stato, pensava Roberto, fra i migliori. Finché non si era tirato indietro era stato coraggioso e fidato. Renato lo teneva in gran conto, a parte la smania per le ragazze che lo aveva sempre distratto e limitato. Lui e Renato non avevano queste debolezze: erano gente seria con austeri ideali, come fossero dei gesuiti, come i loro maestri insomma, una cosa naturale. Essere casti come Luigi Gonzaga, dicevano i gesuiti, rafforza la virilità. Si sarebbero fidanzati, e poi sposati, quando fosse giunto il tempo e le famiglie avessero proposto loro la compagna per la vita, che in qualche modo già si immaginavano a somiglianza della madre: la gonna a pieghe, le perle sul cashemire *twin set*, dolce, distinta, abituata a ricevere. Avrebbero fondato una famiglia e dato figli alla patria. A questo dovere non si sarebbero certo sottratti: bastava entrare nell'ordine di idee. Avrebbero pure avuto una vita nuova e una nuova dignità e così era anche una prospettiva non solo di doveri, ma anche gradevole e rassicurante.

La professione, la dote della moglie, le rendite

attribuite dai parenti avrebbero dato loro una grande libertà di movimento, indipendenza di scelte pratiche, ma certo non mutato il loro carattere o le loro idee, che erano già chiare e consolidate. Ma Fausto era un camerata? Certo si può essere un camerata e avere un debole per le ragazze. Anzi, quelli come lui, non parliamo poi della generazione dei vecchi, erano la maggioranza. Solo i filonazisti disprezzavano queste debolezze, per mistica, per ideologia e forse qualcuno più per necessità che per virtù. Certo si può essere fascisti e lavorare con gli americani, anzi, per l'esattezza nel caso di Fausto, gli inglesi. Insomma fare da interprete o dattilografo ai nemici, agli Alleati. Ormai la guerra per il momento a Roma era finita, e non era finita bene. Ma Fausto era un fascista? Roberto se lo chiedeva per la prima volta. C'era stato un episodio di ostilità trascurabile ma strano, perché senza motivo, che riguardava il suo nome e solo ora gli pareva di dover registrare:

– Statti zitto tu, Roma-Berlino-Tokio, che ci hai il nome dell'Asse! –, gli aveva detto all'ultima riunione.

Lui era saltato su: – Ma che dici, sono nato prima!

– Sei nato ieri, per quel che ne so.

Che cos'è che sapeva lui? Perché quell'astio, quel disprezzo da fanatico? Figuriamoci se in casa Caserani si metteva un nome come Benito o Addis Abeba. Si sorprese a considerarsi più un Caserani che un Corigliano erede di suo padre e i Caserani fascisti davvero non erano. Quindi doveva chiedersi non tanto se era fascista Fausto, ma se lo era lui stesso.

E in realtà Roberto avrebbe dovuto sapere che pur essendo figli di gerarchi e di glorie del regime o portando i cognomi d'imprenditori che con il regime s'erano arricchiti, i suoi amici non erano più fascisti. Chi per la tiepidezza dei padri, che da tempo si apprestavano a virare – quando non avevano già cominciato a farlo come appunto Alessandro Corigliano –, chi per contrasto di generazione. Non era questo il punto.

– Li trovo chiusi, poco comunicativi, non parlano di quello che succede eppure, caspita... –, faceva suo zio Federico.

– Sono inquieti come giovani cavalli di razza... Il fatto è che fiutano la nuova leva di puledri dell'allevamento rivale che scalpita dietro alle sbarre, pronta a irrompere sulla pista della competizione per candidarsi classe dirigente, invadere i pascoli esclusivi del potere che, diciamolo, avevano finora creduto loro riservati –, era la voce di Pasatieri. – Fin dall'infanzia li abbiamo convinti che li avrebbero ereditati e dall'adolescenza poi si son sentiti di meritarli anche, come i più audaci e i migliori, quelli cresciuti nel comando. Per le ragazze è diverso, basta che volgano gli occhi e sposano chi vogliono, entrano con le loro doti nelle famiglie che contano oggi e domani. Ecco perché le ragazze sono escluse dalla competizione, per loro non mi preoccuperei.

Roberto aveva udito la conversazione che si svolgeva nello studio dello zio. Non aveva origliato.

Solo che la riunione di famiglia era finita, sua zia Bice serviva il tè in salotto, lui stava cercando Renato e la porta dello studio era aperta ma con la tenda di velluto, all'interno, socchiusa.

– E chi sarebbero questi rivali, pronti a riversarsi dai recinti e a travolgerli?

– Sono i figli della borghesia antifascista, o quasi, anche ebraica. Quelli che si son compromessi poco e solo all'inizio e poi tirati indietro da tempo, qualcuno fin dal '25.

– Sono vent'anni: una generazione.

Qui Roberto si fermò. L'ultima frase era stata pronunciata da una voce maschile che conosceva ma non identificava, qualcuno che non aveva partecipato alla riunione in sala da pranzo. Il campanello non aveva suonato... dunque chi era l'ospite sconosciuto che era rimasto nello studio tutto quel tempo ad attendere la fine dell'assemblea?

– Sono quelli o i fratelli minori di quelli –, continuava la voce – che spesso hanno morso il freno e criticato l'intransigenza fuori moda della famiglia. Volevano misurarsi, non era forse loro diritto?, nei Littoriali e negli Agonali, scrivere sui giornaletti, fare il teatro di Bontempelli e magari anche il cinema. Insomma volevano vivere la cultura giovanile che il regime offriva, non esserne esclusi, brillarvi secondo merito. Perché dovevano lasciare il campo e il passo ai fascisti, cioè ai peggiori? Lo sappiamo, lo sappiamo. La loro presenza pensavano dovesse pesare, dovesse contare, ammodernare il regime.

– Nobili propositi –, rise l'avvocato – e infatti si

è visto. La loro fronda, tollerata se erano buoni atleti, un po' meno se aspiranti scrittori, non ha contato niente. C'è stata la guerra e i loro tutori, parenti, genitori, preoccupati di tenerli lontani dalla scena e non compromessi col regime, hanno dato e avuto la prova di aver ragione. I padri hanno vinto. Ma i figli questo non possono sopportarlo, è nella natura umana... e poi sentono che tutto sta mutando e non solo perché il fascismo è in agonia, anzi è già praticamente morto, ma perché anche il vecchio antifascismo ha fatto il suo tempo. E c'è qualcosa di nuovo, che sentono profondamente diverso dalla cultura dei loro padri. La democrazia delle masse. Le masse hanno bisogno di miti.

– I cattolici popolari, certo, hanno molto seguito. Ma sono tanti quelli che cercano qualcosa di veramente antagonistico, ad armi pari, con il fascismo, che permetta finalmente anche ai figli di protestare contro la severità della tradizione familiare, e anche, diciamocelo, discuterne una certa grettezza e meschinità per esaltare il diritto al nuovo proprio della giovinezza. Sono d'accordo con l'avvocato. Viene di lontano, dicono, e va lontano. Basta mettersi in prima fila e guidarlo. Speriamo che si ravvedano, perché l'uso della violenza, in quella fede politica, non ci consente di approvarla...

Roberto riconobbe finalmente la voce del rettore, che udiva di rado, non avendo come allievo mai dato occasione a convocazioni o reprimende. Il rettore non circolava per le classi, ma guidava dal suo studio con grande discrezione il convitto, era una presenza vigile ma, per gli allievi, un poco misteriosa. Roberto era davvero sorpreso che fosse lì quel giorno.

– In questa mutazione e crescita, i figli degli antifascisti anche cattolici –, continuava il gesuita – trovano il sostegno di uno strenuo proselitismo non tanto in quelli del ceto operaio che hanno molto sofferto, ma anche molto odiato, e sono rimasti isolati, fermi come massi nell'urto anche durissimo con il regime. Come massi appunto pietrificati, lisci e direi senza appigli, senza più niente o quasi da dare ai giovani, senza fronde, aridi e sterili. E senza mezzi. Voglio dire: sindacalisti socialisti, operai anarchici o artigiani abbastanza colti ma anticlericali, vaghi libertari che entravano e uscivano dalle patrie galere. Una mano tesa i giovani l'hanno trovata e sempre più la troveranno piuttosto nei quadri del partito, diciamocelo, meglio organizzato nella clandestinità, a parte la Chiesa –, e qui si udì una risatina – perché alimentato da una cultura duttile che cuce liberalismo e marxismo, chiede e ottiene il consenso degli intellettuali, non rifiuta appoggi dall'estero, lo sappiamo tutti. Questo partito, insieme a quel che rimane del vecchio socialismo, opererà su loro in modo egemonico: nelle scuole pubbliche attraverso i professori e in casa attraverso i fratelli maggiori e nelle letture, nella cultura laica che non possiede antidoti. Del resto il suo credo è l'eguaglianza, insomma l'Evangelo, e a questo i giovani sono sensibili. Perché i giovani, ricordiamocelo, hanno bisogno di ideali...

Roberto sentì odore di predica e non ascoltò più; del resto non capiva quasi nulla di quello che dicevano nello studio dello zio e problemi lui non ne aveva, sapeva bene ciò che doveva pensare.

Non tutti erano fortunati come Roberto, pensava Pasatieri. Appariva così calmo, sicuro d'essere un borghese, indifferente. Sull'altra barricata, non sapendo quasi nulla di tutto questo nuovo che percepivano nell'aria, i ragazzini spiavano l'oracolo dei loro professori e fratelli, oracolo oscuro, prendevano cantonate, facevano confusioni. Erano i più giovani a tentare talvolta, tra dottrine politiche antitetiche, ardite conciliazioni che non tornavano mai, appunto perché i maestri non si erano spiegati bene o loro avevano capito male. Era come nel gioco del telefono senza fili, una parola sussurrata che si trasforma di bocca in bocca.

Pasatieri ne era assolutamente consapevole. Anche lui aveva la responsabilità di due ragazzi e non l'avrebbe voluta: Rinaldo e Roberto, un altro Roberto detto Robbi. Perché non era Iselda la sola madre a chiedere consiglio. Iselda e Federico erano, più che amici, clienti. La responsabilità era professionale e si poteva esercitare con distacco. Ma i figli di Margherita, rimasti orfani nel conflitto, anche se lui non l'aveva sposata ancora – la vedovanza era troppo fresca per lei che faticava a riprendersi e troppe questioni patrimoniali aspettavano sistemazione –, erano come sotto la sua tutela. Margherita si fidava.

Lui pensava fermamente che molti intelletti singoli confusi, così come molte deformazioni mentali collettive, sarebbero venuti all'Italia, che si andava appena riprendendo dalla terribile esperienza della guerra e della distruzione, proprio di là: dal confuso entusiasmo di quegli adolescenti, che crescendo avrebbero preso a contare, per cose che non capivano fino in fondo. E che forse non si potevano capire perché non avevano senso compiuto. Erano idee astratte di cui si innamoravano, divaricate rispetto alla realtà, idee che dopo non avrebbero più voluto o potuto ripudiare: per affezione, per disistima dell'altro, per autoconservazione. Una deviazione minima al vertice che si sarebbe andata allargando come i lati di un angolo.

I guai sarebbero venuti, naturalmente, anche per altre strade, pensava. Non vedeva leve di tecnici, maturi ma non compromessi, che potessero governare.

Con i "figliastri" non riusciva a spiegarsi, a convincerli. Per i giovani che i genitori, come il marito di Margherita e anche lei stessa, avevano tenuti lontani dal contagio fascista, ma anche dall'entusiasmo per un mito, c'era finalmente qualcosa in cui si poteva, anzi si doveva credere incondizionatamente, impegnarsi in modo esclusivo per dare fondo a quella carica emotiva che sentivano inesplosa dentro di loro.

– C'è un partito – diceva – a caccia di scalpi. Se un giovinetto appartiene a una vecchia famiglia liberale come la vostra, o repubblicana, laica insomma, subito se ne invaghiscono: ha un nome, la sua famiglia è nota. E lo circuiscono e, se è timido, lo intimidiscono. Non sei tu, o privilegiato, abbastanza generoso? Non sarai tu così ingenuo da credere alla favoletta del bolscevico assetato di sangue! Il poveretto si schermisce ma, si sa, è il circolo che fa i dottori. E su quella strada che porta alla Nuova Gerusalemme ce n'è di dottori, con tanto di aureola nella ricerca, che fanno cenni al ragazzo, benevoli. Finché lui non dice: "Portatemi con voi nel comunismo!". Oppure: "Faccio solo un pezzo di strada, poi si vedrà". E questi sono i più prudenti, ma non i più indecisi. Entrambi, i prudenti e i ferventi, non sanno che cosa promettono: ché più facile è entrare che non uscire da certe compagnie, che ti fan subito sentire il traditore di turno del proletariato. E come sono conformisti e implacabili nello sdegno! Tu perdi anche i migliori amici. Non sanno cosa promettono. Anche perché questo compagno Ercoli con Stalin ci ha i suoi legami, e certo non li sbandiera. È Stalin che gli ha detto: vacci piano, morbido.

"È un fascista!" leggeva negli occhi dei figliastri. Di Rinaldo soprattutto, ché Robbi era ancora quasi un bambino. Entrambi erano troppo educati per dirglielo.

– Quando poi è un ragazzo come voi, che appena si trova in mezzo agli operai subito si vede portato sugli scudi come il padrone ravveduto, allora si sente speciale: un padrone che la nobiltà fa santo e dunque che risplende due volte, e per casta e per santità. È la vanità che sollecitano, la vostra vanità! Ma siate seri, siate responsabili! –, concludeva disperando di essere ascoltato, impotente davanti all'educato e sprezzante silenzio dei due. La notte faceva l'amore con la loro madre, Margherita, pieno di furia vendicativa, quasi con sadismo, in odio a quei ragazzi che in momenti così per lei non contavano. Eppure l'adoravano, anzi la veneravano. Era sorpreso di sé e umiliato. Anche Margherita era stupita di quel selvaggio e sempre rinnovato furore. Ma la cosa in verità non le dispiaceva.

Finalmente la teoria affascinante del complotto non era più prerogativa fascista e aveva un'alternativa convincente, per Rinaldo e per suo fratello Robbi. Censurata dalla critica dei genitori che aveva impedito si riversasse, come per gli altri adolescenti, negli ideali fascisti – facendone loro toccare con mano la fraudolenza e grossolanità – la loro sete di ideali non troppo difficili, di comportamenti non troppo asettici, la loro voglia di complotti, tradimenti, denunce, autodenunce, autocritiche sembrava finalmente sul punto di essere saziata. Quello che contava per i giovani delle famiglie da tempo antifasciste era che sentivano l'ambiente intorno saturo di qualcosa che aveva l'aria di essere esplosivo.

– Esplosivo! –, diceva intanto Roberto, illuminandosi incredulo, a Renato, che l'aveva condotto lungo il corridoio fino allo spogliatoio e di lì alla sua stanza da letto per mostrargli ben nascosto il piccolo arsenale, inclusi due candelotti, che aveva recuperato e del quale non intendeva assolutamente disfarsi, nonostante i proclami che imponevano di consegnare tutte le armi.

La signora della Querciolotta

Contro il desiderio di suo marito, Gualtiero Caserani, o almeno contro la quieta elastica resistenza di lui, Maria Adele dopo l'estate era restata alla Querciolotta e stavolta con il genero. Voleva essere lei a intromettersi tra le donne e i vecchi, che alternavano il lavoro dei campi al servizio in villa, e il "signorino" Alessandro, che era sempre stato poco più di un intruso per la gente di lì e che s'era fatto vedere tanto poco sicché lo chiamavano ancora come ai vecchi tempi, appena sposato, quando i figli suoi e d'Iselda non erano ancora nati: il "signorino". La faceva disperare soprattutto con i nuovi giardinieri. Intendiamoci, due teste calde quella coppia (perché era una testa calda anche lei, la Elis, forse più lei di lui). Venivano da Querceta (anzi come dicevano loro Querceda), lì in giù verso Carrara, e non aveva potuto rifiutare loro l'assunzione, referenziati com'erano dai conti Fabrigotti, che avevan chiuso la villa al Forte. Erano imparentati anche col suo dipendente di più vecchia data, l'Ermes. Neanche più si reggeva in piedi per via dei dolori all'ossa, ché anzi Maria Adele doveva mantenere una donna, cugina della casiera, quasi solo per assisterlo giù al casale piccolo. All'Ermes, che aveva novantadue anni, non si poteva negare aiuto e ascolto. Era lui che ci aveva messo la parola buona. Inoltre con la guerra, si sa, l'esercito aveva preso tutti gli uomini validi e c'era poco da scegliere.

Bisognava accontentarsi e poi, diamine, era colpa di Alessandro che non sapeva comandare. Bisogna averci le maniere adatte per fare i padroni e Alessandro non solo non le aveva e prendeva atteggiamenti da gerarca, ma coltivava anche l'uzzolo del botanico. Anzi, per dir meglio, lui che era ingegnere nascondeva il vezzo di fare l'architetto dei giardini. Figurarsi. Faceva disfare in un giorno i lavori di mesi, contraddiceva le abitudini di anni. Certo anche lui distrazioni non ne aveva ed era sempre stato un uomo così attivo. Ridisegnare il giardino lo svagava, lo vitalizzava sicché lei non ci metteva becco. Ma non erano mattoni che si buttan giù, erano piante, esseri ai quali ci s'è legati. Lei coi limoni si era perfino coricata in camera l'inverno scorso, quando faceva quel freddo orrido, e aveva dovuto ospitare gli sfollati nella limonaia. Care, ragionevoli piante, poverine. La sera pareva la sentissero arrivare e la guardassero fremendo dai loro grandi vasi secenteschi, che a portarli su non erano bastati tre uomini ciascuno, e le ombre dei rami sulla tappezzeria sembravan vive. Alessandro proprio sbagliava: tutto si può ottenere, a patto che le persone le si prenda a modo, non come faceva lui.

– Bisognerebbe anche ti ricordassi ogni tanto come ci sei arrivato, qui, alla fine dello scorso luglio

–, gli diceva critica ma affettuosa, la voce fioca che giungesse solo all'altro capo del tavolo – dopo tante estati che non ti s'era visto, di notte e senza neanche la valigia, come un evaso. La gente qui certe cose le comprende poco.

Al genero non era particolarmente legata e tuttavia non lo aveva antipatico. Iselda per tanti anni con lui era stata contenta ed era il babbo di Roberto e Bianca, due splendidi figlioli. Comunque la vita alla Querciolotta, svanita l'estate, era abbastanza noiosa. L'autista serviva a Gualtiero in città e l'autorizzazione per la macchina era una sola: poteva farsi portare nei posti solo di rado, per occasioni speciali. E belle occasioni, di quelle ce n'era sempre meno. Le notizie della figliola, Iselda, erano scarse, soprattutto erano quasi cessate dopo l'occupazione dei nazisti a Roma. Avevano fatto ancora in tempo a vedersi una volta a Firenze, dove avevano indirizzi riservati e compravano entrambe i loro vestiti di maglia e la biancheria, coi ricami su seta anteguerra, dal Chelini. Poi tutto era divenuto più difficoltoso, con l'armistizio, anche perché c'era sempre il timore che qualcuno s'immischiasse per sapere dov'era finito Alessandro. Meno contatti si stabilivano meglio era, però l'assenza di Iselda le pesava.

Sicché Maria Adele ne aveva di tempo per riflettere. Suo genero Alessandro non era mai stato di molte parole e poi quella piacevolezza della musica che animava un tantino la sua giornata – radio o dischi che fossero – a lui proprio non gli diceva, la musica non era il suo forte. Si vedevano quasi esclusivamente a desinare e come passasse le sue giornate il genero, oltre a contendere coi vignaioli, col giardiniere e coi garzoni, proprio non lo sapeva. Qualche volta lui andava in borgo, a comprare qualcosa, se c'era, che voleva scegliere da sé. Ci avesse avuto qualcheduna? In borgo forse sì. Sulle prime Maria Adele aveva addirittura pensato alla moglie del giardiniere, che era ancora piena e fiera, un temperamento, finché non s'erano avuti quei battibecchi ed era stato chiaro come il sole che non si potevan soffrire. Alla villa, lì, non ci doveva avere nessuna.

In queste cose lei non era stata mai molto perspicace, anzi era un po' tonta, come le diceva la sua balia, poi balia di Iselda: le cose non le intuiva, se nessuno la informava. Non sapeva neanche perché il matrimonio di Iselda s'era guastato. L'aveva scoperto da poco. Macché scoperto, glielo aveva detto sua figlia. Comunque era riuscita a mettere i rapporti con Alessandro su un piano di dimestichezza, se non proprio di cordialità. Quando il Manilio, detto anche Ilio, chiedeva un po' beffardo i sopralluoghi alla vigna e agli oliveti:

– Dianzi mi dicevo: non volendo, sei occhi vedon meglio di due...

E allora partivano insieme il genero e lei, e di solito Alessandro dava buoni avvisi, realistici ed equilibrati, non come per il giardino. La fattoria se n'era certo giovata e, trattandosi di un'azienda agricola in quel periodo di fame nera, questo era apprezzabile non tanto per il maggior guadagno – portavano tutto regolarmente all'ammasso – quanto per quei poverini che ci si nutrivano.

Il vantaggio di restare alla Querciolotta era

quello di occuparsi più da vicino della campagna. A Maria Adele non dispiaceva quell'anno intero passato quaggiù. Maritata dalla famiglia a ventidue anni, era rimasta quasi subito vedova ed erano tempi coi fiocchi per girare l'Europa tra stabilimenti termali e campi da tennis, con i gemelli piccolini da portarsi appresso, Iselda e Federico, la vecchia balia e la sua mamma. Coi soldi che aveva ci poteva fare quel che voleva, anche sposare un professionista anziché un nobile. Ricco certo, i soldi si sa tirano soldi come borbottava Ilio:

– Accidenti alla mi' chiorba, ché al sicuro piove sul bagnato.

Lei però non li aveva cercati. Gli era piaciuto Gualtiero giovane (non come il suo primo marito ch'era un unico acciacco) quando tirava i suoi smash tutto vestito di bianco sul rosso del campo, e lei era là appena discesa dal *Mauretania* (o era il *Berengaria*?). Si usava tra le famiglie genovesi e spezzine far posto ai nuovi arrivati, purché ben introdotti e presentati: subito alle colazioni coi bambini e al tennis, via, senza formalità. Non come a Firenze così chiusa. Genova si sente che è sul mare. La famiglia di Gualtiero Caserani contava sia per la compagnia di assicurazioni, sia per i suoi uffici di consulenze marittime e l'importazione di attrezzature dall'estero. Gualtiero era nel ramo legale e aveva buone cointeressenze in tutto, navi, un po' di denaro sparso per le borse d'Europa.

Dalla madre, ch'era toscana come lei e anche questo li univa, aveva ereditato La Querciolotta e non se n'era voluto disfare. Mare ne aveva finché ne voleva per tutto l'anno, ma la campagna l'adorava. Però poteva starci poco, così lei e il marito erano vissuti quasi sempre in città e imparare ora a condurre quell'attività agricola le sembrava un'ottima prospettiva per la vecchiaia, la ringiovaniva. Anche gli accenti della sua infanzia le eran tornati alle labbra nei continui colloqui col Manilio detto Ilio e la sua gente, dopo decenni salottieri.

– Dio campanile –, diceva Ilio – non s'ha da fare un po' di credito alla gente?

Oppure:

– Dio carabiniere, signora, lei sì che ne ha di propositi – (il voi fascista Manilio detto Ilio non l'aveva mai adottato).

– Accidempoli! –, diceva quand'era perplesso, non aggiungeva altro.

Così, chiacchierando con il fattore Ilio, in una fattiva comunanza d'intenti, Maria Adele curava gli interessi non solo suoi, ma un po' di tutta la famiglia, faceva grandi passeggiate e innesti di rose e ortensie, progetti per restaurare la pieve in mezzo ai campi e migliorare l'azienda. La terra, pur patendo nelle braccia il clima della guerra, quasi per celestiale contrappasso aveva goduto in quell'anno e mezzo d'un clima atmosfericamente perfetto. Avevano avuto inizi d'autunno assolati e tiepidi, sicché la vendemmia nonostante le poche braccia giovani era stata abbondante e il vino più forte del solito. D'inverno c'era stata quella scorza sottile di gelo che sotto mantiene ricca la terra e, dicono, leva le bestie agli olivi. A primavera non erano mancati né il sole né l'acqua e un arcobaleno di fiori dai vetri della portafinestra scintillava nell'anfiteatro del giardino all'italiana sullo sfondo bluastro e lontano del doppio filare di cipressi, mentre in basso, sul pendio oltre la balaustra di marmo, i ciliegi in aprile erano stati così gremiti di fiori da non poterci infilare le dita. Nel maggio e nel giugno, asciutti e tesi, avevano riempito tante di quelle ceste da sfamarci altro che gli sfollati, su a monte, ma tutti i bimbetti del borgo.

A seguitare così, finita l'emergenza, ci avrebbero fatto dei bei soldi, lei e il Manilio che pure lui invecchiava, ma era savio e lesto, e la sapeva comandare a bacchetta la sua gente, con quella leggerezza astuta nel comando ch'era la forza dei fattori d'una volta.

Ma quando si trovava a riflettere, il pensiero della cittadina Maria Adele non era per la campagna e le sue rendite: tornava quasi sempre alle vicende del regime e alle vicissitudini della guerra. Era stato singolare vedere cambiare tutto in così poco tempo (come diceva la maledizione cinese? che tu possa vivere in tempi interessanti). Anche se la guerra nelle loro case, nei loro quartieri quasi non s'era sentita, non fosse stato per quei poveretti degli ebrei.

– Ho visto fuggire tanti amici, e fra i più cari –, si diceva Maria Adele afflitta. – Si può dire che io porti il lutto, se non fosse che spero nel loro ritorno, anche di quelli che non danno notizie.

Alcuni, infatti, le avevano scritto con cautela, dai loro rifugi, ma altri erano spariti nel nulla.

Quando si riunivano per il rosario, naturalmente senza Alessandro, il libero pensatore, lei per ricordare a Dio i figli d'Israele diceva:

– Perdonaci, Signore, se non abbiamo saputo fare niente per loro e di questo ci sentiamo tutti colpevoli e siamo macchiati dell'infamia dei persecutori e piangiamo lacrime di rimorso. Perdonaci e accogli egualmente la nostra preghiera per la loro salvezza.

E pur essendo fervente cattolica, Maria Adele, quando diceva salvezza non pensava alla vita eterna, che non aveva dubbi gli ebrei se la guadagnassero in sinagoga, non pregava davvero per la loro conversione *in articulo mortis*, ma proprio per la sopravvivenza fisica delle famiglie, dei suoi cari, vecchi e giovani amici e finiva:

– Proteggili e riconducili a noi che pure siamo indegni di questa grazia. Amen.

Quanto al fascismo... in definitiva il fascismo era stata una parentesi ma, pareva a Maria Adele se ripensava a quei vent'anni trascorsi, gli schieramenti ora si ricomponevano. Anche se una profonda ibridazione era ormai avvenuta in quei due decenni, perché quando si fa un innesto, come avrebbe senz'altro riconosciuto Ilio... e bastava guardare alla sua famiglia. Gli schieramenti si ricomponevano: da una parte stavano le vecchie buone famiglie liberali, dall'altra quella che vent'anni prima era gente magari anche d'una qualche istruzione, modesti funzionari che vivevano del solo stipendio, minuscoli commercianti, maestri, gente qualunque senza rendite agricole né industriali, avidamente in cerca di potere e di tutti quei privilegi che aveva visto consumare altrove. Avidi soprattutto i figli. Era adesso divenuta una nuova borghesia. Forse poteva ancora difendere a mano armata le nuove fortune e le posizioni acquisite, forse poteva consolidarle nel trapasso, con un po' di buon senso e prudenza. Come fosse realistico immaginarlo e possibile farlo nella società futura, sarebbero stati gli altri a mostrarglielo, più avanti: Maria Adele davvero non lo sapeva.

Comunque a lei non occorreva saperlo, lei apparteneva al vecchio mondo degli agiati, quello anziano, quello "storico", come avrebbe detto Pia Malvezzi, che aveva continuato le sue professioni e amministrato i suoi beni, conservato la sua filosofia e i suoi principati del foro, le sue cattedre scientifiche e i suoi studi umanistici, ma che era stato messo al passo o in riga, talvolta perseguitato. Quel mondo si era permesso tuttavia il supremo lusso, assai poco praticato in Italia, di uno stile e di una coerenza. Nelle sue file i più eccellenti avevano addirittura coltivato il difficile gusto di mostrarsi controcorrente, anche se forse non era poi gran merito, pensava Maria Adele, scegliere di stare dall'altra parte, in mezzo al cieco e infelice brancolare delle masse ingrullite dal regime. Era una cosa che veniva da sé.

Capaci di esercitare, figurarsi, con nocumento minimo per il regime, la loro critica criptico-corrosiva senza però rimetterci né la libertà né la zuppa, come avveniva invece ai braccianti e a quei poveri anarchici di Carrara e di Sarzana che facevano i cavatori di pietra e già si rovinavano i polmoni col lavoro quando non finivano in galera. Ai quali proprio non si poteva negare un posto, quando poi cercavano di tirarsi fuori dalle beghe con un impiego onesto, come i vignaioli di Querceta.

Quei suoi illustri familiari e amici credevano di essere stati capaci anche d'educare a una regola severa e per pochi i propri figlioli, senza preoccuparsi di emarginarli, metterli in minoranza politicamente, anzi solerti a farlo per distinguerli da quella marmaglia di fascisti al potere. Sicché s'eran cresciuti in casa una nidiata di antifascisti che credevano liberali. Non s'erano accorti per nulla che i figlioli, ma soprattutto i nipoti – pigola, pigola – stavan facendo la muta delle piume.

Una telefonata per Lisa

In giugno, dopo l'arrivo degli Alleati, Lisa attese con ansia una telefonata all'unico numero rimasto attivo, quello della portineria. Aveva scongiurato la portinaia che la chiamasse in qualunque momento. L'avrebbe fatto? Era avvenuto che nell'autunno precedente (c'era già stato l'8 settembre, saranno stati i primi di ottobre) le aveva telefonato Guido Dello Iolo, che era stato al fronte. Questo Guido Lisa lo conosceva appena, anche se aveva frequentato il suo liceo. Intanto era più grande di lei di tre anni, che al liceo sono molti, e poi una strana soggezione le aveva impedito di farselo amico. Di questa telefonata, quand'era arrivata, lei dunque era rimasta sorpresa e lusingata. Di Guido, direttore del giornale studentesco del liceo che si chiamava "L'Arco" (sottotitolo: "Critica, Arte, Letteratura") e pubblicava editoriali che erano intitolati *Sagittae*, secondo Lisa avrebbero tutti sentito parlare. Lei che aveva letto un suo quaderno segreto, passatole da Rossana, era sicura che sarebbe diventato uno scrittore famoso. Per questo ne aveva soggezione.

Dopo l'armistizio era tornato a Roma a tappe

forzate e subito l'aveva chiamata al telefono con una voce dolce e affannata. Lisa fu sorpresa da quella venatura di emozione che lui metteva nelle parole. Forse, pensò, perché quella che per prima certo aveva chiamato non era più in città.

– L'indirizzo no. Vieni a piazza Bologna, dove c'è il botteghino dei giornali. Io dalla finestra ti vedrò arrivare. Se non c'è pericolo scendo.

Piazza Bologna? Per Lisa era come l'altro emisfero, ma coraggiosamente disse:

– Va bene. Dammi un appuntamento.

Nessuna idea di che cosa volesse dirle, e perché.

– Ti devo vedere, al telefono non posso parlare –, aveva detto. – Non è prudente. Ci sono continue intercettazioni.

Ma finalmente qualcuno si fidava di lei, la cercava.

– Come stai? –, aveva chiesto Lisa.

– Come vuoi che stia? Male. Ma tu vieni, tu puoi aiutarmi, ti prego.

Che qualcuno le chiedesse aiuto non era più avvenuto dall'ultimo compito in classe.

– Ma non stai a casa tua?

– Come puoi pensare, certamente no.

La cosa più logica, immaginava Lisa, era che lui volesse sapere di Rossana, ma l'indirizzo lei non ce l'aveva più. E poi era questa una cosa da non potersi chiedere al telefono? A meno che proprio lui non sapesse cose che lei ignorava su quell'improvviso sfollamento dell'amica. Ma forse c'era dell'altro, almeno lei lo sperava, una speranza tenue, quasi inconfessata. Così, essendo già l'ora del coprifuoco:

– Domattina, verso le dieci, ti aspetto, non mancare. E scusami se faccio spostare te. Non posso andare in giro. È pericoloso.

Lei attese con impazienza l'indomani e quell'appuntamento su una piazza remota, in un quartiere che non sapeva come raggiungere. Quasi le metteva angoscia tanto si trovava lontano, per lei quasi non era Roma. E infatti le sembrava proprio un'altra città quella in cui arrivò con mezzi di fortuna e il cuore in gola. Davanti al chiosco, tinto di verde con delle bollicine di pittura che le veniva voglia di far scoppiare col dito, tappezzato di foto di attori e confezioni di figurine coi costumi regionali tutte scolorite, aveva sostato a lungo, forse più di un'ora, destando anche qualche curiosità. I palazzi erano alti, gremiti di finestre, anonimi. Guardarli le faceva girare la testa, una specie di vertigine profonda. A una di quelle finestre era appostato Guido, ma era come se ogni finestra avesse un occhio dal quale si sentiva fissata. Le venne in mente una parola, *falansterio*, una parola misteriosa e allarmante che non ricordava più cosa volesse dire. Aveva studiato qualcosa, ma non ricordava bene, doveva essere un'architettura intensiva, ma con qualcosa della prigione, dell'alveare, dell'insetto imprigionato che ronza. L'insetto stavolta era Guido.

Gli insetti in quell'ultimo anno erano stati un suo assillo, una pena: pullulavano, formicolavano, scricchiolavano. Non esistevano in Italia antiparassitari. Con le sanzioni era scomparso il Flit, da versare nella pompa di latta. Si diceva che nei quartieri bombardati, quelli dove le finestre erano "occhiaie vuote", ci fossero tappeti di scarafaggi che si schiacciavano nel passo e che a un certo punto mettevano le ali. A differenza che nel suo quartiere, a piazza Bologna non c'erano foglie per terra, quel compatto, umidiccio strato vegetale cui era avvezza. L'asfalto era calvo, liscio e pulito; eppure, mentre aspettava, Lisa guardava con sospetto gli angoli di quei marciapiedi, le fessure delle fogne sotto il bordo, come se qualcosa dovesse apparire, che poi si sarebbe aggrumato in file di brune colonie. La piazza era informe, al centro di molte strade ma senza simmetria, senza la grazia di piazza Mazzini. Una piazza che non sembrava una piazza, con un nome di una città in cui non era. Questo già la sconcertava e la straniva. Lui non era arrivato.

Guido lo conosceva appena, non abbastanza perché si sentisse il coraggio di suonare alla porta dell'appartamento dove viveva la sua famiglia, a quel numero della strada dove si allineavano tutti eguali i cancelli dell'Incis e da dove, negli anni passati, aveva atteso di vederlo comparire per incamminarsi con loro verso il liceo. Ma lui era sempre in ritardo e succedeva di rado. Era un palazzone arcigno e sgraziato, collocato nella parte più popolare di Prati al confine con il Trionfale e che non somigliava in niente a Guido. Tornandosene a casa sconsolata, ebbe la tentazione di passare di là, ma non lo fece. E fece bene. La famiglia non sapeva ancora che il giovane era incappato in un rastrellamento per quei pochi metri di strada, dal suo nascondiglio al giornalaio. O forse era andato altrove, nonostante l'appuntamento? Lisa non aveva visto niente, forse tutto era avvenuto in una strada laterale, o forse lui era già molto lontano da lì. Anche quel luogo, davanti al giornalaio di piazza Bologna, le era sembrato estraneo e nemico, un luogo dove potevano capitare le cose peggiori. E infatti erano accadute.

– Guido è stato deportato, deportato in Germania!

Lo seppe solo dopo alcuni giorni quando, non potendo resistere più, fece il numero di casa sua e già col batticuore ne anticipava la voce.

Nel silenzio ch'era seguito, non avendo avuto Lisa voce per interloquire, si erano sentiti quei terribili singhiozzi. Poi la voce s'era rifatta viva, come lontana e indifferente, rassegnata:

– Mi ha telefonato un amico che lo ha visto portare in caserma dopo il rastrellamento. Diceva che li stavano ammucchiando in un camion, non c'era tempo, non potevo portargli niente, neanche le calze, perché partivano subito. E sì che era appena arrivato a Roma a piedi, come tanti del reggimento disperso dopo l'armistizio, e mi aveva telefonato che c'erano sparatorie e non poteva avvicinarsi di più. Appena poteva sarebbe venuto a casa, così mi aveva detto. Non aveva mangiato per tutta la strada, era tutto stracciato, affamato perché s'era dovuto tenere lontano dalle case. E lontano da noi, ora ch'era arrivato, da me che non l'ho visto, non sono riuscita neanche a vederlo.

– Forse qui a Roma, dov'era nascosto, ha trovato qualcosa.

– Un appartamento completamente vuoto, solo il telefono funzionava. Le chiavi gliele aveva date il portiere, un commilitone. Così mi ha detto. Non so neanche quando c'era arrivato.

– A me ha telefonato mercoledì sera, era già buio.

– Mercoledì? Sì anche a noi mercoledì e giovedì... giovedì l'hanno ripreso –, aspirò come a recuperare il fiato e con voce dolente e sempre più impastata di lacrime e furore – ... mi credete? aveva attraversato un mare di pericoli per tornare a casa dopo l'8 settembre, un'odissea –, disse – e me l'hanno ripreso... –. Ora la donna piangeva senza ritegno, le parole quasi non si capivano. – Non l'ho visto, non l'ho potuto vedere neanche un minuto ed è la mia creatura. Maledetti tutti. Disgraziati!

– Ma Guido scapperà; scapperà di nuovo, è coraggioso, è intelligente.

– Sì –, disse la signora Dello Iolo con improvviso orgoglio, inghiottendo le lacrime, la voce ancora strozzata. – È vero. Io lo aspetto ogni giorno, ogni minuto. Stavolta verrà diretto da sua madre invece di cercare nascondigli inutili –, e c'era una specie di rancore nella sua voce tornata quasi normale. – Come vi chiamate? –, chiese con severità. – Gli dirò che avete telefonato.

Sì, pensava Lisa, Guido era coraggioso e intelligente. Da quando era partito, senza salutarla, molte volte aveva desiderato di rivederlo, ma era un languido accenno di desiderio come di una cosa inutile, oltre che impossibile. A lui era meglio non pensare. Meglio aspettare gli altri amici, che pure le mancavano molto, andati tutti così giovani in guerra. Sentiva l'assenza della loro ingombrante e aliena gioventù di maschi, che correvano con i larghi pantaloni, sulle loro biciclette, in gruppo, ronzando intorno alle compagne uscite a passeggiare per via Ferrari verso sera, finiti i compiti. Pedalavano con i calcagni, le ginocchia in fuori, per mostrare quanto fossero inadeguate le vecchie biciclette a loro che erano tanto cresciuti. Le ragazze erano mescolate ai soldati, che si sparpagliavano dalle caserme in libera uscita e che non osavano neanche voltarsi pur essendo in gruppo. Temevano fossero le figlie dei loro ufficiali e di essere riconosciuti. Cercavano di individuare le domestiche, le ragazze delle botteghe, e aspettavano di trovarle sole in qualche traversa per fare i loro apprezzamenti pesanti e ingenui. Portavano l'uniforme. I loro panni borghesi o erano vietati o erano cenciosi, e le divise sapevano di muffa e sudore.

Guido scriveva a Rossana, l'amica con la quale Lisa passava le giornate giacché abitavano vicino, andavano a scuola insieme e anche fuori scuola si vedevano quasi ogni giorno. Talvolta Rossana addirittura leggeva forte le lettere, anche se la cosa non piaceva a Lisa che se ne schermiva, o forse proprio per questo. Non che Rossana fosse cattiva, ma era come tutte le ragazze e si vantava di essere amata e di far poco conto degli innamorati. Non si chiamavano "spasimanti"? Vuol dire che dovevano spasimare. In queste lettere però l'erotismo e l'eroismo non si coniugavano e lui si lamentava tanto della sua condizione di soldato e poi di combattente che la destinataria, ammiratrice di eroi fascisti – o forse solo letterari, perché in quei giorni leggeva *Il mio*

Carso di Scipio Slataper e si sentiva tanto Gioietta – era indignata e aveva deciso di non scrivergli più. "Anche per non coltivare le sue illusioni", aveva precisato, recisa e pure un poco sprezzante.

Intanto Rossana, come succedeva del resto a tutte quelle che avevano ammiratori non solo al fronte, aveva cominciato a frequentare un altro ragazzo, forse più promettente come eroe nella vita, ma che per ora si faceva il servizio militare in camice bianco, essendo entrato come infermiere nella clinica del padre. Poi era sfollata da Roma senza lasciare indirizzo. Forse si era già sposata. Forse il padre di Rossana, un galantuomo, Lisa ne era sicura, aveva dovuto partire in quanto alto funzionario di Stato, naturalmente iscritto al Fascio, come tutti.

Ma ora Guido aveva telefonato proprio a Lisa e con ritegno, quasi con tenerezza, le aveva chiesto di essergli confidente e amica, di aiutarlo, e lei aveva sentito lo sconforto di un ragazzo abbandonato. Lisa non ignorava di essere un ripiego ma non le importava affatto, anzi le sembrava quasi naturale, perché Rossana era una persona straordinaria. Se non fosse stato per Lisa, che le era amica, sarebbe andata a scuola da sola perché le altre ragazze non volevano accompagnarsi a lei, per timore che rubasse loro gli innamorati. E se corteggiatori non ne avevano, peggio: erano gelose e temevano il suo confronto. Lisa era l'unica ad accettare di accompagnarla, fiera anzi di lei, della sua grazia inimitabile. Voleva per amici persone belle e intelligenti e quell'amica era tutte le due cose e anche molto colta.

Che avesse scelto lei per confidente le sembrava un vero privilegio.

Rossana portava alte cinture di elastico per accentuare l'esilità della vita e la morbidezza contenuta del seno, gonne ampie e fruscianti, di seta anche l'inverno sotto il cappotto o la pelliccia, e si muoveva con leggerezza su enormi suole dette ortopediche, che usavano solo le più eleganti. Ferma poteva sembrare una bella statua imprigionata al basso da un piedistallo, ma l'agilità e flessuosità con cui si muoveva creavano il miracolo: persino quelle strane calzature le davano slancio, appariva protesa, entusiasta di vivere. Aveva i capelli biondi e ondulati sparsi per le spalle e gli occhi color violetto. Se non fosse stato per la presenza di Lisa, Guido, che si univa talvolta nel tragitto da casa a scuola o anche al ritorno, non avrebbe potuto accompagnarla e parlarle.

– Ai miei tempi le fanciulle dovevano essere modeste e tenere gli occhi bassi, uscire con il padre o i fratelli. Oggi vanno al liceo e all'università e non si può pretendere tanto. Ma almeno abbiano riguardo per la propria reputazione e non si facciano vedere in giro sole con giovanotti che non si siano presentati in casa. Questo è tassativo...

Il padre di Rossana si era espresso in modo reciso, consapevole di avere una figlia bellissima e, come ogni ragazza, lusingata dalla corte dei giovanotti. Allora tutti andavano a piedi, ma lei avrebbe potuto solo essere seguita da lui a distanza, come si usava per manifestare ammirazione e interesse. I ragazzi facevano chilometri dietro la prescelta prima di essere ammessi ad accompagnarla e le ragazze, fingendo di ignorarli, se li trascinavano dietro come trofei.

Quando il padre enunciava i suoi princìpi la figlia non si confondeva e lo guardava fisso negli occhi, che avevano ambedue violetti, identici nel taglio obliquo e senza palpebra, una gemma esotica. Lo fissava con ironica sfrontatezza, ma non osava disobbedirgli. C'era tra i due un rapporto di complicità e di amore e nonostante questo, forse proprio per questo, lui era capace di collere terribili. Lei diceva soltanto a Lisa, quando il padre non poteva udirla:

– Sai, lui è un dannunziano, vede il mondo allo stesso modo, ma quello che per D'Annunzio è motivo di compiacimento a lui fa orrore: è la foja universale... –, e le due ragazze ridevano felici di quel vecchio quarantenne. Del resto Lisa era utile anche per proteggerla dagli innamorati delusi, e forse un poco illusi, perché Rossana, pur alle sue prime armi, era una perfetta *allumeuse*. In presenza di testimoni costoro avevano pudore a pronunciare le loro parole di fuoco o addirittura le loro minacce disperate.

Adesso quella telefonata per Lisa aveva fatto di un'assenza quasi inavvertita una struggente mancanza. Al vago desiderio di consolazione, nella sempre più difficile solitudine, s'era unito lo sgomento per una fragilità che non conosceva né supponeva, che finora non aveva mai incontrato, o forse non aveva saputo riconoscere, occupata com'era a difendere dalla presunta, o reale, indifferenza dei maschi per il suo straordinario ingegno la suscettibilità ombrosa di ragazza trascurata. Era colpita al cuore dalla richiesta di aiuto, dalla confessione di debolezza che le pareva provenire da lui e stranamente solo ora, a differenza di Rossana, sentiva che avrebbe potuto essere il suo turno d'innamorarsi. Guido neanche l'aveva visto, ma capì che lei poteva amare solo qualcuno che le chiedesse aiuto: era la sua perversione. Capì infatti che il suo amore, filiale o sororale, era sempre andato comunque a chi aveva bisogno di aiuto e non poteva averlo da altri. Era come se la sua disposizione all'amore – forse distorta? – si fosse plasmata su quell'impronta d'indigenza materiale e emotiva e non potesse rivelarsi altrimenti.

Ma era stato così che mancanza d'approcci giovani, tristezza e solitudine di anni per un momento, per un breve pomeriggio e una notte quasi insonne, erano sembrate potersi sanare: come se lei avesse trovato finalmente qualcuno al quale serviva tutto quel molto che aveva accumulato nel suo animo di ragazza non abbastanza cresciuta, ma che non riguardava in alcun modo la sua famiglia. Invece era rimasto dentro di lei non dato, anzi ricacciato più in fondo di quanto non fosse, come lacrime non versate. Dov'era la Lisa coraggiosa e apparentemente disinvolta, come una bambina che canta per farsi coraggio nel buio?

Quando era molto triste, quando la giornata era piovosa e senza luce e dietro i riquadri, disegnati sul vetro dai nastri di carta incollati perché lo spostamento d'aria durante i bombardamenti non li rompesse, Prati appariva silenzioso e deserto, come percorso da uno sbadiglio lungo i cornicioni fradici di viale Angelico giù verso il lungotevere, in quelle giornate un lusso Lisa se lo permetteva. La stagione di Santa Cecilia continuava regolarmente durante l'occupazione e i concerti si susseguivano, tutti o quasi, sotto la direzione di Beniamino Solinari, il direttore stabile. Le tournées evidentemente erano abolite e pochi direttori d'orchestra, tutti italiani, erano disponibili. Solinari fu poi epurato per non avere interrotto la stagione, per avere permesso un concerto in programma il giorno prima delle Fosse Ardeatine e dopo la liberazione non poté più tornare sul podio. Forse qualcuno spingeva alle spalle del vecchio signore per prenderne il posto. Eppure anche Lisa partecipò alla sua contestazione, quando venne quel tempo.

Dopo avere acquistato regolarmente il suo biglietto d'ingresso al loggione spiegò, nel suo inglese approssimativo, a un sergente della *Military Police* assai perplesso le motivazioni dei manifestanti e come mai il concerto per il quale aveva pagato non si dovesse fare. Tutti i ragazzi che avevano comprato il biglietto con lei avevano in tasca fischietti da tranviere e disturbarono l'esecuzione subito, dalle prime battute, al punto che fu sospesa, anzi non poté neanche cominciare. Ciò era avvenuto non senza contrasti e proteste del pubblico che era in platea e insomma nel mezzo di un pandemonio che aveva richiamato la polizia alleata in forze, salita a occupare il loggione. Giganteschi M.P. avevano scalato l'anfiteatro senza usare le scale di accesso, ma passando dall'una all'altra delle ringhiere messe a protezione d'ogni gradinata, afferrandosi ai mancorrenti e issandosi con la sola forza delle braccia. Come grandi primati alla King Kong. Scavalcavano ogni fila di sedili con una sola falcata, rapidi e silenziosi, fino a giungere in cima prima che gli studenti, pacificamente accoccolati a fischiare, si fossero accorti che una simile operazione cominciava. Ed era stata quella una straordinaria *performance,* atletica e un po' cinematografica, che gli spettatori meno agitati, come Lisa, si erano molto goduta. Solinari un collaborazionista? Non si accorse di essere in grande contraddizione con se stessa, che aveva tanto apprezzato i concerti di quell'invernata. Comunque gli studenti non si intimidirono e parlamentarono, come appunto Lisa, finché il concerto fu cancellato.

Nell'inverno dunque quei concerti erano stati il suo lusso. Allora il fascino della musica era tanto forte, la sala così spopolata e attraente, quasi una riunione privata di altre epoche, il prezzo del biglietto così esiguo (al primo intervallo ci si trasferiva in platea dal loggione dopo aver bene individuato le poltrone rimaste vuote, che erano tante), l'acustica era così perfetta, nella platea ovattata di velluti e tappeti, che Lisa si godeva la musica come non mai. Se ne stava sprofondata nelle morbide poltrone presso all'orchestra che solo in quella stagione di disordine e abbonamenti non rinnovati e gerarchi sfollati le fu permesso di occupare. Nelle prime file, ma anche dietro, un po' dovunque, sedevano giovani straordinariamente biondi, i quali avevano uniformi che addosso a loro sembravano, e forse erano, di taglio perfetto, e nuche un po' troppo scoperte.

Così apparivano a Lisa, che poteva, non vista, fissarli interrogandosi sul mistero di tanta contraddizione tra la gentilezza dell'aspetto e la ferocia del comportamento che veniva loro attribuito.

– Me l'hanno menato, ci ha tredici anni, solo perché non capiva che gli stavano a chiedere. E chi li capisce quelli? Gli hanno dato un ceffone che gli ha rivortato la faccia –, era la lamentela della contadina che vendeva a Lisa la verdura, carezzando la testa rasata del figlioletto, che tredici anni neanche li dimostrava. Brutalità gratuite, quando poi non c'era dell'altro.

– Strappano le unghie, mettono il trapano nei denti, l'elettricità ai testicoli –, diceva l'impiegato delle Poste di viale Mazzini con aria sicura. – Basta un niente, un sospetto, uno sguardo e sei dentro e ti aspetta tutto questo. Io quando li vedo scantono. Dicono che i giovani siano peggio degli anziani. Quelli almeno non sono cresciuti col nazismo ma questi sono dei fantocci fabbricati da Hitler, dei Frankenstein con un dispositivo di odio dentro e senza nervi, senza sentimenti.

– È questo il fanatismo –, faceva eco il maestro che abitava allo stesso piano, il quarto, dove si produceva nella sua elencazione di orrori l'impiegato in vestaglia sul ballatoio. – Sono i primi che hanno la catena di montaggio della morte. Devono ammazzare cento, duecento, trecento persone? Noi non sapremmo da dove cominciare e loro invece fanno la divisione del lavoro. Uno spara, uno scansa, uno seppellisce. E programmano anche le fosse, ché le fanno scavare ai condannati prima.

Poi un colpo alla nuca e via, in posizione che cadono già dentro.

Quei giovani biondi, dai teneri colli, sedevano in modo educato, rilassati ma non abbandonati sulle poltrone, e le loro teste, levandosi ben al di sopra dello schienale di velluto rosso, toglievano un poco la visuale dell'orchestra a lei che era piccola di statura e quasi scompariva nell'imbottitura accogliente. Avevano il programma posato sulle ginocchia e i tacchi degli stivali uniti. Sembrava volessero dimostrare qualcosa, come se si sentissero malevolmente osservati, ma in realtà nessuno li guardava ad eccezione di Lisa.

Anche negli intervalli, senza farsi notare, Lisa li scrutava. Erano i soli giovani che poteva guardare senza tremare per loro, almeno finché rimanevano in città, ma dopo via Rasella non pensò più allo stesso modo. Forse erano in licenza premio. Non li amava e non li odiava. Non solo non dava loro la colpa di ciò che stava accadendo, ma la presenza di quei suoi coetanei la confortava, perché le sembrava che nella musica la guerra era sconfitta.

Come aveva sentito, e non solo sul pianerottolo di casa sua perché tutti e sempre più forte ne parlavano, gli stessi giovani facevano probabilmente, prima e dopo il concerto, molte cose contro la giustizia e l'umanità, obbligati e sovente volentieri, esaltati dal sentirsi potenti e con in mano le sorti degli altri, in questo caso degli italiani che, purtroppo, spesso non erano stati tanto migliori di loro, nelle colonie. Ma a Lisa era difficile essere severa con gli uomini, specialmente giovani, perché aveva diciassette anni. E comunque, quando vennero gli Alleati, non nutrì per quei nuovi arrivati sentimenti migliori o diversi. Niente a che fare con quella telefonata che aspettava. I giovani uomini stranieri erano come scritture che non sapeva decifrare e che non si sforzava di leggere, ma che apprezzava per i significati riposti, anche se a lei preclusi, che certamente racchiudevano le loro estranee presenze.

Guido

Quello che Lisa e la signora Dello Iolo non sapevano era che prima di quella telefonata Guido a Roma era già arrivato e si nascondeva da mesi, fin dall'estate. Appena caduto il fascismo, il 25 luglio, i vertici del Partito comunista avevano mandato da lui un compagno per chiedergli di disertare. Lui era un militante iscritto fin dal liceo e in quel momento si trovava di stanza a Civitavecchia, cioè vicino Roma, dopo essere appena tornato dal fronte. Un uomo anziano era arrivato in bicicletta davanti alla caserma verso l'ora della libera uscita e gli era andato incontro con un fagotto, come gli portasse qualcosa da casa. Si erano avviati parlando verso la stazione. Il compagno era ripartito con il treno e Guido con la bicicletta. Aveva raggiunto un casolare sull'Aurelia dove gli erano stati cambiati i panni di militare. La sera di quello stesso giorno aveva disertato, per passare alla sua vera milizia: quella nel Partito comunista clandestino.

Alla stazione di Santa Marinella aveva preso un treno stipato che veniva da Torino e in mezzo a quella folla si era confuso. Un indirizzo per Roma, dalle parti di piazza Bologna, lo aveva mandato a mente: la chiave era sotto lo zerbino, niente portiere.

Ma quando era arrivato là, non c'era stato bisogno di chiavi, perché si sentiva la radio accesa e qualcuno per casa. Così aveva suonato e conosciuto Rinaldo Martino. Era un ragazzo dal colorito olivastro e dai capelli lisci e pesanti come un indio, portava la frangia e quella pettinatura non era molto usuale. Guido avrebbe giurato di non conoscerlo, ma lui sosteneva che s'erano già visti a una riunione, e neanche tanto numerosa, in casa di un professore che era stato, nel tempo, insegnante di entrambi ma in due diversi istituti, e di ricordarlo perciò benissimo. Poteva anche essere. Forse, da allora, Rinaldo era cambiato, molto più di lui.

– Sai, mio padre è morto. Comandava un battaglione in Grecia. Gli ufficiali di solito non muoiono, ma a lui è successo. Era vecchio per la guerra.

– Forse lo era.

Per non saper che dire gli era venuta fuori quella risposta rassegnata, quasi indifferente. E invece pensava proprio che Rinaldo doveva essere cambiato tanto per quello, per la morte di suo padre.

– Ma, e questa casa?

– L'ho ereditata. L'unica sfitta di un grande lotto di appartamenti che possiede la mia famiglia in questo palazzo. Cioè, non avrei potuto ereditare perché sono minorenne, ma mia madre ha voluto che ognuno di noi prendesse la sua roba subito, persino mio fratello che ha quindici anni, e anche il denaro, quello liquido. I titoli li amministra l'avvocato, lei non vuole più entrarci. Figurati, ho la chiave della cassetta di sicurezza con l'argenteria. "Per quando ti sposi." Ha diviso tutto tra me e mio fratello, fino ai cucchiaini.

– Tua madre è rimasta molto scossa...

– Direi proprio di sì. Ha disfatto la casa, ha venduto tutto e le cose di valore, faceva come una matta perché non le portavo via abbastanza in fretta. Guarda –, e aprì un ripostiglio pieno di tappeti. – E guarda! –, con un gesto indicò il fondo del corridoio, dove erano ammucchiati quadri con *expertises* incollate dietro. Si muoveva in questa sua piccola casa con indolenza, trascinandosi dietro Guido come per fargliene prendere possesso. Guido avrebbe voluto parlare della sua situazione e soprattutto sedersi.

– Mia nonna ha preso in custodia le cose di mio fratello e lui stesso, perché la mamma è stata in casa di cura. Ora però lei ha un piccolo appartamento a via Ximenes. Forse c'è un uomo. Sono più di due anni che mio padre è morto.

Guido era stordito da tanta confidenza. Non sapeva che Rinaldo molte cose gliele nascondeva, come il fatto che l'uomo in questione lo conosceva bene, perché era il suo avvocato, anzi, una specie di tutore o di patrigno. Si chiamava Arrigo Pasatieri. Guido attribuì la loquela di Rinaldo al suo arrivo inatteso, al sollievo di non essere più solo. Rinaldo aveva preso fuori della finestra una bottiglia di latte e ne versava piano due bicchieri.

– Mia madre non sa che dispiacere mi ha dato.

Non doveva disfare quello che c'era intorno a lei. Io sono un comunista, la proprietà mi fa schifo.

– Ma va' –, lo consolò Guido – che c'entra. Le cose belle sono cultura. Quando tutto finirà, le regalerai al partito.

– Appunto, doveva aspettare. Cercare di capire cosa voleva farne.

– Forse voleva che lo capissi tu per lei.

– Già. Ma non sono sicuro che mio padre avrebbe approvato.

Bevvero il latte. Da quel momento non parlarono più di fatti privati. Rinaldo lo istruì sul lavoro della cellula, sui movimenti, sulle precauzioni, l'organizzazione da riannodare e sviluppare, ora che il fascismo era caduto. Lui, Rinaldo, lavorava tra i fascisti entrati in crisi. Come del resto anche Guido, e più tardi il compagno Ercoli, era convinto che i giovani fascisti in buona fede, quelli che credevano nella "rivoluzione fascista" e nel socialismo di cui Mussolini aveva ricominciato a parlare, non potevano non riconoscere l'opportunità, ormai, di lavorare in altro modo per costruire un autentico socialismo in Italia. Si era pensato a Guido per contattare tutti i suoi amici antifascisti e creare una nuova rete di cellule a Roma. Ne aveva molti, di amici, era sempre stato un capo e il reclutamento non aveva segreti per lui. La caduta del fascismo doveva solo accelerare il proselitismo che svolgeva da anni, da quando era ancora a scuola, e anche sotto le armi.

Mentre parlavano Guido rifletteva su se stesso. Nel tempo sentiva di essersi fatto sempre più maturo nelle sue convinzioni, gli sembrava che l'altro fosse ancora ingenuo, infantile. Il naturale ribellismo invece in lui, col tempo, era diventato fredda e scientifica convinzione e disciplinata, persino pedante militanza. Soprattutto sentiva di essersi impadronito di una qualità strategica che a Rinaldo mancava: di un tatticismo e, diciamo pure, di un atteggiamento da giudicarsi in politica quasi machiavellico. Man mano che il suo intelletto cresceva – e scelte come quella che aveva appena fatto, disertando e tornando a Roma da clandestino lo facevano crescere di colpo – scopriva che il suo spirito aveva bisogno di una fede politica totale e totalizzante. Che quella, e non la letteratura, era la sua vocazione. Come se proprio il fascismo e la dittatura avessero creato da sempre i presupposti per quella disciplina, una volta superato l'anarchismo giovanile: avessero preparato il contenitore perché vi si versasse, come nella botte vecchia, il vino nuovo. Rinaldo aveva un'altra storia, altri amici, forse i ricchi crescono più lentamente e danno sempre nell'utopista, nel sognatore.

Comunque, prima di andare a dormire, era quasi l'alba, gli consegnò un taccuino con i nomi degli amici che giudicava fascisti onesti e di sinistra, anticapitalisti e antiborghesi, almeno così li ricordava, certamente in crisi e da contattare. Molti tornavano a Roma e i ragazzi di leva non venivano mandati più sui fronti perché non c'era come armarli, alcuni neanche li chiamavano. Era una strana estate, dove pochi si agitavano moltissimo e moltissimi stavano a guardare e facevano la solita vita. C'erano amici che partivano per Forte dei Marmi.

Un solo numero tenne per sé Guido: quello di Edgardo Varese. Voleva chiamarlo di persona e subito, già l'indomani.

Edgardo era stato il suo braccio destro nella redazione de "L'Arco", anche il suo alibi. Trattava bene con il preside e il collegio dei professori in camicia nera. Sapeva alla perfezione il tedesco e leggeva Martin Heidegger. Leggeva anche Julius Evola, il nome era bello, suggestivo. Credeva di essere fascista, un fascista puro e duro. Avevano avuto tra loro in passato una sorda rivalità per chi scriveva il miglior tema. L'insegnante d'italiano, al ginnasio, sceglieva l'elaborato con il voto più alto e lo dettava agli allievi per inserirlo nell'antologia degli autori contemporanei. Come dire che la letteratura, la scrittura non era cosa cristallizzata nel tempo, ma doveva considerarsi *in fieri*. Così diceva proprio il professore: *in fieri*. Pedagogicamente sarà stata anche una buona idea, ma per Guido fu una fonte di esasperata competizione e feroci rivalità. I temi di Dello Iolo si alternavano di solito a quelli di Varese, nei quaderni dei compagni, finché i due avevano deciso di compilare un quaderno segreto, alternando i loro racconti brevi, quelli che da soli, senza sollecitazioni scolastiche, andavano scrivendo. Scoprirono di avere ispirazioni diverse e sogni divaricati e scritture incompatibili. Ogni rivalità era scomparsa.

Guido sapeva di aver compiuto una grave indiscrezione dando da leggere a Rossana quel quaderno e lo aveva voluto indietro immediatamente. Era stata una sfida, anche pericolosa, perché a Guido piaceva sfidare il destino. Si sarebbe invaghita di Edgardo, leggendolo? Rossana l'aveva deluso. Era stata distratta, inconsapevole di quella temeraria tenzone che l'innamorato aveva dispiegata in suo onore. Che Guido, che qualcuno potesse immaginare di misurarsi con un altro a Rossana sembrava inverosimile, era cosa che cadeva fuori dal suo orizzonte, convinta com'era della propria unicità come di quella di chiunque. Comunque s'era mostrata, come sempre, squisitamente discreta. Edgardo di quel tradimento non aveva mai saputo nulla. Era stato l'unico neo nel rapporto con l'amico, almeno così lui credeva. Da tempo partito volontario, senza provare a chiedere l'esonero universitario, Edgardo però non si era fatto più vivo e ora Guido voleva a tutti i costi rintracciarlo.

Il tè delle cinque alla Querciolotta

Non c'è che le mamme a capire veramente che cosa succede ai figlioli. Ne parlava sempre, Maria Adele, con le due Malvezzi, madre e figlia, della Villa Luisa. Il nome non faceva giustizia a quella villa del Settecento, in posizione delle più amene, che per l'arredo e le tappezzerie, per i gioielli di antiquariato che racchiudeva, era famosa in tutta la Toscana. Uomini in casa disgraziatamente non ne avevano più, ma stavano attente alla roba come due falchi e così anche alle cose della vita, e Pia, la più giovane, anche alla politica.

– Antifascisti, sono antifascisti –, diceva. – Ma vogliono contare e il fascismo gli ha insegnato che senza le plebi non si conta!

Pia e la madre Gemma due volte per settimana prendevano con lei il tè (eh no, non il *karkadè*) coi biscotti di farina di castagne, una volta da loro e una volta alla Querciolotta.

– I giovani è da tempo che sono sfuggiti alle briglie, s'insubordinano alle regole di un liberalismo tanto tollerante quanto imbelle, che s'è piegato all'olio dei fascisti con un senso un po' eccessivo della storia, così doveva andare!, sospettabile persino di ipocrisia, di timor panico del sovversivo e insomma di autodifesa di classe. Vedrete se, una volta caduto il fascismo, questi giovani non saranno loro a fare la sorpresa ai padri, a candidarsi quasi inconsapevolmente, con una smania di protagonismo troppo a lungo repressa e pieni dunque di rivalse, a divenire i nuovi padroni della politica di massa, abbandonando insieme il riserbo, gli studi e le professioni. Sotto quale bandiera non si sa, ma la quarantena è finita.

Gemma Malvezzi annuiva, era convinta che la figlia fosse un genio della politica. Non per nulla suo padre aveva voluto, ereditiera o no, che frequentasse l'università, che si laureasse... Per questo Alessandro, qualche volta partecipe della conversazione alla Querciolotta, un poco ma educatamente la canzonava:

– Un principe del foro come suo padre, ecco cosa doveva diventare la Pia!

Ma, mentre Gemma sorrideva, Pia incalzava:

– Eh... carissimo! guarda che questi hanno l'aggressività e la fame di potere che è mancata ai loro padri, quelli dell'Aventino, quelli che a Mussolini gli dissero: la si accomodi! E lo devono alla lunga astinenza di vent'anni. Sono una classe in certo senso nuova e il liberalismo per costoro è proprio poco. Vogliono qualcosa di più. Te l'assicuro.

– E che vorranno mai, il comunismo? con tutte le terre che hanno al sole! –, faceva un po' irritato di dover parlare di cose serie con una donna, e neanche brutta, Alessandro Corigliano (che cosa non gli toccava in quell'esilio).

– Quella è roba da intellettuali, il comunismo –, diceva come tra sé Maria Adele. – Paura non ne fa. Ci abbiamo i cattolici...

– Il comunismo, il socialismo, il Partito popolare, la restaurazione, il congresso di Vienna. Non lo so. Ma il liberalismo proprio no. Fa Italietta.

Poi, ricordandosi chi era Alessandro, rideva e diceva con una sua tranquilla e quasi mascolina civetteria (quanto urtava Iselda quel suo modo disinvolto di fare! Ché la Pia era comunicativa e lei, sua moglie, così svenevole, quella simpatia se la sognava):

– Proprio a te lo vengo a dire! –. E si alzava, anche se era a casa di lui, per servirgli un'altra tazza di tè, come le spettava essendo la donna non sposata e la più giovane. I cucchiaini d'argento tintinnavano e tutto tornava nelle regole di una garbata conversazione, almeno quando c'era anche Alessandro. Pia capiva che lui preferiva così.

Però Maria Adele continuava a pensare. Non essendo più giovane, anzi considerando ormai quasi conclusa la sua esistenza, Maria Adele cercava di capire l'avvenire solo per immaginare che cosa attendesse i nipoti, quale competizione avrebbero dovuto affrontare. Era strano, o almeno le sembrava strano adesso che viveva felice la vita della campagna, ma lei aveva sempre visto nell'esistenza soprattutto il suo aspetto di sfida, dai tempi dell'equitazione e della danza a quelli in cui la gara non era di lei, ma per lei, tra i suoi spasimanti, magari al tennis ma poi anche fino alle più sfrenate competizioni forensi, nella sua città, e scalate in borsa altrove. La vita, nel suo aspetto migliore, è una lotta. Le donne stanno a guardare ma parteggiano e qualche volta aiutano, tramano, consigliano. Tutto, o quasi, si fa per loro e graziosamente, in disparte, sono insieme giudici di gara e duellanti.

Suo nipote Roberto le stava a cuore più degli altri; più, si confessava, di Renato, Fabio e Maurizio, ch'erano figli del caro Federico ma anche di una nuora troppo autoritaria e che lei non amava, o meglio con la quale non legava. E poi Roberto somigliava a Iselda e al nonno, quel suo aristocratico primo marito. Era come se quel triste matrimonio avesse avuto un esito felice. Inoltre era lui il solo veramente in difficoltà perché stava nel mezzo. Era figlio di un uomo che aveva fatto carriera con il fascismo, mentre Federico nemmeno sapeva dov'era la sede del Fascio, anche se affari col governo o con lo Stato ne faceva tutti i giorni e il federale a casa sua andava col cappello in mano.

Ma se il padre di Roberto aveva rifiutato di seguire il governo a Salò, questo non era avvenuto soltanto perché lui non era proprio un gerarca. La sua sola compromissione con il regime era di aver fatto carriera un po' troppo in fretta come ingegnere fino a installare, lui solo insieme ai colleghi tedeschi, la prima linea telefonica diretta tra Hitler e Mussolini. (Non ci aveva mica parlato dentro a quei microfoni sicché era pur sempre un tecnico neutrale!) Ma piuttosto perché quel lavoro non rappresentava che una parte della sua posizione. In realtà prendersi in moglie Iselda non aveva significato sposare solo lei, ma la sua famiglia perché

Iselda non era un partito qualunque. Lei apparteneva al genere di quelli che avevan sempre tenuto a dimostrare come si possa anche venire a contatto e collusione con la politica – e diamine, chi può evitarlo nella vita quando sta in certe posizioni? – ma compromettersi non si debba mai. Anche Pia era d'accordo.

– Le sostanze, le professioni e soprattutto i modi, le nostre abitudini, la cultura sconsigliano, anzi impediscono qui da noi un vero e proprio schieramento, una discesa in campo. Non siamo mica in Inghilterra. L'Italia è nata come è nata. I piemontesi, il fascismo, ma sono governi questi?

– Quel ruolo che si ha nel consesso civile, quel tal ruolo inevitabile per nascita e censo –, diceva Maria Adele – impedisce però di fare di testa propria. È impossibile evitare di avere rapporti con chi comanda anche se chi comanda non ci accomoda. Si è troppo esposti, troppo cagionevoli. Come i limoni fuori dalla limonaia.

– Ed è anche sgradevole, sarete d'accordo, quando il potere cambia di mano troppo spesso e bisogna aggiornare l'elenco degli invitati in campagna o di certe indispensabili relazioni in città –, interveniva Gemma con la sua voce chioccia.

Le tre donne si trovavano d'accordo, per questo piaceva loro incontrarsi. Senza dibattere, riconfortandosi l'una con l'altra nelle loro idee, provavano il piacere della solidarietà femminile e della comunanza di ceto.

– Mah! Che devo dirvi? Chi ha imparato a nuotare si dice che nuoti sempre...

– Ma non con ogni mare!

– Però gli amici veri, disinteressati, legati dall'affinità di stato e di letture, quelli del proprio ambiente, almeno restano e non sono soggetti alla politica.

– Sono questi i legami che occorre rafforzare, per la pace nostra e il bene dei nipoti –, diceva Maria Adele alle Malvezzi.

La loro figliola in questo aveva sbagliato sposando un giovanotto spuntato da chissà dove, "funghito" avrebbero detto le Malvezzi, da certi quartieri di Roma che neanche mai c'era stata Maria Adele, lei che era stata a Londra e Alessandria d'Egitto quando i gemelli erano piccini e vestivano uguali di piquet. Un laureato in ingegneria alla facoltà di San Pietro in Vincoli, che a Maria Adele sembrava nome un bel po' strano per una facoltà, ché l'intelletto non deve aver vincoli, benché come nome anche via Panisperna... eppure avevan fatto faville quelli di laggiù... e anche in America, ora, i suoi amici, fisici nucleari ebrei. Dava ragione al marito, che più di un patrigno era stato proprio un padre per Iselda, Federico poi l'aveva addirittura affiliato. E l'avrebbe accasata bene e meritava d'essere ascoltato, Gualtiero, in quel suo discreto e quasi timido dissenso trovandosi d'accordo anche con i più vecchi domestici, che a modo loro avevano ai tempi espresso scontento per quel matrimonio. Iselda era stata astratta, avventata, la solita svanita. E come va a finire? Così va a finire: il 25 luglio, le fughe, la richiesta di asilo... ma lei, diamine!, aveva aperto la casa al genero, che del resto almeno ora aveva fatto una scelta sensata. E prima? Prima in fondo aveva avuto la sua gloria, aveva saputo brillare, mettersi in luce. Del resto senza patrimonio cosa poteva fare, povero illuso, per farla vivere com'era avvezza, la sua Iselda?

Ora la figliola aveva preferito restare a Roma con i ragazzi e a lei mancava molto, certo più che al marito, spiace dirlo. Del resto, se il suo matrimonio, come lei aveva detto, era veramente andato a monte, di un poco di lontananza si sarebbero giovati entrambi i coniugi. Dio la perdonasse, ché lei non s'augurava che la riconciliazione, ma non si sentiva di dar del tutto torto a Iselda, anzi.

– Intanto c'è una cospicua proprietà da tenere sott'occhio giù a Roma –, così spiegava la lontananza della figlia, ché le Malvezzi dei dissapori con Alessandro ne avrebbero fatto un romanzo. – L'appartamento di via Frisi ai Parioli, che è un po' la via dei gerarchi, ma ci hanno lavorato i migliori architetti e poi è proprio una casa da re per essere in città, con tutto quel verde: da tenere d'occhio, non ci dovessero entrare gli sfollati.

– E poi ci saranno i quadri di Iselda, o sbaglio? O non ha anche l'Overbeck e l'Hayez e i Boldini del nonno?

– Certo. Li ha voluti in dote. E poi sapete com'è fatta l'Iselda; da quando era piccina il "nonno" Caserani la portava alle aste, ché Federico non voleva andare e così – denari a fiotti – è divenuta una collezionista anche lei. Comprerebbe tutto purché Novecento e prima del '17, russi, scandinavi, tedeschi. Ma tutto non può comprare, la casa non è grandissima, e così ha scelto i tedeschi, forse per far piacere ad Alessandro: Müller soprattutto, ne ha di bellissimi.

– Ma non ha comprato anche quel quadro grande con la testa di Leonardo che non entrava dalla porta? Tu dicevi...

– Non è un quadro. Un bozzetto, il cartone per un affresco eseguito, credo, a Roma stessa. Un Sironi, che sembra fatto apposta per lo studio di Alessandro. Comunque non è per i valori. Se dovesse rischiare... Ma io sono tranquilla, ché a Roma non è sola. Intanto c'è Federico, agente generale, sempre nelle assicurazioni, e poi amici, parenti anche in Vaticano e l'avvocato Pasatieri che più che un avvocato è un secondo fratello. Tutti vicini di casa.

– Pasatieri, fratello del nostro Pasatieri?

– Che dici, mamma? Sarà il figlio.

– Il figlio, sì, ma sempre avvocato e che esercita a Roma, patrocinante in Cassazione, libero docente di diritto. E poi sono sicura che la presenza della Santa Sede, insomma il papa a Roma, terrà lontane le maggiori atrocità della guerra, i bombardamenti, basta tenersi lontani dalle ferrovie. Qui ci sentiamo sicure e poi magari...

– Eh già, una tenuta in un luogo isolato, domani magari teatro di scontri o sede di stati maggiori. Come la villa palladiana di zia Chiarina, dei Malvezzi di Padova, sventrata a cannonate durante la prima guerra mondiale...

Un brivido correva per il salotto facendo tacere le tre donne che avevano diviso il piacere di una buona tazza di tè.

– Chi può dirlo? Quanti nel Sud sono sfollati in luoghi orribili, peggiori di quelli dai quali son fuggiti?

A parte queste considerazioni, Maria Adele in realtà non aveva saputo dar torto alla figlia per il fatto di aver voluto accanto i ragazzi. Se un giorno, Dio non volesse, il matrimonio fosse finito e magari dalla Sacra Rota annullato... e se Iselda avesse trovato un nuovo compagno, un ottimo compagno, del suo stesso rango... era meglio crescessero con lei e sempre più le si attaccassero, quei figlioli. Quella bellissima Bianca quindicenne che si sarebbe detta un dipinto degli Uffizi con le trecce bionde arrotolate a chiocciola sugli orecchi, lo sguardo che sembrava sempre supplichevole anche s'era indifferente per via del bianco della cornea, sotto le pupille che spingeva verso l'alto quando guardava qualcuno. E Robertino così sensibile e diritto nell'animo e nel corpo, allenato com'era a tutti gli sport, così in tutto simile, anche fisicamente, a Iselda e a quel nobiluomo buonanima del suo primo marito ch'era il suo vero nonno. Un Massova autentico.

Maria Adele era sicura, e anche il Caserani lo era, che Iselda per Roberto non sarebbe mai stata disposta ad arrendersi: guerra o non guerra, occupazione o non occupazione, sabotaggi, *Banditen*, proclami di Graziani e quant'altro, Robertino ingegnere nei cinque anni previsti dalla facoltà ci diventava e basta. Il padre non avrebbe saputo fare meglio di lei ad evitare che il bimbo avesse una qualunque sbandata. Ai giovani basta così poco: una guerra e hanno le ali tarpate. Suo cugino nel 1918...

Le due Malvezzi si dondolavano sulla sedia sbocconcellando educatamente i biscotti di farina di castagne, gettando a tratti gli occhi alla grande vetrata piena di fiori, in ogni stagione, ma soprattutto in quella.

Un sogno ambiguo di fortezze volanti...

Lisa non poteva stare sempre in attesa di quella telefonata che non arrivava mai. In casa si intristiva. Un luogo che Lisa aveva frequentato nelle belle giornate d'inverno, almeno quanto nei pomeriggi piovosi la sala di Santa Cecilia, era la rotonda sopra la scalinata di Valle Giulia, di fronte alla facoltà di architettura e a fianco dell'Accademia austriaca, su un lato del viale delle Belle Arti segnalato dallo svettare dei pini che si affollavano all'ingresso del Giardino del Lago. Un luogo incantevole, ora che era giunta la primavera, stranamente molto curato, con i giardini all'italiana perfettamente inquadrati dalle loro balaustre in un'eleganza quieta e ritmata. Vi andava a leggere e scrivere fuori dall'angoscioso ambiente di casa sua e quando aveva freddo faceva una bella corsa sfrenata, tanto non c'era nessuno che avrebbe potuto ridere di lei.

Preparava già quegli esami che le avevano suggerito di dare subito, appena aperta l'università, perché l'intervallo forzato non bloccasse i suoi studi che dovevano essere brevi, per trovare presto come guadagnarsi da vivere. Di lavorare prima della laurea, in casa, nonostante l'indigenza, non si doveva parlare.

Una mattina di fine aprile Lisa se ne stava con il quaderno aperto in grembo e le gambe sul sedile, divaricate e incrociate. "Come un beduino sotto la tenda" diceva suo padre, non apprezzando l'ascendenza meridionale che sospettava si celasse sotto quell'abitudine. Era infatti la sua posizione preferita quando a casa sedeva a terra, lo faceva spesso, o se aveva a disposizione un sedile profondo e duro, come era infatti quello di pietra barocca che cingeva ad emiciclo la rotonda, tra il verde dell'alloro e sotto l'ombrello dei pini. Tutti i giorni verso le undici della mattina, se il cielo era terso, vedeva passare due grandi aerei che luccicavano al sole. Non erano tanto le misure a impressionare Lisa, che pure non aveva mai visto aeroplani di quelle dimensioni e ne era abbastanza allarmata, ma il volo basso e tranquillo.

Fino ad allora le era capitato nelle belle giornate di vedere solo centinaia di puntini bianchi altissimi, uno sciame luminoso che portava con sé un cupo rombo diretto al suo obiettivo: le fortezze volanti con il loro carico di morte passavano alte nel cielo. Ora invece le fortezze, se erano quelle che Lisa vedeva e non dei giganteschi ricognitori, sorvolavano l'Urbe sempre alla stessa ora, placide e arroganti. Sapevano per certo che nessuno avrebbe sparato e nessun caccia si sarebbe levato, ma che se anche qualcosa del genere fosse avvenuto non c'era nulla che potesse sfidarle. Lisa aveva sentito anche troppo parlare di mitragliamenti bassi sulle strade prossime a Roma, anche su corriere che portavano civili, binari e stazioni distrutti e bombardamenti improvvisi sulle città, perché il suo cuore non cominciasse ogni volta a battere più svelto. Ma si diceva: meglio all'aperto che sotto un palazzo di otto piani.

In un sogno ricorrente, uno di questi oggetti, oscurando il sole, le passava davanti vicinissimo e senza rumore, lentamente faceva uscire dal suo ventre un congegno che le puntava addosso una piccola bocca da fuoco. Si dileguava e subito tornava, sempre oscurando il sole. Dopo ogni sogno Lisa atterrita si difendeva da quella visione e l'attribuiva a un'inconsapevole paura di vivere una vita così difficile. L'interpretazione era frutto della sua smania di trovare complicate e generali spiegazioni teoriche a comportamenti umani derivati da fatti pratici e sempre diversi tra loro: "Fantasia di giovinetta unita a studi di filosofia" avrebbe sentenziato il professore Gaburo, da buon pragmatico. Ma anche Lisa sapeva che in verità quell'incubo era cominciato solo dopo i bombardamenti di San Lorenzo. Ora quei due giganteschi oggetti volanti davano un'immagine reale del sogno.

A dispetto del suo terrore gli aerei, nella bella e fredda mattinata romana, ammonivano i tedeschi e facevano soltanto un volo dimostrativo rituale. Glielo spiegò una signora, la sola persona di cui Lisa avesse mai avuto la compagnia su quel sedile, che si presentò come "un'americana, io sono un'americana" e aveva il volto giovane e rosato e i capelli candidi. La signora disponeva di costose risme di carta a mano, che Lisa guardava con golosità, su cui vergava tranquilla lettere e appunti, anche lei come Lisa capace di lavorare all'aperto nel completo silenzio, che solo il primo rombo lontano aveva interrotto. Quel giorno, all'arrivo degli aerei, l'americana balzò su eccitata dal sedile barocco affacciandovisi come a un balcone, un ginocchio posato sulla pietra nel gesto entusiastico e assurdo di alzarsi un poco. Gestiva con misura e con grazia e indicava gli aerei a Lisa, stringendo gli occhi azzurri contro il sole.

– Sono i nostri –, diceva – io sono americana. Io so, loro non vorranno buttare bombe, non abbi paura, loro non le hanno sicuro a bordo. Loro non bombarderanno mai, ma fra poco arrivano le armate. Questo è il segno! Non abbi paura, non fare quell'aria di paura, fra poco i tedeschi vanno via!

E levava il braccio, quasi volesse salutare la squadra del cuore. Ci fu un tempo che Lisa, ricordando quell'episodio, credette di averlo sognato insieme agli aeroplani. Non ebbe mai una spiegazione plausibile per la presenza di una signora americana così disinvolta in piena occupazione tedesca a Roma, come potesse vivere non internata, se fosse la moglie americana di un diplomatico, se lavorasse come funzionaria di un'ambasciata presso la Santa Sede, se avesse avuto il confino all'interno di una quelle accademie di paesi neutrali, accademie di studio per l'archeologia e l'arte classiche, che erano intorno a Valle Giulia; o più semplicemente pensava che fosse una cittadina americana qualunque di cui i tedeschi si erano dimenticati. Non era la prima volta che nell'irreprensibile rete poliziesca dell'organizzazione tedesca nella capitale Lisa veniva a sapere di inverosimili smagliature.

Chi fosse, comunque, e perché le parlasse così francamente invece di tacere la sua nazionalità, Lisa non poteva saperlo. Ma le fu molto grata di averlo fatto, i suoi incubi notturni furono meno frequenti e il ricordo del luogo si fece ancor più piacevole. Così Lisa, che aveva preso a frequentarlo durante l'inverno e vi era tornata quando la primavera invece delle rondini aveva portato su Valle Giulia le fortezze volanti, rimase affezionata a quel posto anche durante tutta l'estate e fino all'autunno.

Guido ritrova Edgardo

Solo a metà di settembre, e cioè dopo quasi due mesi di lavoro clandestino con Rinaldo e dopo l'armistizio e la battaglia tra tedeschi e italiani a Roma (alla quale aveva partecipato a piazza Vescovio, accanto ai bersaglieri della 108ª compagnia), Guido finalmente era riuscito a mettersi in contatto con Edgardo. Capì subito di trovarsi di fronte non più un ragazzo come lui, ma un uomo. Un uomo esasperato. Era sempre stato nazionalista, ora era diventato repubblicano, rivoltato dall'immondo e inverecondo spettacolo della monarchia in fuga davanti ai tedeschi. E dall'opportunismo dei camerati, anche importanti, che erano passati a Badoglio vantandosi di quanto riguardo aveva per loro nel suo governo. Era disgustato di quello che avveniva al Sud, con la danza macabra – diceva – dei *revenants*, i vecchi fantasmi dell'èra di Giolitti, il ministro della malavita. Avevano improvvisato il ballo in mezzo alla putrida borghesia meridionale che li applaudiva e già ricominciava i suoi traffici, dal fascismo stroncati ma purtroppo non sradicati. Con il servilismo verso le truppe straniere in alto, la prostituzione e il mercato di ogni valore in basso, per Edgardo l'onore d'Italia era nel fango. La radio informava dettagliatamente di quella vergogna, di quella corruzione, dell'indecorosa scomparsa d'ogni civiltà italica, del razzismo alla rovescia dove gli italiani erano in ginocchio davanti ai militari di colore.

– Ti rendi conto? Resa incondizionata! Siamo traditi. Mi devo vergognare d'essere italiano?

– È vero, siamo traditi, Edgardo. Ma è il fascismo che ci ha trascinato senza ritorno in questa avventura...

– Eh no! Mussolini è capace di lasciare accusare Galeazzo, un figlio per lui. L'onore esiste, non è cosa da barattarsi cogli affetti quotidiani, col cinismo, l'opportunismo, il familismo meridionale, col "tu mi dai una cosa a me... cuore e mandolino". Io mi vergogno, paisà, e stacci se tu sei uno di quelli! No, io credo nella terribile serietà della politica. Dopo il fronte sono rimasto bloccato a Roma, nella milizia, ma ora... è proprio ora che il fascismo è da seguire, adesso che s'è liberato dall'abbraccio mortale della monarchia ed è tornato quello della prima ora, repubblicano e rivoluzionario. Al sacrario dei Martiri fascisti io ho fatto un giuramento...

Aveva mai sentito parlare Guido dei Quattordici Punti di Verona? Tutto quello in cui loro avevano sempre creduto: la terra ai contadini, la socializzazione delle industrie. A Guido sembrava impossibile che Edgardo potesse ancora credere a queste imposture. E parlasse di Martiri fascisti, con quel che succedeva. Aveva obiettato, discusso, supplicato l'amico di ragionare.

– Ragionare? Tu, mi chiedi di ragionare? Guarda, davanti a un tale schifo io preferisco andare a morire a Salò, mi assomiglia di più.

– La Repubblica Sociale?

– Sì, almeno è repubblica. Quel re che ci ha trascinato in questa avventura per la sua ambizione, il re e imperatore nano, ora scappa e si mette in salvo, si nasconde dietro i nemici che hanno ucciso tanti di noi, distrutto la nostra terra. Mussolini prima che lo ingabbiassero era un socialista, un vero socialista e lì lui torna, ai nostri veri ideali. Forse il Nord riuscirà a staccarsi dalla parte borbonica dell'Italia. I patrioti del Risorgimento non approvavano quell'annessione voluta solo dalla monarchia per vacuo orgoglio del Regno, del sostituirsi ai Borboni. Cavour c'è morto. Sai prima di morire, sai che diceva? Farneticava sui napoletani, persino in agonia. Il Regno rimarrà al Sud. In una sconfitta, se ci batteremo con onore, tratteremo. Non ci umilieranno con una pace senza condizioni. Tratteremo la costituzione di una Repubblica Sociale. Saremo sconfitti ma non ci potranno eliminare tutti! Tratteremo. L'importante adesso è battersi, vendere cara la pelle.

Così parlava Edgardo. Si incontravano spesso, ma la capacità dialettica di Guido, la sua consumata abilità di convinzione, che ne aveva fatto un quadro insostituibile della propaganda, non scalfiva l'amico. Inutilmente batteva sulle condizioni economiche, sul materialismo storico e dialettico, sulla borghesia italiana e lo sviluppo dei mezzi di produzione nella Padania. Inutilmente lo indottrinava sulla possibilità di salvare i "tratti moderni" del fascismo, della politica di massa, con un minimo di realismo, cioè scegliendosi gli alleati tra i vincitori, perché tutto il resto era transitorio. Edgardo era rimasto a Hegel, era un idealista e un volontarista, un poco dannunziano. I Quattordici Punti di Verona ricalcavano la Carta dei legionari del Carnaro, quando D'Annunzio aveva occupato Fiume. Già dalla sua prosa del liceo, Guido si diceva, avrebbe dovuto riconoscere in Edgardo un dannunziano, altro che "realismo magico". Ma non disperava. Era il momento che tutti tornavano a casa dopo l'armistizio e Guido, con l'aiuto di Rinaldo e delle sue disponibilità finanziarie, trovava sistemazioni alla macchia per coloro che volevano sfuggire alle nuove coscrizioni e alle retate, cioè per tutti.

– Se continui così dovrò denunciarti –, un giorno gli aveva detto Edgardo senza sorridere.

– Lo faresti? –, gli aveva chiesto incredulo.

– Lo farò.

C'era qualcosa nella voce di Edgardo che suonava come un avvertimento, tanto che per giorni ci aveva pensato. Forse doveva fare qualcosa. Almeno togliere di mezzo i documenti. E così aveva pensato a sua madre e all'amica di Rossana. A casa non era mai stato perché nella cascina sull'Aurelia il compagno che gli aveva cambiato i documenti lo aveva messo in guardia. "Questi li useremo certamente per qualche operazione. Se è il tuo indirizzo vero quello che è scritto qui, a casa non farti più vedere." E così aveva fatto. Ora, però, si era ai primi di ottobre, aveva telefonato e s'era emozionato sentendo la voce della madre. Forse per quel timore, quella tensione che aveva sentito nella voce di lei, che pure era all'oscuro di tutto, la sera aveva portato i documenti fuori dell'abitazione di piazza Bologna. Li aveva trasferiti nel locale del terrazzo condominiale adibito a bucataio e nascosti dietro il fornello insieme ad altra carta straccia, pronta per essere bruciata sotto le lenzuola del bucato. E quella fu probabilmente la fine che fecero le preziose tessere annonarie, i documenti d'identità falsificati, i fogli contraffatti di congedo, ma anche altre carte compromettenti relative all'attività della cellula, che pure era coperta da molte precauzioni.

Poche ore più tardi un'irruzione notturna dei tedeschi l'aveva sorpreso nell'appartamento con gli amici che in quel momento ospitava. Rinaldo non c'era. Materiale non ne avevano: giornali e volantini erano stati distribuiti tutti in quegli ultimi giorni, attendevano i nuovi. Così la polizia politica non c'era entrata. La denuncia, dunque, non era stata troppo circostanziata. Non furono portati a via Tasso, non venne allertata la Gestapo. Non furono né arrestati né torturati. Furono solo considerati renitenti di leva o disertori e avviati alla deportazione per il lavoro in Germania, sempre che non volessero arruolarsi. Qualcuno lo fece nella speranza di poter fuggire più facilmente.

Mentre aspettava di essere stipato nel camion, in quel tramestio intorno alla caserma dov'era prigioniero, Guido aveva visto in un lampo Edgardo. Era vestito d'una strana divisa, con un basco nero e gli stivali lucidi. Saliva su una macchina aprendo lo sportello con le mani guantate. Edgardo non aveva mai portato i guanti. Il suo modo di muoversi nella divisa, il rigore con cui la portava avevano qualcosa di nazista. Se avesse avuto bisogno di una conferma, Guido l'aveva avuta.

– Lo ucciderò –, aveva promesso a se stesso – se torno vivo lo uccido.

La primavera di Roberto

La primavera di quell'anno era stata rigogliosa e selvaggia nei parchi e negli stadi deserti, nelle piccole stazioni delle vicinali senza treni, lungo la ferrovia erta dei Castelli e i vecchi scambi della Tiburtina incoronati di frasche, tra le buche dello scalo merci di San Lorenzo verdeggianti di altissime ortiche. Era stata fastosa a Villa Glori, che Roberto vedeva dalla finestra, dove il verde aveva sepolto i padiglioni della scuola all'aperto abbandonata, e a piazza di Siena, dove i cavalli non galoppavano più. L'erba era cresciuta alta nei forti, dove la contraerea non aveva sparato, e nei Fori, dove le comitive di turisti non avevano passeggiato. Sui pendii di Valle Giulia i cespugli di biancospino erano come gigantesche palle di neve che si fossero fermate per incanto nel rotolare giù: folti, non potati, tutti una sola fioritura. Gli alberi si erano infittiti di nuovi rami e, mentre quella animale languiva, la popolazione vegetale di Roma trionfava. Solo la legna caduta era stata raccolta, e quasi ogni palizzata era andata distrutta, in un inverno trascorso senza riscaldamento nelle case né combustibile per cuocere il cibo.

Dalla finestra del cortile che mirava lo scorcio di Villa Glori, Roberto aveva osservato spesso un bel cane, uno *sky terrier* quasi azzurro, che correva libero su una spianata al di là dei cancelli e oltre la rete. A lui, recluso, piaceva immaginare come sarebbe stato poter uscire con il sole, correre all'impazzata sull'erba e buttarsi per terra a godere la propria stanchezza. Lo *sky terrier* era spesso lì, qualcuno doveva condurcelo o almeno lasciarlo libero fuori di qualche portone delle palazzine vicine. Roberto però non aveva mai visto nessuno in compagnia di quel cane e neanche ad attenderlo nei pressi. Durante molti pomeriggi d'inerzia, ascoltando sempre lo stesso disco sul suo Phonola, aveva seguito l'andirivieni della bestia e con lo sguardo cercato il padrone. Aveva visto l'animale entrare e uscire dai cespugli a muso basso, infilarsi nel folto raspando con le zampe e subito riapparire scrollando la grossa testa finché, quando spariva per un tempo più lungo, era certo che non sarebbe più ricomparso. Qualcuno fuori della sua visuale, ch'era ristretta dalle mura della palazzina di fronte, gli aveva messo il guinzaglio o lo aveva energicamente chiamato per riportarlo a casa. Ma chi facesse questo, a Roberto non era mai capitato di vedere.

Ora uno *sky terrier* identico, azzurro proprio come il nome che portava la sua razza, le gambe molto corte e il lungo tronco potente raso terra, si stirava ai suoi piedi, sbuffando. Si era precipitato dal folto verso la panchina del belvedere dove Roberto s'era seduto pensieroso, respirando profondo dopo la ripida salita fatta, per allenamento, tutta di corsa. Era arrivato in cima, si era riposato, aveva aperto le dispense e stava per cominciare a leggere. Studiare gli riusciva bene anche all'aperto e dopo un poco di fatica fisica addirittura benissimo. Del resto la preparazione per gli esami andava che meglio non si poteva.

Accarezzò l'animale con simpatia, perché apprezzava i cani con *pedigree*. Non dubitava che fosse lo stesso osservato per mesi dalla finestra su Villa Glori. È vero che da lontano l'aveva giudicato di proporzioni minori, più agile, ma nel frattempo poteva anche essere cresciuto. Era un animale più grande dei *terriers* comuni, *fox* o *rough*, e soprattutto tozzo di linea, come tagliato dall'accetta. Il pelo era proprio di un colore straordinario, ma pure quello diverso, meno setoso di quanto si era immaginato. Un esemplare molto tipico: Roberto sapeva che proprio quelle caratteristiche, da vicino un po' sgradevoli, lo facevano un campione da esposizione, cioè un bel pezzo di cane.

Mentre la grande testa si muoveva a scatti, sotto la mano carezzevole di Roberto, il collare tintinnava. Era un oggetto costoso, di gusto un po' troppo delicato, adatto in realtà ad un animale egualmente di lusso ma molto più piccolo, di quelli "da grembo". Ecco: questo sì che sarebbe stato un grosso errore ad un'esposizione. Un collare troppo vistoso per una razza così, con quelle pietre dure colorate, quella catena dorata che pareva un monile.

– Venier vieni, non dare fastidio al signore... – La voce era in falsetto, la pronuncia pigra, lenta e straniera, la si sarebbe detta di un inglese che parlasse l'italiano da lungo tempo, ma con molta condiscendenza. E soprattutto c'era l'ironia con la quale erano pronunciate le parole, almeno così sembrava, specie quel "signore" all'ultimo, che dava all'inflessione della frase qualcosa di artificioso e irritante.

Roberto alzò la testa. Facendo ondeggiare lievemente la voce sulle sillabe, lo sconosciuto avanzava dal folto, un piccolo libro in una mano, di quelli stampati a milioni per i soldati americani, formato tasca della divisa, la liscia banda di capelli ossigenati che spioveva sulla fronte, il guinzaglio tenuto a mezz'aria dal braccio, che però si stringeva con gesto rigido e altero al busto incavato, facendo sporgere una spalla aguzza. La figura era alta, ancheggiava con una certa eleganza nei panni un poco logori e quasi vuoti, fatta eccezione per il pull-over nero a rombi grigi troppo attillato, a fasciare quella magrezza. Con la testa reclinata di lato, gli occhi infossati, il pomo d'Adamo sporgente (quasi un gozzo, pensò Roberto) lo strano giovane si affrettava verso la panchina dove arrivò porgendogli la mano:

– Marvie Barrett –, disse incurante del fatto che Roberto era rimasto immobile, senza rispondergli o porgergli la mano, senza sorridere. Con la disinvoltura delle persone ben educate e di mondo lo sconosciuto trasformò graziosamente il gesto della mano tesa in un frettoloso aggancio del guinzaglio al collare di pietre dure, allontanandosi rapidamente ma con dignità. Roberto non aveva detto una sola parola né si era mosso, di pezza. Lo seguì con lo sguardo come aveva fatto quando era rimasto ad attendere Fausto e quel tipo si era allontanato pieno di sussiego in direzione del Ponte Cavour. Sentì lo stesso morso profondo alla bocca dello stomaco e la stessa ansia irragionevole, come se qualcuno l'avesse scoperto in flagranza di reato, che reato?, ma stavolta credette di sapere perché si sentiva così. Un altro incontro, a pochi giorni dal primo... che strana combinazione! Era come se quella mezzafemmina lo avesse cercato, trovato e lo seguisse. Impossibile, si disse. E poi perché? Certo era una pura coincidenza, ma fu proprio in quel momento, mentre pensava così, che il mistero insondabile di questa coincidenza sembrò a Roberto dovesse angosciarlo e allarmarlo ancora di più. Tornò la sensazione di essere minacciato. Cercò di calmarsi. Che caspita poteva volere da lui che Roberto non potesse sprezzare, ignorare, rifiutare?

Eppure, suo malgrado, gli tremavano le labbra come quel giorno che era salito sulla jeep di Fausto e aveva chiesto di fumare e dubitato della lealtà di lui ed era rimasto silenzioso fino a che gli aveva gridato furioso:

– *Drop me here!* –, ed aveva fatto gli ultimi cento metri a piedi per calmarsi prima di affrontare sua madre e Bianca, le loro domande femminili sulla giornata e sull'umore.

Anche ora cercava di ragionare, magari intanto tornare allo studio delle dispense, come se niente fosse avvenuto, perché in realtà cos'è ch'era avvenuto? Statti calmo: tutto a posto, tutto regolare. Rifletti: non hai visto il cane durante tutto l'inverno e la primavera? L'avresti veduto anche dopo, se avessi avuto tempo da passare alla finestra ascoltando la canzone di Duke Ellington *Sophisticated Lady,* quell'ossessione. Ma per tua fortuna non stai più recluso. Quel tipo abitava là, vicino casa sua. L'aveva incontrato in centro. E chi non va in centro dalla periferia? Certo non si tira dietro il cagnone per tutti quei chilometri e infatti lui non aveva il cane al guinzaglio. La cerimoniosità dello sconosciuto era normale: un tipo complessato e pacifico, bene educato, forse originale, forse solo un letterato inglese che studiava l'arte italiana e come tanti di loro era invertito. Le sue perversioni da omosessuale, fossero quel che fossero, che poi mica era proprio sicuro, erano fatti suoi.

Come se non lo sapessimo tutti che nei *colleges* inglesi certe abitudini sono molto diffuse, come se zio Federico, che da ragazzo li aveva fatti a pezzi a tennis, gli inglesi, non glielo avesse raccontato a josa. In fondo che c'è di male? Il regime fascista forse in questo aveva preso un abbaglio, come lo aveva pigliato, del resto, in tante altre cose a proposito degli inglesi. Roberto pur di calmarsi era disposto a riconoscere delle buone qualità negli inglesi, persino a rinnegare la sua facinorosa educazione. Insomma non faceva più per lui, al momento, il mito della perfida Albione o dell'immoralità delle donne inglesi dedite all'alcol che le rendeva sterili, e altre simili storie. Che ognuno faccia come caspita vuole, purché lo lasciassero in pace.

Farsi venire l'ansimo, si disse, non aveva senso: non l'aveva avuto di notte alla Cloaca Massima, figuriamoci se... con questo sole... Doveva, caso mai, raccogliersi, ragionare, esaminarsi come diceva padre Alipio al Bellarmino (e lui, per la verità, di solito faceva fatica a non ridergli in faccia, anche se era un così buon surrogato di padre Moreno il Terribile, per le confessioni). Cos'era che non andava in quell'incontro? E rispondersi: nulla, assolutamente nulla. Amen.

E invece alla fine Roberto si decise a riconoscere che era repugnanza. Ma sua, proprio sua, non dovuta al suo essere un fascista, con una sua filosofia della razza. Quel tipo di persone sembrava recasse una complessione genetica rara e deviata, come i conigli neri dell'esperimento di Mendel che ricordava tanto bene dal ginnasio, come i mongoloidi e gli ebrei. Se era vero per i giudei perché non per i finocchi a maggior ragione? Di ebrei ce n'erano di tutti i tipi: il giudio tipico a riccetto nero, quello "roscio" con le lentiggini, persino i biondi, specie nel Nord, dalle parti dei suoi parenti Caserani in Toscana, o in Veneto ed Emilia, che qui a Roma andavano all'altra sinagoga, quella aschenazita. Naturalmente finché non erano spariti. Gli invertiti invece si assomigliavano tutti. Fossero errori o rami secchi dell'evoluzione o al contrario una varietà della specie in progresso come gli ebrei – secondo sua nonna Maria Adele che tanto li ammirava – lui non voleva sapere, ma devianti o mutanti certo erano, diversi e pertanto lui, tale e quale com'era, aveva diritto di considerarli esseri repugnanti e perciò inferiori. Su questo non ci pioveva. Dunque legittima, sacrosanta repugnanza razziale. Certo, solo quello. Non poteva esserci altro? Non poteva. Intanto lui aveva sentito sempre un forte rifiuto, imbarazzo e vergogna – non certo dell'altro – per quel tipo di persone, ai quali alludevano tutti gli appellativi in voga tra i suoi coetanei quando volevano insultare sanguinosamente qualcuno: a' frocio! Lui era biondo, cerulo d'occhi e minuto. I compagni scherzavano. Lo chiamavano Eurialo ("a' Eurialo!". Niso sarebbe stato Renato, ma non s'azzardavano). Pur non essendo in genere permaloso lo scherzo gli dispiaceva. Forse perché non sapeva come rispondere, si confondeva. Anche se assente, sua madre aveva il potere di censurarlo e per rispondere avrebbe avuto bisogno di turpiloquio.

Come sempre la volgarità lo impaniava, lo intimidiva e quel che è peggio lo lasciava senza parole. Non c'era niente di effeminato in lui, tanto meno in Renato: avevano combattuto la stessa battaglia senza macchia e senza paura, si erano fidati l'uno dell'altro, erano camerati. Molti sentimenti li accomunavano, ma erano sentimenti virili, degni. Se ancora si sentivano troppo occupati a temprare la loro personalità per avere a che fare con le donne, be'! che male c'era? Per quelle bastava suo padre e tutti i guai che aveva portato a Iselda, che da quel punto di vista, così morigerata e pia, non se li meritava.

Da sempre facevano ginnastica insieme, con Renato. Si allenavano in palestra, perché la gentilezza del loro aspetto continuasse ad essere una trappola, una terribile e mortale trappola, per chi vi fosse incappato. Scaricavano la tensione. Per un accordo a suo tempo intercorso tra la Gil e il convitto, gli allievi selezionati in atletica, purché avessero la tessera del Fascio, potevano usare la piscina e la palestra del Foro Mussolini. Dai Parioli era comodo, si poteva scendervi a piedi o in bicicletta.

– Di piscine così ne ho viste solo in Germania –, diceva il padre di Roberto.

Il Foro Mussolini era l'opera del regime che più mostrava l'interesse alla gioventù e alla salute della razza. In mezzo sorgeva un obelisco siglato DUX e commissionato alle cave di Carrara da dove lo avevano trascinato giù solo buoi e uomini e si diceva che il sapone, su cui avevano fatto scivolare l'immenso monolite, fosse servito per settimane e forse mesi, così raccontava Maria Adele, a lavare tutti i panni delle povere donne dei cavatori che l'avevano raccolto e serbato. Una buona economia per le famiglie. I carri avevano trascinato il gigante in trionfo per la via Carriona fino alla stazione merci dell'Avenza a Carrara, quel covo di sovversivi.

Tutto quanto era scolpito era in marmo di Carrara, quello che era costruito era su disegno di un architetto, Del Debbio, che come Piacentini e pochi altri firmava le opere più insigni del regime. Mentre Piacentini aveva uno stile robusto e coerente, originale e talvolta difficile, Del Debbio era eclettico, morbido e cattivante: a Roberto piaceva, quel bianco-rosso immerso nel verde, faceva un bel tricolore.

Anche la palestra gli piaceva: l'odore acre del linoleum sul pavimento policromo, decorato a intarsio di fasci littori e matasse di alloro, la sua consistenza morbida ed elastica sotto i piedi nudi, le geometrie di luce degli alti finestroni, l'umidità dei luoghi frequentati quando sono deserti e il suono delle voci che l'ampiezza del luogo rendeva strani e come amplificati, con quell'effetto sospeso di sonorità spersa e interrogativa, come in attesa d'altro:

– Pancia in dentro e petto in fuori e quando scendi fallo col volteggio! –, gridava Renato che gli faceva da istruttore mentre lui volteggiava al cavallo.

E una voce ironica e baritonale (non si erano accorti che in fondo alla palestra deserta era comparso e s'era seduto sulla panca un giovanotto con l'accappatoio degli accademisti della Farnesina):

– E chiappe strette! Suvvia! Che fate, le belle statuine?

La voce era suonata piena di irrisione e come aspettasse altre parole. Voltandosi lo avevano visto ammiccare a Roberto, ch'era subito arrossito.

– Quello sì che è un fusto –, aveva detto flemmatico Renato – ma anche toscano e un poco maleducato!

Non aveva notato l'imbarazzo di Roberto o almeno aveva fatto finta di niente. Si mettevano continuamente alla prova, insieme e in competizione. Sempre a fianco, perché c'era un rapporto privilegiato tra loro ed erano due amici inseparabili. Non erano indulgenti verso se stessi, ma si piacevano com'erano fatti, come vivevano, le scelte verso cui erano indirizzati nella vita, non importa se Renato già allora non prevedeva di fare ingegneria. In realtà non si sapeva che cosa volesse fare nella vita. Tutto, diceva lui. E in realtà le qualità le aveva tutte, e sopra tutte quella di piacere a chiunque: ai professori oggi come già ai fiduciari del Fascio, ai gesuiti, ai parenti e magari anche alle ragazze. Ma di quelle lui non si occupava: erano loro a occuparsi di lui, almeno a giudicare da Bianca.

Il pensiero della presenza definitiva nella sua vita del cugino era sempre confortante per Roberto, che amava indugiarvi, che si interrogava sempre sui pensieri di lui, che desiderava soprattutto dividerne le giornate, vederlo, averlo vicino e con lui sarebbe andato anche all'inferno, dicevano gli amici. Roberto era minore di due anni e sapeva di avere un fisico più di scatto che di muscolo, mentre il cugino era più aitante, robusto, cresciuto prima e un po', quand'era ragazzino, l'aveva anche invidiato per questo. Ma ora ogni rivalità era cessata. Era rimasta l'ammirazione.

Renato era quasi un adulto, con quella sottile ala bruna che gli rimaneva in faccia anche quando s'era rasato, a incorniciargli le labbra pallide dal contorno netto, che solo Roberto sapeva capaci di atteggiarsi anche a un sorriso dolce, disarmato, quand'erano soli, non più ironico e spavaldo com'era con tutti. L'aveva visto mordersele quelle labbra, molto più spesso di quanto tutti gli altri credessero, nel pianto e nel singhiozzo. Amava pensarlo così, sopraffatto dai propri sentimenti. Era già quasi un giovanotto, quando lui era ancora un ragazzino eppure l'aveva scelto come amico inseparabile; così lui lo seguiva sempre, con l'animo e gli occhi attenti a ogni moto di lui. Aveva molto imparato. Renato era di una determinazione e di un coraggio da imitare. Perché non gli aveva parlato di quegli incontri e della sua agitazione? Decise che l'avrebbe fatto e istantaneamente si calmò. Sentiva un gran desiderio di parlare all'amico e una grande consolazione che lui esistesse, un bisogno di protezione e di riposo, come una voglia di póggiare la testa sulla sua spalla. Dov'era il combattente di sei mesi prima?

Raccolse i fogli e discese pensieroso verso casa. La voglia di avere come meta il belvedere di Villa Glori per il momento gli era passata. E trascorsero quasi due settimane senza che Roberto uscisse, a causa degli esami da preparare e anche del cane e del suo padrone che non aveva voglia di incontrare. Sembrò tornato alla reclusione dell'inverno appena trascorso. Solo a casa si sentiva protetto, al sicuro. Da che? Si era giunti alla fine di ottobre e mentre i sempreverdi del Parco delle Rimembranze erano immutati, i platani del viale Parioli andavano perdendo tutte le foglie.

La Rugola

Quando Lisa aveva detto alla signora Dello Iolo che Guido era coraggioso e intelligente e sarebbe fuggito, non si sbagliava. Infatti, così avvenne. Appena la colonna di camion diretta alla stazione di Firenze, da dove partivano i vagoni piombati della deportazione, fu uscita da Roma, subito i cacciabombardieri alleati vi si avventarono. Ma non fu durante il primo attacco che Guido riuscì a fuggire. Solo più avanti, avendo avuto il tempo di studiare per così dire il terreno e le occasioni, solo quando un altro e più violento bombardamento li sorprese, Guido fu in grado di cogliere il momento opportuno. Molti autisti tedeschi, molti prigionieri e carcerieri rimasero uccisi, in tanti trovarono scampo nei prati, qualcuno riuscì a dileguarsi e Guido fu di questi.

Pur non essendo lontano da Roma, non vi tornò subito, né si mise in contatto con i compagni, né con la madre. Era troppo pericoloso. Pensava di dover avvisare i suoi del pericolo mortale rappresentato da Edgardo e se ne sentiva responsabile, soprattutto nei confronti di Rinaldo, che pure non era stato catturato ma certo era in pericolo. Quando incontrava Guido, e Rinaldo aveva potuto vederlo, Edgardo non era mai in divisa. Avrebbe potuto tendere qualsiasi tranello. Probabilmente neanche molti degli amici comuni, né i suoi vicini, sapevano con chi avevano a che fare. Era quello il pericolo maggiore, perché poteva portare alle imprudenze più gravi. Ma per ora Guido era impotente, non poteva comunicare. Era già molto che si fosse salvato.

Si nascondeva in campagna da quasi una settimana, quando un giorno, mentre lei comprava alla mescita le sigarette e lui attendeva, un poco discosto, per averne una:

– Tu sei uno di quelli –, gli aveva detto – io lo so.

– Di quelli quali?

– E via non fare lo gnorri, ma di quelli della Rugola!

E lo aveva guardato con quel suo sorriso luminoso, nell'aureola dei ricci leggeri sfuggiti alla treccia, quel sorriso indulgente che per lui aveva significato un ricovero, del cibo e qualche sigaretta. Ma l'amore no, come diceva una struggente canzone che piaceva a Guido, ché più di qualche carezza leggera sulla mano, per rassicurarsi vicendevolmente, fra loro non c'era stata. Lei lo aveva accolto con molta esitazione. Ma anche nella diffidenza, nell'esitazione era ridente e allegra e lo guardava diritto: – Ti aiuto –, gli aveva detto, e non sembrava spaventata da quell'uomo ispido così malridotto uscito all'improvviso sul sentiero – ma solo perché vorrei che qualcuna facesse lo stesso con mio fratello. Non ti mettere in testa delle idee.

Guido non se l'era messe.

– Dov'è la Rugola?

E lei sorpresa: – Ma sul Cammino dell'Erta, verso il santuario.

Non l'aveva più vista. Gli sbandati che si nascondevano nella cascina abbandonata in contrada Rugola l'avevano messo in contatto con i partigiani e lui era andato in montagna. Ma non pensava alla guerra, pensava a Edgardo. Era riuscito ad andare a Salò? In questo caso era inutile tornare a cercarlo a Roma, bisognava invece andare al Nord. Non disperava di avere notizie. In mesi di lavoro clandestino aveva imparato una cosa: che le più insperate coincidenze si verificano, si scoprono le tracce meno verosimili, purché uno voglia qualcosa molto intensamente. E lui voleva la testa di Edgardo. Toccava a lui vendicarsi, era un peso doloroso che portava, di cui non poteva liberarsi che in un modo.

Aveva già ucciso un uomo in montagna, un fascista che stava per scoprire il covo dove si nascondeva coi compagni. Sapeva che non era come in guerra. Era stata una faccenda privata e fulminea, lì per lì. Ma quanto può durare un attimo, e quanto può rimanerti addosso per tutta la vita, lui lo sapeva. Non però con quel senso di perdita, d'impoverimento che provocano in genere le morti: non come una cosa di meno, si trattava al contrario di una cosa di più, era l'aggiunta di un marchio per pochi, una dolorosa ricchezza nel bagaglio della vita. Così avrebbe detto un vero rivoluzionario, almeno credeva.

Era ancora incerto se muoversi verso il Nord o

cercare di tornare a Roma quando il partito aveva deciso per lui. Roma stava per essere liberata, questione di giorni, forse di ore. Era stato deciso che cercasse di tornare a Roma. C'era certo bisogno di lui per riannodare le fila di quell'organizzazione che aveva messo insieme in mesi di lavoro clandestino. Se avessero potuto comunicare con loro, i compagni di Roma gli avrebbero dato proprio quell'ordine, così glielo impartì il commissario, sentiti i compagni e dopo che i presenti ebbero votato per alzata di mano. L'insurrezione armata a Roma era ormai prossima e politicamente d'importanza prioritaria.

Ricevuto l'ordine, avute le istruzioni, stabiliti minuziosamente tutti i successivi contatti, accompagnato da una staffetta, Guido si apprestò a partire immediatamente dopo la votazione, ma prima di abbandonare il campo scambiò il suo mitragliatore con una piccola micidiale pistola da nascondere sotto la camicia.

Lisette liseuse va all'università

Dopo tanto sego e resina delle ruvide saponette di guerra, l'*Ivory* bianco come gesso galleggiava sull'acqua finalmente abbondante del bagno emanando un esotico aroma di magnolia. Fuori c'era la polvere delle macerie, la fame delle razioni che le Annone romane ritagliavano dagli aiuti alleati e dagli invii alimentari dell'Unrra: per ogni tessera venti grammi al giorno di farina di piselli essiccati, trentacinque di pane, dieci di burro, ma in una settimana era sempre qualcosa. Anzi era molto per chi fino allora aveva ricevuto solo un piccolo pezzo di pane dove le farine mescolate erano di ghiande, fave e altri misteriosi vegetali chiamati sibillinamente *vegetina*, e vi rimaneva impressa l'impronta a calco dei denti, come per un lavoro odontotecnico.

Fuori c'era il caos e la vitalità di un'occupazione-liberazione: gente di ogni nazionalità e uniforme. C'erano inglesi, americani, indiani, sudafricani, neozelandesi, australiani e polacchi. Le vetture in circolazione erano solo militari, fatta eccezione per qualche "camionetta" abusiva che sollevava i romani dall'andare a piedi, e i piccoli commerci, non più clandestini, si svolgevano ad ogni angolo di strada: saponette e sigarette, creme *Pond's* e chewing-gum, insulso e affascinante, razioni alimentari in scatola, per la verità carissime. Grossi negri in uniforme, seduti per terra agli angoli di largo Chigi, a far merenda con le gavette colme di cioccolata autoscaldante e pane soffice e bianco, mettevano gola e allegria.

Per i soldati, che di quelle razioni erano sazi e desideravano soprattutto ortaggi freschi, erano sorte per incanto, nei seminterrati dei palazzi storici più centrali, mense a pagamento molto frequentate che esponevano nelle vetrine, a livello di marciapiede, insalate di pomodoro bianche di sale, che ai romani sembravano di un lusso sfrenato. Da sempre razionato, il sale a Roma era da tempo sparito e durante l'occupazione tedesca si scambiava anche con lenzuola di lino. Dieci chili di sale al Nord si diceva che fossero il prezzo della delazione per catturare un capo partigiano. Ma la farina di piselli, rifletté Lisa, era già salata. Era questo il suo pregio maggiore.

Uscì dal bagno molto di buonumore all'idea che la razione giornaliera permettesse un pasto quasi sufficiente per tutta la famiglia, a base appunto di farina di piselli: cresceva molto messa nell'acqua, come la polenta, ed era veramente squisita. Dunque lei poteva lasciare sua madre in cucina tranquilla, non aveva né code da fare né scrupoli, piuttosto una mattinata tutta per sé. Per andare all'università, che aveva riaperto i cancelli, c'erano le camionette. C'era anche la bicicletta, ma le calorie non bastavano a dare energia sufficiente a studiare e pedalare.

Molti però le usavano e le biciclette continuavano ad essere, come durante l'anno appena trascorso, il miglior mezzo di locomozione. I tedeschi le avevano proibite a un certo momento, timorosi di qualunque cosa si muovesse rapida, per via degli attentati, ma con una rotellina dietro potevano registrarsi come tricicli per le merci e a quelli non avevano potuto obiettare. Le lezioni, pensava Lisa, sarebbero riprese prima che i tram riprendessero i binari. Il calendario degli esami autunnali, validi perché l'anno precedente non andasse perduto, tardava a comparire e quanto ai programmi dei nuovi corsi c'era grande confusione. Non si sapeva neanche chi fosse in cattedra.

Con tutti quegli epuramenti e reintegrazioni, epurazioni e reintegramenti in cui s'affannava a tempo pieno, il Senato accademico non aveva modo di pensare agli studenti. Ma gli studenti, e anche Lisa, pensavano a se stessi. Erano confluiti in forze all'ateneo, avevano occupato ordinatamente i loro spazi tradizionali, li gestivano con civiltà e si organizzavano. Organizzazione: ecco una parola mitica ma ostica. In casa di Lisa, forse per l'influenza della madre svagata e un poco inconcludente nel suo fatalismo meridionale, ma anche per una certa assorta inerzia e signorile indolenza del padre, di organizzazione ce n'era sempre stata poca. In questo senso lei era stata libera e sfrenata, né aspirava molto a trovarsi organizzata. In un partito meno che meno, forse come retaggio della scarsa fiducia cui era avvezza nei confronti del Partito fascista. Per lei bastava l'ordine mentale individuale.

Progettare, gettare avanti a sé nel futuro la propria esperienza e servirsene, questo era ciò che preferiva, più che essere "organizzata". Diciamo come una piccozza per procedere. Non che volesse arrampicarsi, voleva solo vivere. E questo era un compito individuale faticoso cui non intendeva sottrarsi, anche se l'immediatezza e irripetibilità dei singoli momenti vissuti le faceva talvolta dubitare che l'esperienza, almeno a lei, servisse davvero a qualcosa. La sua impulsività faceva il resto e insomma Lisa era tutto meno che organizzata. Ma proprio per questo subiva il fascino dell'organizzazione e del collettivo. Anche se ben presto si sarebbe sentita come uno scarto di quella come di ogni altra organizzazione, lei continuava tuttavia ad ammirarla.

Ogni giorno, col rientro dei reduci, il numero degli studenti che circolavano per l'ateneo cresceva. Un punto di appoggio nell'organizzarsi lo avevano nei quadri di partito usciti dalla clandestinità, ma spesso tenevano i rapporti in modo del tutto informale, attraverso un parente o un amico, un professore che li indirizzava e guidava. Molto anche era spontaneo. Si riunivano tutti i giorni, nascevano i comitati e i nuclei nei quali andavano rinsanguandosi le federazioni giovanili, i gruppi e i fronti non più clandestini di quegli stessi partiti. Discutevano molto di politica, poco delle prospettive dei loro studi e di quello che Churchill aveva definito un "*No-future*", cioè un non-avvenire. "I giovani italiani non hanno avvenire" aveva dichiarato l'inglese con durezza e impassibilità.

Tutto sarebbe dipeso dalla società che avrebbero avuto e poi tale prospettiva appariva un poco lontana. I reduci speravano in una sanatoria generale, non si capiva quale, ma certo qualcosa di più del diciotto di guerra. Immaginavano che gli studi si sarebbero bonificati da soli delle scorie del fascismo, che aveva solo graffiato in superficie, così presumevano, nel campo della cultura. Non avevano mai sentito parlare della "migrazione dei comportamenti", credevano che con la libertà tutto il male del fascismo fosse già scomparso dalle loro teste.

L'università era lontana, ma Lisa era infiammata di grande fervore motorio oltreché intellettuale, dopo l'inerzia dell'inverno di occupazione, il degrado della paura, l'umiliazione della fame. Si vestì rapida con i suoi abiti lisi, ma finalmente puliti e dai quali un nuovo e miracoloso ritrovato, che le truppe avevano portato e subito distribuito, il Ddt, teneva lontani i pidocchi. Di nuovo le tornava in mente l'assillo degli insetti: pullulavano nei luoghi pubblici e ad ogni coda ai negozi o corsa in tram avevano assalito i suoi vestiti, da disinfestare come si entrava in casa previa attenta ispezione. Con il rischio sempre di portare nel proprio letto contagi dal fondo brulicante d'una città senza acqua e sapone per lunghi mesi e dove, mentre saliva il fronte, si erano ammassati tanti senzatetto, purtroppo pieni di scabbia, per la difficoltà e talvolta l'impossibilità di lavarsi, persino con l'acqua gelata.

Da due anni era sparito qualsiasi oggetto di cuoio: scarpe, borse, cinture. Infilò la più economica delle calzature, gli zoccoli foderati. A simulare una scarpa quasi normale i suoi erano stati ricoperti in casa con un *gros-grain* blu e perché non ciabattassero rumorosamente in modo imbarazzante era stato confezionato anche un cintino. Sotto, il legno aveva una suola di gomma di copertone fermata con piccoli chiodi chiamati "semenza". Questo miracolo dell'artigianato familiare, suggerito da "Mani di fata", rivista che non mancava di fare il giro del suo caseggiato, si intonava alle righe bianche e blu dell'abito, cucito pure quello in casa con i modelli di carta velina e che veramente le donava anche se non era più nuovo. "Bambina dall'abito blu!" disse lo specchio e non era il titolo di un quadro di Picasso, ma di una canzone in voga. Si sentiva a proprio agio. Scese le scale di corsa, perché la sua agilità nell'usare gli zoccoli era diventata abilità da giocoliere, e saltò su una camionetta all'angolo della strada, issata al volo da due giovanotti riccioluti in giacca e canottiera, che sedevano sul battente e già avevano tirato dentro la scaletta. All'interno c'era un odore di panni mal lavati, di sudore e come di malattia, quell'odore inconfondibile delle case povere. Ma uno dei giovani le sorrise ed era quasi in una folata di allegre fanfare che lei si lasciò trascinare. In bilico, il pugno ben stretto intorno al tondino di ferro che sosteneva sopra la sua testa una sibilante cappotta tutta buchi, la gonna stretta tra le gambe perché non si sollevasse, Lisa correva all'università.

Il salotto di Iselda, quasi una pinacoteca

Poi cominciarono le sessioni autunnali d'esame e si riaprirono insieme i corsi dell'anno accademico. Roberto cominciò a seguire le lezioni regolarmente e negli intervalli di riposo se ne stava seduto sulla sponda bordata di nasturzi della fontana con la statua della Minerva o sugli scalini del Rettorato, al sole. All'Università di Roma, per reduci e no, era difficile orientarsi. Roberto non leggeva i giornali, non frequentava sedi di partito, tanto meno manifestazioni o aule di tribunale trasformate in comizi giovanili. Si era del tutto mimetizzato e studiava. Aveva fatto amicizie nuove, non molte ma solo tra ragazzi "di sinistra", perché quasi tutto all'università lo era o tale si dichiarava, anche se altrove cominciavano a diffondersi i qualunquisti ed erano sempre presenti i monarchici. Forse quelli come lui o erano andati al Nord o si tenevano in disparte o magari ridevano alle battute contro i fascisti. Comunque non aveva incontrato nessuna difficoltà a legare con gli altri ragazzi della sua facoltà. Lui avrebbe fatto l'ingegnere come suo padre.

Quanto alla politica, certo, se all'università

avesse trovato uno schieramento che sentiva affine ai suoi propositi e in cui militare fosse utile, non si sarebbe tirato indietro, comunque avrebbe ascoltato il parere di Renato. Ma per ora gli premeva solo di superare gli esami e seguendo gli interessi e la preparazione scientifica, i seminari in inglese sui contatori Geiger, aveva cominciato anche a frequentare fuori dell'università qualche compagno di studi, qualche casa che per lui erano nuovi. E ci si trovava bene. Non era mai insieme agli amici suoi, avevano cominciato a salutarsi appena, come per dimenticare più rapidamente il passato, che in verità appariva sempre più irreale e sembrava fossero trascorsi cent'anni. Altri invece ne parlavano. C'erano linciaggi, processi, epurazioni, tentativi di riorganizzazioni clandestine, la guerra andava esaurendosi al Nord. In Emilia procedeva il progetto bolscevico.

A Roma c'era un gran fermento. Mentre le istituzioni andavano cambiando di segno, molti uffici per ora cambiavano solo di nome. Immensi patrimoni pubblici venivano riconvertiti dall'educazione della gioventù fascista o dalla propaganda del regime ad attività assistenziali, spesso confessionali, o altri scopi nominalmente più congeniali al nuovo corso. Iniziative estemporanee e di pochi divenivano fatto compiuto. Mentre enormi torte venivano fatte scivolare da un piatto di portata all'altro, solo diversamente decorato, c'era sempre qualcuno pronto a raccattare le briciole. Anzi per i raccattabriciole era un'epoca d'oro.

Il Commissariato per gli Alloggi trovava sistemazione non solo agli sfollati, o a quei politici che di necessità dovevano ora risiedere a Roma, e dunque ai "senzatetto", ma anche a chi era lesto al trasloco sotto miglior tetto. Roma era rimasta quasi intatta, sotto l'occupazione, e bombe, dopo San Lorenzo e la Tuscolana, non ce n'erano più state. Così mentre da una parte uomini integerrimi, anche se non necessariamente indigenti, dissotterravano dai vasi del terrazzo gioielli inestimabili affidati loro da amici ebrei in fuga, per riconsegnarli ai superstiti ed eredi o in mancanza alla comunità ebraica, uomini egualmente non indigenti occupavano case restate vuote e non più reclamate. E grandi invalidi fascisti, in buona fede anche se non in perfetta salute, affiliati durante quel fatidico Quarantatré romano a qualche partito clandestino, barattavano un paio di riunioni pericolose con grandi attici requisiti ai gerarchi.

Per chi stava a guardare era uno spettacolo singolare, ma il Pasatieri non si stupiva, anzi:

– È in atto un grande cambio della guardia, ma anche un gran voltar di gabbane in uno sventolare così rapido e così numeroso da creare vere e proprie correnti d'aria... Strane e tortuose vie stanno già portando gli aiuti americani a sovvenzionare l'acquisto da parte di privati di grandi proprietà fondiarie, di Stato e perciò di regime, e sempre più avverrà in futuro, in virtù di clausole, quanto mai vaghe, d'impegno al progresso delle infrastrutture e all'impiego di manodopera disoccupata nei "lavori a regìa".

Aveva l'aria di chi la sa lunga, mentre ne parlava agli amici nel salotto dei Corigliano-Massova, invitato da Iselda, che aveva ricominciato a dare le sue colazioni per intimi anche in assenza del marito. Alle pareti erano tornati i quadri, da anni in un angolo sicuro del rifugio antiaereo. Iselda li aveva tratti fuori dalle intelaiature e dai trucioli, quasi a sciogliere un voto, solo dopo che il consiglio di famiglia aveva fatto uscire Roberto dalla mansarda. Erano tornati alla luce i Beckmann, gli Schiele e quegli Otto Müller che rendevano la sala e il salotto quasi una pinacoteca. In attesa del via bevevano il vermouth o il "marsala extrafine" che la madrina di Bianca aveva continuato a ricevere, fin quasi alla data dello sbarco americano in Sicilia, dalle sue terre vicino a Catania. L'ascensore funzionava di nuovo e così c'era anche il Generale, ma pareva indispettito, lui che amava le carte più che la conversazione mentre ascoltava Federico, il solito anticlericale:

– Se i boy-scout possono contare su una razione di burro di arachidi supplementare, rispetto agli altri giovinetti, al fine d'incoraggiarli al campeggio e al proselitismo, qualcuno da qualche parte può contare su molto di più... –, aveva infilato le mani tra la fine dei braccioli e il cuscino e se ne stava così, a braccia larghe, quasi a indicare l'ineluttabilità della cosa.

– E se le famiglie svizzere già cominciano a offrire ospitalità a ragazzi sfiniti dalla guerra non è detto che a raggiungere la Svizzera saranno i più provati –, diceva Bice, sua moglie. – Sono i partiti a destinare fin d'ora quel premio ai loro attivisti, a fare già ora la parte del leone.

Bice si occupava di assistenza anche sotto il regime e una certa simpatia per il fascismo l'aveva sempre avuta perché l'autorità, via, le piaceva. Solo Federico le aveva impedito di avere un posto di ispettrice delle Donne Fasciste, ed era stata la sola volta che le aveva negato qualcosa.

– Ci sono bocconi grossi e briciole! Si capisce. Lasciamo perdere, sono cose da nulla. E a chi si deve rivolgere chi vuol dare? sono le organizzazioni, le sole...

– I vincitori sono generosi perché in una nazione, pure se sconfitta, per evitar disordini hanno bisogno del consenso, anche se in una misura che direi proprio minima. Come fanno a sapere con chi trattano veramente e che sono gli imbroglioni quelli che da noi stanno sempre a galla? La gente comune non li aiuta a capire. Tutti fascisti, a riempir le piazze, quando si promettevano le mirabilia, e ora tutti antifascisti sfegatati, che non ce n'è più uno solo che lo sia stato, fascista. D'altra parte i neutrali si sentono come chi ha visto un gran terremoto dall'altra parte della strada e non sanno come disobbligarsi con il destino. Dico gli svizzeri. Cosa vuoi che stiano a distinguere e far questioni. Accoglieranno chi arriverà! Non sarà mica un tale privilegio...

– È questione di principio!

Il Generale sulla poltrona dalla *housse* di lino, d'un azzurro accuratamente scelto da Iselda perché legasse col cilestrino-pervinca, quasi lilla, dell'acquerello di Klimt taceva e fumava, taceva e beveva, avvicinando ogni tanto il marsala ai baffi, sempre più irritato per il tardare del pranzo.

– Queste cose sono tutte vere, ma un caruso siciliano chi ce lo manda in Svizzera? Sono i padroni, i miei parenti che direbbero di no! –, sua moglie Elisabetta, la madrina di Bianca, invece si accalorava. – Ai ragazzi, ci pensate ai ragazzi? Che esempio gli stiamo dando ai più giovani?

– I ragazzi. Parliamo dei nostri ché degli altri, scusate, non li conosco, non saprei... sono tanto refrattari quanto estranei a questo affaccendarsi convulso e interessato degli adulti. I quali reclamano, tutti e a ogni costo, lo *status* di partigiani, ognuno occupato a vedere e prevedere che cosa poterci guadagnare o come salvare il già guadagnato. I ragazzi lasciamoli stare, per piacere, hanno già la fatica di crescere in un mondo come questo!

A contraddire questa affermazione di Bice, poco sincera, del resto, ché tutti sapevano quant'era autoritaria coi figli e quanto poco li lasciava in pace, stavolta interveniva Iselda, che degli studi di Roberto non era mai soddisfatta e i problemi sembrava la toccassero solo se riguardavano lui:

– Li lasciano sì stare e anche fare e disfare in quella loro *pépinière* riscaldata, che per Roberto e Renato, come per Rinaldo, credo –, e si volse interrogativa verso Pasatieri – è l'università. Purché credano fermamente di essere stati liberati e dunque di essere liberi, e magari siano gli inconsapevoli alleati di qualche loro vendetta accademica. Li lasciano fare, agitarsi, esigere magari, i più pigri, ancora il diciotto di guerra, a guerra finita e per il prossimo decennio, purché sfondino solo porte aperte.

Pasatieri era venuto alla colazione di casa Corigliano solo come ai vecchi tempi, senza portare Margherita, e quell'accenno a Rinaldo, il primogenito di quella signora, voleva essere un dolce rimprovero da parte d'Iselda. Lui, senza raccogliere l'accenno, le rispose:

– Ma da quelle porte aperte vengono poi in realtà, ai giovani, maestri nuovi e migliori? Certo ci sono molti alla facoltà di legge che il fascismo... e soprattutto l'alleanza del fascismo con la Chiesa, almeno a lettere mi dicono, aveva veramente sacrificato e allontanato dalle cattedre già meritate, ma arrivano anche a frotte, lasciatemelo dire, le mezze calze, che finalmente strappano la rivalsa non tanto all'immaginaria persecuzione quanto a una meritata quarantena! –, e Pasatieri si faceva serio. Corrugava le sopracciglia e si formava un solco al centro della sua fronte d'un pallore stempiato. – Non facciamo gli ipocriti: chi aveva titoli non ha mai mancato di essere invitato a collaborare, persino sotto pseudonimo se era ebreo, all'Enciclopedia di Giovanni Gentile, autore della dottrina hegeliana del fascismo, cioè di una grande impostura, ma anche uno che ogni tanto sapeva mettersi la mano sulla coscienza.

– O che non voleva farsi troppi nemici –, sorrideva scettica Iselda, e con l'impudenza delle donne piacenti e danarose, che credono di potersi inserire in qualunque discorso, sentenziava: – Io sono d'accordo che da noi, insomma, geni incompresi ce ne sono sempre stati pochi. Diciamo le cose come stanno: è un cambio della guardia. Ieri a te, oggi a me.

E Bice, per non essere da meno della cognata:

– Ci sono giovanotti laureati non proprio a pieni voti in medicina, all'estero naturalmente, in Svizzera magari, dove il padre antifascista ma ricco era costretto al dorato esilio, che non perdono tempo e già chiedono di entrare nell'*équipe* di luminari incensati dal fascismo. Che fa il luminare? Ma gli apre le porte senza far caso agli scarsi meriti del giovanotto! Ed è tutto contento di rifarsi una verginità politica e dire: ci ho l'antifascista in ambulatorio. Gli stessi luminari li imporranno poi come aiuti, piano piano vedrete, o in campo internazionale, nei nuovi organismi che verranno dopo, con la pace, e sempre allo stesso prezzo, un alibi prezioso...

Tutti sorrisero, ognuno pensando alla stessa persona. Bice aveva un certo humour e fece frusciare la gonna che già portava ampia e lunga, finite le risicature di guerra. A lei del resto non erano mai piaciute. Aveva stretto e accorciato le gonne solo per patriottismo. Tutto le piaceva abbondante e, pensava Iselda, un po' vistoso: i gioielli, i capelli, la laccatura delle unghie.

– Ma nel crepuscolo degli dèi –, continuava Pasatieri un po' irritato di essere stato così a lungo interrotto, ma sempre cavalleresco verso le signore che aveva ascoltato compunto – mentre Gentile viene ucciso a Firenze da un partigiano, o chiunque fosse, che lo chiama per nome e gli spara due colpi di rivoltella, c'è posto soprattutto per l'ascesa di astri non privi di un loro se pur modesto lucore, ma che enfatizzano le proprie reali qualità scientifiche con meriti politici o vittimismo razziale, chiedendo a se stessi e agli altri di credere in un loro magistero eccelso...

– E creano così in tutti, ma prima di tutto in se stessi, una confusione mentale che si moltiplica e sfaccetta negli innumeri e innocenti allievi come il pleroma divino degli gnostici.

Così aveva concluso, con aria definitiva, Federico mentre già le signore si avviavano verso la sala da pranzo. Il Generale, nonostante le gambe, si era alzato di scatto e messo sull'attenti aspettando di seguirle e invitandole a precederlo con un gesto tanto ampio e regale da essere impaziente.

Radersi è un'arte per americani bruni

Long ago, and when nobody is by...
Sophisticated Lady... You cry!

Quando il tenente Marvin Doubleday si svegliò quella domenica di luglio una radio, certo sintonizzata sulla stazione del comando inglese che trasmetteva musica classica e il miglior jazz reperibile sull'etere (da una villa della Camilluccia, gli avevano detto, luogo propizio alle onde Herz ma anche luogo di sogno: nei pressi Mussolini vi teneva l'amante), vibrava le sue note in lontananza. Ancora il vecchio Duke e ancora *a sunny day*. Aveva sognato stanze di Raffaello tutta la notte. Un biondo angelo cinquecentesco. *Darn.* Un genere aristocratico e sofisticato di sogni per un soldato lontano da casa: il sogno di un'opera d'arte, cioè il sogno di un sogno, secondo i criteri di classificazione di Mary Beth, che era un'esperta. Le scriveva tutti i suoi sogni, da che era partito per l'Europa. Almeno finora l'aveva fatto – prima che si profilasse il rischio di qualche gelosia...

Il tenente Doubleday si era alzato e si era messo sotto la doccia, se così poteva chiamarsi quel rivolo d'acqua che calava dalla cipolla incrostata di calcare. Non riusciva a svegliarsi, ma il benessere della giornata si faceva strada in quel guizzare della luce sulle piccole ceramiche bianche del rivestimento e in quel sottofondo musicale:

Sophisticated Lady... nonchalant...

Si avvolse nell'accappatoio bianco che sapeva di lisoformio – lo forniva l'ospedale, come il resto della biancheria – e si parò davanti allo specchio a gambe larghe come un cow-boy.

Abbacinato dalla luce e ad occhi socchiusi, con movimenti gentili e precisi il tenente Doubleday faceva scivolare il lucente rasoio di sicurezza Wilkinson sulle guance dalla forte mascella, davanti allo specchio semicircolare coi bordi smerigliati, bel pezzo Anni Venti, meritevole anche di miglior collocazione, che era andato a finire in una fornitura per gli alloggi del personale medico. Alloggi decorosi del resto, perciò aveva accettato quella sistemazione, così vicina al suo ufficio, ma poteva trasferirsi in albergo quando voleva. Il colonnello Irving Mills avrebbe voluto il suo tenente al Flora, per poter parlare di lavoro fuori orario. Si aspettava da lui una decisione, anzi la dava per scontata: via Veneto era ovviamente la sistemazione più ambita, tra gli ufficiali. Ma come amava, nel sole di quell'estate e tra i pini, i vecchi muri dell'ospedale! E l'azzurro pallido dei lunghi corridoi, degli alti soffitti! L'antico colle romano in cui sorgeva aveva un nome egualmente alto e celeste: Celio, *caelum*, cielo (*ceiling*, soffitto – no, *cellar*: doveva venire da altra radice). E al Celio c'era anche David Alan, che però era inglese e veniva da Benenden, con la porta sullo stesso corridoio: si tenevano di buon umore a vicenda e qualche volta uscivano insieme. Oh, erano tutti così amichevoli, i romani, sembrava facessero a gara per invitarli nelle loro case. I due tenenti venivano presentati con orgoglio agli altri ospiti: "Il tenente Doubleday, il tenente Strassberg...". Ed erano, del resto, due giovani ufficiali di buone maniere. Tirò in fuori la mascella, avvicinandola allo specchio: aveva un fossetta circolare al centro del mento, molto difficile da radersi. Tuttavia David Alan era veramente un medico: il suo lavoro si svolgeva nei tre piani di quel vecchio, patetico ospedale azzurro. Nella versione ufficiale, certo, anche Marvin lavorava là dentro, in amministrazione. Ma in realtà il suo ufficio era sul Colle Oppio, e il suo lavoro era di un genere diverso – oh, drasticamente diverso.

Smoking, drinking:
never thinking after to-morrow...
Is that all you really want?
No, sophisticated Lady, I know...

Una giovane signora molto raffinata l'aveva appena conosciuta. Ed era anche un'ottima cuoca. *Darn.* Con polso sciolto e morbido fece frullare il pennello sul sapone *Old Spice* che gli dava, insieme con la colonia e il dopobarba usati senza risparmio, quel buon odore così poco americano, così europeo, che tutti gli invidiavano. Ottenne una schiuma alta e soffice: era domenica, non doveva affrettarsi. Radersi è un'arte per americani bruni – e naturalmente per barbieri italiani, come Pompilio del *barber shop* vicino al Colosseo, dove andava sempre nei giorni feriali. Si era anche offerto, il barbiere, di recarsi a domicilio prima dell'apertura del negozio, o a negozio chiuso, una cosa da milionari in America, ma con una nota di cattivo gusto: oh, no. Il tenente Doubleday aveva degli scrupoli, e non per il compenso. Sarebbe bastata una stecca di sigarette come mancia extra per assicurargli la perenne gratitudine e – cosa anche più difficile e preziosa – la puntualità di Pompilio. Ma il tenente Doubleday disapprovava i lussi e l'idea in sé gli pareva sapesse di basso impero: quel genere di abitudini che nel loro ambiente, a Baltimora, avrebbero bollato come *decadent*. E c'era di più; forse l'immagine del gangster italo-americano. Così aveva scelto una via di mezzo e la domenica per comodità si radeva da sé, come per necessità il lunedì.

Il tenente Doubleday apparteneva all'Oss, il primo servizio segreto che gli americani avessero mai avuto, un incarico per il quale l'avevano scelto, peraltro senza che facesse domanda. Forse in base al suo curriculum di *post-graduate research associate* all'Università di Baltimora? Ma era ricercatore di archeologia e filologia classiche, non investigatore di trame segrete. Almeno, non di quelle presenti. Avrebbe voluto sapere come sceglievano i propri funzionari gli inglesi dell'*Intelligence*, che vantavano, a ragione, una migliore esperienza, o i francesi. I servizi segreti a Washington non avevano alcuna tradizione, semplicemente perché non esistevano prima. In Europa invece avevano radici: gli Stati non facevano che spiarsi a vicenda, persino il conte di Cavour...

Forse a segnalarlo al comando era stata la sua conoscenza del latino e dell'italiano, anche se un po' arcaico e "latinizzante", come diceva Carlo, con l'aria però di un complimento. Per il resto lavorava con il solo buon senso: non credeva di esserne l'unico depositario tra la sua gente solida e onesta, equilibrata e realistica, la gente del Maryland. Certo, se qualcuno avesse voluto fargli passare un segnale segreto inciso di fresco per l'avanzo di un'epigrafe antica se ne sarebbe accorto, questo sì. O forse era stato scelto perché era un Doubleday dei fiocchi istantanei di mais Doubleday, che ogni mamma americana conosce, e non c'era rischio che fosse un pericoloso sovversivo. Benché lui e Mary Beth non facessero mistero di essere fervidi *liberals* rooseveltiani, anzi era questo che li aveva distinti dagli altri studenti, e oggi studiosi, di *humanities* (in verità non molto numerosi a Baltimora).

Quando usciva dalla sua stanza dell'ospedale, azzimato nell'uniforme fresca di stiratura, una al giorno ne cambiava, la bustina l'aveva già in testa perché i corridoi erano come strada per lui, non casa, la casa era quella di Herbert Street. Si affrettava con passo elastico prima di uscire davanti alla mistica e quasi cabalistica architettura di Santo Stefano Rotondo. Era allora, nei corridoi azzurri che si sentiva guardato e giudicato. Si facevano sulla porta dell'astanteria le infermiere italiane a vederlo passare, lo squadravano con compiacimento materno e affettuoso: "Che bel giovane il tenente Doubleday", si leggeva nei loro occhi mentre lo fissavano sorridendo silenziose e maliziose. Oh, con quei grossi seni, giovani e vecchie, con quelle facce così romane, con quelle acconciature da età flavia fasciate dalle cuffie bianche. Gli occhi neri scintillavano nell'antico corridoio il cui soffitto spariva nell'oscurità, pieno di bisbigli e di echi, come pitonesse nel santuario di qualche guaritore capitolino.

– Prego?

– È per una mia parente –, una gli aveva sussurrato in un soffio. – So che il tenente medico cerca qualcuno... ma lui non parla italiano...

– Che devo dire?

– Non è infermiera diplomata, ma ha sempre fatto questo lavoro... gli anziani, le iniezioni, molto a modo... ha referenze, nel palazzo... sa, dei marchesi Della Sala, dove il marito era portiere.

– E adesso?

– Ora ci ha proprio bisogno, un figlio a carico e senza pensione. La portineria, un portierato maschile, non è più lavoro ma solo l'alloggio. È una brava donna, potrebbe lavare e stirare per lei, per il dottor David Alan...

A lui era balenata l'idea dei suoi accappatoi senza odore di lisoformio. E le divise con i petti non più schiacciati. Si sentiva così in imbarazzo, con i suoi amici italiani dai bei *revers bombés*. Ma le macchine a vapore della stireria del Celio non erano proprio un granché, com'è che si dice?, roba da chiodi.

Diamonds shining, dancing, dining...
Sophisticated Lady...

Aveva sognato le Stanze di Raffaello. Oh non v'era dubbio che la sua mente subiva il benefico influsso del vecchio continente. La *Scuola di Atene*: un bello stacco rispetto alla Plymouth color ocra dei suoi sogni di quand'era ragazzo, alla vigilia di un viaggio. Persino rispetto alle geografie fantastiche e variamente simboliche – canyons, radure, bestie ungulate e policefale – dei sogni che Mary Beth annotava nel suo quaderno dai fogli color malva e dalla rilegatura gotica, per l'invidia di lui ragazzo un poco più prosaico, anche nei sogni. Sì, al suo ritorno Mary Beth e sua cugina Edwina e Professor Pflaum avrebbero trovato che la vecchia Europa aveva impresso alla sua mente un marchio di nobiltà. L'aria compiaciuta del tenente Doubleday lasciò il posto, nello specchio, a una ruga nel mezzo della fronte mentre i suoi pensieri subivano un improvviso e, sembrava, immotivato trascinamento verso l'attuale attività della sua nobile mente.

Le armi ritrovate a Marino e Frascati, *in the grottini*, le cantine scavate nella roccia per le botti del vino, armi tutte italiane e dello stesso tipo, in genere Beretta modello 34 e moschetti 91. Salvo quella dannata cassa di armi inglesi nuove di zecca con tutti i loro bei numeri di matricola: *Dammit*. Non sembrava neanche fosse stata mai aperta, salvo che per quei due mitragliatori mancanti – serie e numero corrispondevano perfettamente – coi quali erano stati fatti secchi quei due a Castro Pretorio, alla fermata della corriera per i Castelli.

Sophisticated Lady... nonchalant...
With some man in a restaurant...

Una giovane signora bionda e sofisticata, che parla di armi, a tavola. *Darn*! Il comando inglese non avrebbe apprezzato il suo rendiconto sulle casse di Marino. Oh no, *definitely*. Sono così patriottici gli inglesi. David Alan si sarebbe probabilmente immusonito, non avrebbe più fatto coppia con lui la sera, nella loro esplorazione delle buone tavole e conversazioni della capitale. Oh, sicuro, lui aveva sufficiente autorità, avrebbe anche potuto mettere a tacere la cosa, volendo, se tutto fosse rimasto lì. Ma invece no, dannazione, le armi continuavano a spuntare dappertutto, letteralmente da ogni buco: dalle pareti muschiose di atri e cortili dove un mattone era smosso, dagli anfratti di pietra cadente dei fori – *as if it was parsley* – come il prezzemolo, diceva il commissario Migliavacca. Che però a dire il vero non sembrava molto curioso della loro provenienza:

– A sacchi, tené, l'avete jettate ai campi che parevate la befana –, e neanche troppo impressionato. Lo guardava da sotto le sue palpebre pesanti e scrollava le spalle infagottate in quell'impermeabile troppo grande e lungo, tutto fuori misura, che portava con tanta compiaciuta solennità, come una toga senatoria. Diceva solo:

– A' tené, chisti ferri so' comm' o prezzemolo!

Venivano fuori da ogni buco. Non c'era anfratto dei Castelli che ne fosse scempio, cantina per vino, deposito d'olio o luogo per la stagionatura dei formaggi, grottino, come dicevano gli onesti villici rubicondi e le ostesse, che gli faceva sfilare davanti il commissario Migliavacca, decisamente *overweight* e in genere somiglianti a Winnie. Lo sapevano tutti, era come fossero salami, le armi. E loro sequestravano. Solo che, quando venivano fuori da un deposito non ancora individuato, si trattava di un pericolo reale, politico. Gli uomini lassù non andavano a caccia di tordi, sparavano davvero. Così aveva detto il colonnello Irving Mills.

Il tenente Doubleday sciacquò il rasoio sotto l'acqua iridescente e lo scosse battendolo più volte sul bordo del lavandino, con delicatezza. Come il martelletto d'argento di un battitore d'asta il rasoio percosso mandò un suono argentino.

– Le famiglie vendono quasi tutto –, aveva detto Vicky – è un ottimo momento per comprare –. Tuttavia Marvin non conosceva l'opinione di Mary Beth, e arredare l'appartamento ottocentesco di Herbert Street, presso il vecchio mercato, non lontano dalla tomba di Poe, al suo ritorno sarebbe stato compito di lei, non poteva usurparlo. Benché Vicky l'avrebbe volentieri consigliato e il gusto aristocratico italiano, si sa...

Come se non bastasse, da un po' di tempo a quella parte i sopralluoghi degli uomini di Migliavacca, per quanto svogliati e inefficienti, si concludevano con l'inevitabile invio al comando dell'Oss – e cioè al colonnello Irving Mills che li riceveva e li passava a lui per competenza – di *Informal Reports* concernenti il ritrovamento di armi nelle abitazioni private. Sembrava che ogni pur ristretto nucleo familiare, specie in taluni quartieri, avesse la sua armeria privata. Non era certo un americano a doversene stupire, un figlio dei pionieri – il vecchio Marvin Doubleday sr., eroe della *Civil War* teneva sempre il suo *Rifle* ben oliato ai piedi del letto –, ma il fatto era che avevano emesso proclami, affisso manifesti, si era in guerra perdio, non era lecito avere anche un singolo moschetto "in detenzione", neanche ai partiti antifascisti, neanche ai partigiani. Ora c'erano le truppe alleate: solo gli Alleati avevano diritto alle armi.

L'armeria privata, un po' come l'orto di guerra e le galline sul terrazzo, di cui gli parlava Vicky. Gente incredibile, i romani. Non si erano accorti che avevano perso una guerra? La storia delle galline, che all'inizio faceva tanto ridere il sergente O' Groats, gli ricordava quella delle oche del Campidoglio. Si era sempre chiesto, da ragazzo, che cosa ci facessero quei pennuti proprio *on the Capitol Hill,* un'assurdità. Dovevano essere delle divinità, in genere le divinità sono uccelli o cani in Oriente. E i romani, si sa, per questo genere di cose erano sempre stati tributari dell'Oriente. Ma invece la questione sembrava più semplice: i romani tenevano pollai e stie dappertutto. Oh, i viaggi come aiutano il filologo! I secoli passano, ma gli usi restano e frasi senza senso, che suggerirebbero un'emendazione, che so, una congettura, risultavano chiare come il sole. Quella era una tradizione ancestrale. Oh voi pennuti, cari a Giove capitolino... *Ego vos amo* alla diavola *or* alla cacciatora, *or with* pepperoni.

... a flame that flickered
one day and died away...
Sophisticated Lady...

Il sole era già alto e, pensò il tenente Doubleday, la giornata si prospettava magnifica.

Le colonne d'Ercole

L'università era lontana. Ma la cosa singolare è che una volta coperto il tragitto Prati-Città Universitaria, essendo questa ai confini dei quartieri bombardati che ne lambivano i margini, lo *Studium Urbis* era e rimaneva per Lisa l'ultima Tule. Al di là non andava. Ricordava con terrore la sua sosta, l'autunno passato, a piazza Bologna, dove l'estraneità delle architetture era stata motivo di angoscia e quasi presagio di sventura. E piazza Bologna non era mai stata bombardata. San Lorenzo sì. Era come se da un lato il grande cimitero – affettuoso e familiare, dove aveva le sue statue tombali preferite, in particolare quella di una bambina coi boccoli nella sua vestaglia di pietra *capitonnée* – e dall'altro lato l'antica basilica costituissero le due colonne d'Ercole oltre le quali non si sentiva di andare, i confini di un mondo che non era disposta ad accettare.

I giornali avevano pubblicato fotografie dei quartieri bombardati, poche, più che altro per mostrare il papa, una figura bianca tra le macerie con le braccia levate, un'unica immagine per tutti i giornali, anch'essa una "velina". Però tutto si poteva immaginare: le case sventrate, gli interni portati alla luce nella loro intimità e povertà, quasi uno stupro, le case pericolanti piantonate, gli sciacalli, l'impronta dei morti, le schegge e le bombe inesplose, il colore indefinibile delle macerie, dei solai sbriciolati, delle travi in bilico sui detriti degli sfondamenti, il disastro d'ogni terremoto. Lisa non aveva mai osato avventurarvisi, neanche ci aveva pensato: era una zona di crolli, di polvere e d'ansia, il paesaggio d'un sentimento e questo sentimento era la paura. E poi sapeva che sua madre non avrebbe approvato. Come quella volta che era straripato l'Aniene e il tram che portava laggiù aveva dovuto istituire corse straordinarie. Anche Lisa voleva condividere con le sue compagne quello spettacolo emozionante, ma sua madre glielo aveva vietato severa:

– Andate forse a portare qualche aiuto? Non si va a guardare quella povera gente per curiosità!

E Lisa si era sentita mortificata.

Da Prati all'università, quando ancora funzionava la linea tranviaria, il percorso "piemontese" era lineare e rassicurante. Un grande viale alberato fra le caserme, il viale delle Milizie, un armonioso ponte sul Tevere, detto delle Belle Arti, che infatti portava a una valle bellissima dove i binari della circolare scorrevano come un fiume seguendone l'andamento e le anse. Prima una grande curva, per lasciarsi a destra il casino rinascimentale di Pio IV e sulla sinistra la cappella a pianta ovale del Vignola, poi tra il verde, costeggiata con un'altra curva la villa di papa Giulio II sempre del Vignola, ma dove aveva lavorato forse anche Michelangelo, le rive della valle si alzavano e i padiglioni dell'Esposizione Internazionale del 1911 erano divenuti Accademie, Galleria d'Arte Moderna e un nuovo complesso di edifici, la Facoltà di Architettura. Tutto tra fastosi giardini e quasi che la natura antica dei luoghi incancellabile vi trasparisse come fa, sotto la carta da lettere, la falsariga scura.

Dalla verde vallata che sfociava nel lago di prati e boschi, dietro i cancelli di Villa Borghese, si usciva per una ripida salita lungo via Ulisse Aldrovandi o, come allora si diceva, passando tra le aquile e le civette, cioè tra l'immensa voliera del giardino zoologico, allora popolata di rapaci, e il più elegante collegio femminile della capitale. Sempre tra ville e giardini, e uno era quello sfarzoso di Villa Taverna, la circolare esterna (destra perché girava in senso orario, o anche "rossa" dal colore dell'insegna, per distinguerla dalla "nera" che percorreva il suo anello all'interno della città) raggiungeva piazza Ungheria e di lì traversava quartieri rassettati e nonostante la guerra immutati, infilandosi come un fuso, nel nome delle regine, entro il tessuto urbano umbertino robusto e ben strutturato, traversando la Salaria e piazza Quadrata, lasciandosi alla sinistra il quartiere Coppedé, giù fino al Policlinico e alle sue colonne d'Ercole, il Verano e la basilica di San Lorenzo. Durante l'ultimo anno del liceo Lisa aveva frequentato all'università conferenze e concerti e quel percorso le era familiare. Fino all'università e non oltre. Al ritorno la circolare naturalmente si chiamava "sinistra". Ora la circolare non c'era, ma c'era la camionetta a sbarcare Lisa laggiù.

L'assemblea era gaia e disordinata, ma nel teatrino del Guf le poltrone si allineavano lustre e spolverate di fresco. Gli oggetti venivano trattati con rispetto, le idee degli altri no. Bordate di fischi salutavano quasi tutti gli interventi, qualunque cosa dicessero o provassero a dire. Se poi saliva una ragazza e un poco impacciata, pur se molto determinata, cominciava:

– Anche se io non ho la veste...

Allora invece di fischi erano applausi che fragorosamente la interrompevano e festeggiavano, mentre le grida esortavano tutte le altre ragazze a seguire il suo esempio. Insomma c'erano gaiezza e goliardia, che a Lisa non dispiacevano dopo tanta tristezza e mortificazione.

Ma ora si era fatto silenzio:

– Ragazzi, tutto è cambiato, ma noi dobbiamo ancora cambiare tutto! –, stava dicendo Maria Vittoria, dopo avere a fatica placato gli osanna che salutavano il suo arrivo al microfono, la sua biondezza e bellezza veramente radiosa e anche, dalla prima fila, con affettuose oscenità, il suo stato di non più vergine appena tornata dal viaggio di nozze.

Reduci dai fronti o usciti dalla clandestinità, i coetanei di Lisa si sposavano con furia e accesa spensieratezza, ansiosi di riguadagnare il tempo perduto, come naufraghi che, portati in salvo, si abbracciano l'un l'altro sulla spiaggia. E bisogna aggiungere che erano ancora tempi in cui i giovanotti, pure quelli bennati, ostentavano senza vergogna di rendere omaggio alla sposa a livello d'integrità dell'imene. Una tradizione e anche una nostalgia di ricordi classici, ispirata dalla poesia latina, magari da Catullo? A Maria Vittoria si erano arrossate un poco le guance, ma non si capiva se per imbarazzo o lusinga perché non si era affatto scomposta. Sotto le luci del teatro i suoi occhi cristallini dardeggiavano sguardi golosi, d'una golosità soddisfatta, sul pubblico, che appariva sterminato, dei suoi amici di famiglia. Era sembrato a Lisa che il suo cognome fosse molto noto e considerato eminente a Roma, almeno quanto quello dello sposo.

Una cosa che rimaneva per ora misteriosa era dove si fossero frequentati tutti quegli studenti che provenivano da tanti diversi licei, e in specie come facessero i familiari a conoscersi tutti fra di loro, come fossero una sorta di *gens*. Le pareva chiaro che quei ragazzi o erano cresciuti insieme, o condividevano un ambiente, espressione che a Lisa francamente non era altrettanto chiara. Comunque erano una piccola consorteria, o si dice *élite*?, certo i più brillanti: prendevano la parola con disinvoltura, sapevano parlare di politica nel modo giusto, così in sintonia con quello che lei pensava ma non aveva però tanto ben formulato.

Era come se qualcuno li avesse educati ad essere oratori e ad esserlo in modo tanto perentorio, ma se al liceo una cosa così si fosse insegnata lei certo l'avrebbe imparata. Quell'insegnamento doveva impartirsi da qualche altra parte, ma dove? Lei intanto era disposta ad ascoltare, a non risentirsi se non le davano la parola (sembrava che non la vedessero) perché voleva imparare da loro. E una cosa Lisa imparò subito: che gli ottimati, i nati bene, erano stati tutti antifascisti e solo i plebei, la povera gente, era stata fascista. La cosa la colpì molto perché non ne aveva saputo niente, anzi fino ad allora le sue informazioni erano diverse.

Era così sbadata, viveva così ritirata nel suo misero guscio, una di quelle chiocciolette che stanno sugli steccati a grappoli, che mentre una realtà parallela come questo antifascismo nascosto, ma perdinci vigoroso, le si svolgeva da sempre accanto, lei non se ne era proprio accorta. Questa era da parte di Lisa la sua autocritica, come avrebbero detto, tra i presenti, quanti appartenevano alla federazione o fronte giovanile del partito che in quel momento raccoglieva i migliori proseliti se non i maggiori consensi a Roma. Lisa andava perdendo molta della sua sicurezza sull'argomento. Un po' di quei discorsi avrebbe voluto sentirli prima, ma era colpa sua se non era stata a portata di orecchio. Perché sui banchi di scuola aveva imparato una cosa tutta diversa e cioè che antifascisti erano i poveri, ma che per esserlo in modo costruttivo bisognava essere non solo poveri ma anche molto istruiti, come il suo professore di filosofia, un siciliano in evidenti ristrettezze economiche. E invece si sbagliava: una *élite* di latifondisti, grandi avvocati, costruttori, professionisti che lei non conosceva ma che si conoscevano tutti tra loro, si riprendeva il proprio: si riprendevano, costoro, ciò che gli apparteneva e che il regime cialtronesco di Mussolini, che mai avevano smesso di osteggiare, aveva loro tolto.

Sembrava a Lisa che qualcuno avesse avuto gerarchi in famiglia a dire il vero, o almeno qualche cognome di quelli più caratteristici, magari doppi, le suonava familiare, come avessero firmato i giornali o sui giornali fossero stati spesso citati negli anni del regime. Stentava a riconoscerli, quei cognomi, portati da ragazzi col ciuffo e il gilet di maglia e che si chiamavano Nanni o Titti. Forse si trattava di un ramo distinto della famiglia. E poi non sarebbe stato, nel caso, un merito in più scrollarsi con noncuranza dalle spalle la fama del congiunto? Congiunto che, comunque, anche nel fascismo, a sentire i loro discorsi, era stato immancabilmente di quelli che avevano fatto la fronda. Scrollare le spalle e dire: "Io sono io, che c'entro coi miei parenti?". Anche se certo era il nome che li segnalava all'attenzione e li portava a furor di popolo sul palco, almeno così pareva a Lisa, che altri meriti per sua ignoranza non vedeva. Tuttavia era bello che cercassero di emergere senza aggrapparsi a quel poco di potere pregresso, anzi rovesciandolo con astio, perché era stato solo uno dei tanti poteri transitori della dinastia, la vera qualità restava l'eccellenza del nome: "Mio nonno era qualcuno anche prima del fascismo". Ignominia non voleva forse dire per i romani, come le aveva insegnato anche la professoressa Luciani Rèndine, "mancanza di nome"?

Da fascisti a comunisti, o cattolici-comunisti, ma sempre loro, gagliardi e brillanti, quei nomi alla guida degli ignoti come lei, sprovveduti e sprovvisti di qualità, pensava Lisa. Che cosa sapeva lei del comunismo? Quel che sapeva era tutto opera del suo professore di filosofia del Liceo Mamiani. Il professore Luigi Gaburo era un siciliano di mezza età che somigliava a un personaggio del suo concittadino Pirandello: consapevole, causidico, scettico. Come lui nato all'ombra, anzi al sole dei templi, come cadenzatamente accentando narrava. Era povero e anche se intellettualmente sottile un po' grossolano di modi. Arrivava in cattedra rivoltando tra le turgide labbra algerine uno stuzzicadenti (della sera prima, commentava sottovoce inorridita Rossana Ragno, da lui rispettosamente concupita). Aveva denti e intarsi d'oro e li considerava un patrimonio da preservare, tenendoli sempre nettissimi. Accennava con odio, e insieme con ritegno, alla sua vita familiare e in particolare alla vecchiaia e petulanza delle sue numerose parenti femmine, ma non si seppe mai né quante fossero, né quali i legami di parentela. Però aveva letto *Il capitale* ed era profondamente antifascista, con la lucida e dialettica visceralità dei libertari meridionali. Tutta la storia della filosofia da Socrate in poi – da Campanella in poi, limitava Lisa – era per lui un'unica arringa contro i fascismi. Il gran papiro della filosofia stessa combaciava senza una piega, e coincideva, con l'odio verso il sopruso da una parte e il conformismo dall'altra.

Docente più che maschio in una classe tutta femminile, faceva lezione solo al piccolo gruppo di allieve che lo voleva ascoltare e gli portava intorno alla cattedra, con l'alzarsi dai banchi e il circondarlo da presso, la fragranza della propria giovinezza. Lasciava le altre al loro destino, libere di chiacchierare tranquille e sommesse del più e del meno per tutta la lezione, e una lezione dopo l'altra, per venire alla fine regolarmente promosse, convinto com'era il professore che la filosofia non faceva per loro, che pochissime donne hanno cervello e che comunque anche quelle poche lo perdono per via, massimamente dopo aver preso marito. Come se l'intelligenza nelle donne fosse un ormone che scompare insieme alla prima giovinezza.

Ogni mattina il rituale era sempre il medesimo. Per evitare che il professore interrogasse, Rossana, che sapeva di essere nelle sue grazie, cominciava a fare con simulata timidezza una domanda dal primo banco, in cui sedeva insieme a Lisa. Una domanda che era stata architettata in modo da prevedere l'esame di un testo:

– Non ho capito, professore, a pagina settantatré del commento, primo paragrafo, terzo capoverso, questa definizione un poco involuta... –, Rossana era molto studiosa, aveva fatto gagliarde letture guidata da un padre di vasta e non solo germanica cultura e biblioteca, per cui non era sospettabile né sospettata. Il testo in mano, dopo aver stretto ancor più alla vita sottile il succinto grembiule nero, lei con studiata esitazione si avviava ancheggiando alla pedana di legno su cui era issata la sedia del professore, e dietro di lei altre si alzavano piano dai banchi, cominciando la lenta marcia di avvicinamento, e si appoggiavano delicatamente col gomito alla cattedra, così da disporsi a corolla intorno al professore. Nelle plastiche pose che naturalmente prendevano per il fatto di trovar posto sulla pedana con un piede solo, mentre l'altro restava a terra.

Egli teneva in altissimo conto le signorine che spontaneamente e con tanta assiduità sceglievano di ascoltarlo, e non si risparmiava: il professore Gaburo amava parlare e amava gli argomenti che trattava. Non si permetteva né permetteva alcuna evasione intellettuale, nessuna divagazione, tenendosi bensì stretto al profilo storico del corso con una competenza e un'eloquenza che marchiavano a fuoco le giovani e graziose cervici. Sugli appunti, che venivano stilati collegialmente dopo le lezioni dalle sue diligenti quanto avvenenti vestali, il resto della classe preparava le interrogazioni *pro forma* che chiudevano, con sonnacchioso rito, il trimestre.

Attribuendo alle volontarie ascoltatrici, insieme alle altre grazie, persino il dono caduco dell'intelligenza, egli ne era soggiogato quanto esse dal suo ingegno. Quasi che il loro volto fosse cancellato da un invisibile *chador* e non vi fosse bellezza di lineamenti che valesse quella dello sguardo, egli parlava sempre guardandole come un beduino focosamente negli occhi. Era molto sensibile alle loro supplichevoli lacrime astute, quelle che siglavano immancabili l'insuccesso, ma pure ad ogni messaggio d'intelligenza che vi leggeva. Così che anche la più goffa delle adolescenti, in quel circolo di elette, possedeva una lama che poteva affondargli fino all'impugnatura nel cuore ed era, semplicemente, il proprio sguardo.

Lisa ricordava memorabili ore di marxismo, in cui la teoria del plusvalore appariva solare e perfetta come il teorema di Pitagora: non c'era posto per le passioni e non ce n'era bisogno, ma l'impeto insieme lucido e assorto delle proposizioni chiariva a Lisa che cosa fosse l' "entusiasmo razionale" di Platone, di Bruno e di Voltaire. Ricordava altre lezioni in cui il professore infieriva sul regime fascista con la ferocia della logica e smorfie ataviche delle grosse labbra, per evocarne un altro giusto e severo, dove ancora una volta la calda vampa della razionalità, e non la vacuità dell'istinto, avesse il sopravvento. Sulla guerra il suo disfattismo era assoluto, fatto di rabbia e insieme di irrisione. Tutte le sue argomentazioni, nello sfolgorio di quella dialettica, erano in perfetta linea, scoprì più tardi Lisa, con le Tesi di Aprile. Ecco perché Lisa pensava che essere antifascisti significasse essere istruiti: perché il suo antifascismo vero era nato sui banchi di scuola, dando un senso al blando e sfiduciato liberalismo del padre.

Solo ora, dopo una guerra perduta e una occupazione-liberazione, adesso che lei era approdata, i polpacci e il cuore stanchi, all'università, andava scoprendo che c'erano molte vie all'antifascismo e che non sempre si diventava antifascisti per cultura, e *liberaliter* per scelta, come era successo a lei, ma qualche volta lo si era già *naturaliter* per censo. O meglio, che censo e cultura e libertà di scelta erano nelle stesse mani, patrimonio delle stesse famiglie, almeno per quanto riguardava le generazioni precedenti e che dunque, prima del fascismo, censo e potere avevano coinciso. Quanto alla generazione dei suoi coetanei, non aveva che da riferirsi alle tradizioni di famiglia per trovarsi dalla parte giusta, e anche opportuna. Il compiacimento per questa felice circostanza sembrava manifestarsi nella loro sicurezza e anche in questo allegro e stridulo comportamento di cuccioli di un clan cui si sta per aprire il recinto e che si preparano a fare una bella corsa sui prati. I prati erano tutti per loro.

Avevano preso possesso delle aule come di cosa che a loro appartenesse, come se le avessero pagate di tasca propria, tasche a dire il vero quasi sempre capaci. Lisa invece vi entrava grata e intimidita, come di cosa che appartenesse a tutti e a nessuno cioè allo Stato (vogliamo dire alla collettività?) e di cui lei fosse stata ammessa a fruire dai tanti altri che le avevano edificate e si erano fidati di lei; perché non erano in grado, loro, di usarlo, quel bene, ma a costruirlo avevano tutti egualmente penato, i poveri prima degli altri. Le capitava di chiedersi se il privilegio universitario di una come lei, che portava gli zoccoli rivestiti anziché manufatti di sellaio sia pure stagionati, non fosse stato per caso dovuta al Littorio, al pubblico insegnamento egualitario, ai libri gratuiti come all'esenzione per merito dalle tasse scolastiche, forse non ingenti ma allora significative e per la sua famiglia determinanti, nonché a quel chiedere del fascismo alle donne che studiano le stesse cose che agli uomini, a differenza delle scuole confessionali. Ma scacciò questa idea dalla mente: intanto se non ci fosse stato il fascismo suo padre avrebbe esercitato e guadagnato. E però, si diceva, che cosa avrebbe fatto una che avesse avuto un padre in ogni caso povero, vent'anni prima?

– Non dobbiamo accontentarci di poco, non è per questo che abbiamo fatto la Resistenza. Dobbiamo chiedere e ottenere di contare in modo determinante nelle scelte politiche. Non basta una commissione paritetica...

Aureolata di *zéphir* svizzero dopo tanta autarchia, nell'abito tutto quadretti azzurri e pizzo di Sangallo e sottogonna bianca che usciva deliberatamente da sotto l'orlo, la giovanissima signora Jovi Frezza continuava ad arringare la folla dei coetanei.

– La Casa dello Studente, le mense, i circoli di facoltà dove poterci riunire devono aprirsi a una gestione collettiva che porti in luce le reali esigenze, le irrinunciabili richieste della maggioranza, perché la democrazia...

Lisa ascoltava fiera di lei, in un grande slancio di gratitudine e di identificazione. I circoli che per prima Maria Vittoria aveva rivendicato e ottenuto per loro tutti, dove studiare e incontrarsi, avevano già strappato due stanze ad ogni facoltà e finora, a lettere, vi era stata improvvisata la mostra di suo cugino, in verità pittore assai valente iscritto ad architettura, e proiettato anche un documentario fornito dall'Usis, cioè dal servizio informazioni americano. Un poco, all'annuncio di quella proiezione, Lisa s'era stupita, conoscendo le idee di Maria Vittoria, il suo "progetto che non coincideva certo con il capitalismo e le sue contraddizioni, evidenti soprattutto nella società americana", e l'aveva vista sorridere molto scettica e ironica sull'*American Dream,* che veramente Lisa non sapeva di preciso cosa fosse. Ma poi si era rassicurata poiché si trattava di un documentario d'arte sul MoMa di New York e dunque con le idee politiche non c'entrava. Del resto era difficile ottenere qualcosa da qualcuno, per quei circoli di facoltà appena nati. Andava bene anche l'Usis, che eccezionalmente forniva il proiettore, così col cinema si attiravano frequentatori al circolo e poi si parlava di cose serie.

Le strutture dello *Studium Urbis*, da poco prese democraticamente d'assalto dagli studenti, non avevano che un decennio ed erano state costruite per durare. Una volta entrati nell'auditorium, sarà stato l'effetto della faticata per raggiungerlo, ci si sentiva proprio bene. C'era lo stile fascista, è vero, e poco più in là i bombardamenti di San Lorenzo avevano mandato in pezzi i vetri delle aule, ma tutto nella sala era solido, confortevole, ben illuminato. Lisa, che veniva dalle pendici di Monte Mario con la camionetta, si sentiva abbracciata dall'animazione, dall'allegro brusio, dall'opulenta giovinezza dei compagni. Maria Vittoria era salita leggera sul palco, con i garretti da ballerina, nell'ondeggiare della gonna celeste come inamidata. Si era sposata così, tra un esame già programmato e una riunione già fissata del direttivo di federazione, senza permettere al matrimonio di interferire nel suo impegno democratico. E dunque per Lisa era il ritratto della femminilità vincente. Aveva sul volto, di minuta perfezione cinquecentesca, un *make-up* sconosciuto che la faceva sembrare un'attrice, illuminata com'era dai riflettori, alla ribalta del teatrino del Guf.

I cosmetici di Max Factor, il "*make-up* delle stelle" com'era scritto sulle scatole, sembravano alle ragazze di allora un'arma segreta, sorprendente almeno quanto per un marinaio doveva essere stato il radar. Niente nella merceologia conosciuta in Italia, quando Visconti di Modrone regnava sulla profumeria di regime e offriva insieme a "una saponetta per un soldato" anche "mille lire per un sorriso", nulla di quanto allora conosciuto poteva lontanamente eguagliare sui visi giovani la finitezza e compattezza di quegli effetti cromatici da technicolor un poco irreale. Anche se si acquistavano sulle stesse bancarelle del *pork and beans,* provenendo entrambi dagli stessi spacci militari, il loro costo non esiguo in *am-lire* rendeva quei cosmetici desiderabili e in più avevano il fascino di confezioni mai viste per materiale plastico e abbagliante splendore. Quei cofanetti scintillanti, tempestati di *strasses*, parlavano – non meno delle riviste come "Harper's Bazaar", per la prima volta sfogliate nei loro colori smaglianti e nella loro inverosimile carta patinata – di un mondo sconosciuto, circonfuso da una raggiera di polvere di stelle, come nelle canzoni languorose e struggenti che aprivano siderei orizzonti, con le sconvolgenti voci dei giovanotti negri americani, alle ragazze avvezze al ritmo di *Campagnola bella.*

Una minoranza di ragazze malcresciute – per lo più del magistero, con i capelli opachi e mai iniziate all'uso del *Cake Make-Up* e del *Powder-Cream Puff*, inconsapevoli di sé nella supina fiducia fino allora prestata alle categorie di giudizio estetico fornite da ben più opache e di loro fierissime e protettive madri – guardavano Maria Vittoria con devozione attonita. Erano quasi incredule di essere approdate a quell'assemblea dove una ragazza parlava così bene e in più aveva sul viso la luce di quel pianeta lontano che s'intuiva meraviglioso. E dunque, sporgendo le labbra screpolate in un roco reciproco sussurro, approvavano incondizionatamente la carica rivoluzionaria che sentivano urgere nel discorso di Maria Vittoria. La quale discese dal palco con gli occhi scintillanti, emozionata e ridente, ma di un riso quasi invisibile che la attraversava come un brivido tra le scapole sottili.

Roberto ha una certezza

Fu ancora all'aperto e da solo, non all'università come aveva temuto, che s'imbatté di nuovo nel suo persecutore, un giorno che aveva ripreso a fare equitazione e traversava il Parco dei Daini diretto al galoppatoio. Roberto si era preparato all'evenienza. Al cugino non aveva parlato, per paura del ridicolo, ma aveva preso le sue precauzioni, si era disposto psicologicamente perché sapeva che non era finita lì. Aveva reputato saggio premunirsi, attendersi quell'incontro e studiarselo in simulazione in modo da reagirvi razionalmente, con calma, evitando quel panico che non sopportava e che temeva soprattutto davanti agli estranei. Sicuro com'era che la prossima volta sarebbe stato all'università, e cioè nel suo ambiente, lui capiva che non avrebbe dovuto tradire lo sgomento, alimentare chissà quali supposizioni relative ai suoi rapporti col giovane del cane. Così aveva preso le sue precauzioni, per così dire tattiche, le sole che avesse saputo immaginare.

Tuttavia, quando lo vide, Roberto s'irrigidì sulle staffe e il cavallo sotto ebbe un sussulto. Sperò di essersi sbagliato, ma poi vide il cane e anche il cavallo drizzò le orecchie e sbuffò. Stavolta non attese di essere sbalzato dall'emozione, di perdere completamente le staffe, e prese a rassicurarsi. Dunque immaginò che il padrone portasse l'animale alternativamente a Villa Glori e a Villa Borghese e che dunque abitasse intorno a piazza Ungheria, dalla quale i due parchi sono equidistanti. Poteva stare di casa fra viale Rossini e via Paisiello, l'indirizzo chissà perché lo rassicurava. Non stava mica vicino a lui di casa, come s'era creduto e aveva paventato assai. Ma che razza di podista!

Per il padrone di un cane, si disse giudiziosamente, passeggiare ore intere non è poi mica stravagante, la mancanza di trasporti aveva intostato i polpacci a uomini, donne e finocchi, e poi molte attività in quel momento erano sospese, bloccate dalla guerra. Il tizio o semitizio sembrava in vacanza e passeggiava, forse era uno studioso di quelle loro scemenze anglosassoni come l'architettura dei giardini o un letterato romantico che rifletteva sulle sue pagine camminando, con la tipica fannullaggine del dandy. Uno che di solito viveva all'estero, a casa sua, in qualche gelida e formicolosa torretta gotica, qualcuno che non poteva per motivi vari tornarci, oppure forse che non voleva, accidenti a lui, si vede che trovava ispirazione in quel mondezzaio di Roma occupata. O l'autorità militare del liberalissimo Paese cui apparteneva gli apriva possibilità di esperienze e ricerche in altri tempi difficili o proibite o costose e ora invece, col diritto dei vincitori... ma allora perché non era a studiare i cadaveri all'obitorio, o gli archivi del Littorio?

Costui aveva mezzi, come denotavano l'indirizzo e quella meraviglia di cane, pelo lustro, pasciuto, di sicuro meglio del suo padrone. Forse era uno scrittore che usava cocaina. Di qui l'aspetto malaticcio, macilento e jettatorio. Che c'era di strano? Quanti scrittori inglesi avevano usato oppio e roba così. Doveva essere per via delle Indie, ma poteva farne una sfilza, un elenco che non finiva più, ché in Francia e in Germania non gli risultava fossero tanti. Molti nel quartiere certamente lo incontravano spesso, sarà stato un personaggio familiare agli abitanti della zona, solo lui si spaventava vedendolo, altro che corbaccio di Poe.

E tuttavia, mentre il cavaliere si diceva e ridiceva tutte queste cose e si sforzava di ridere di sé, mentre per calmarsi pronunciava persino parole a voce alta, il cavallo guarda caso andava allontanandosi precipitosamente dal Parco dei Daini, per rientrare subito alla scuderia del maneggio. Le stalle erano vuote, rintronavano e emanavano un odore denso, nella penombra e nel tepore tutt'intorno, pareva che le bestie assenti avessero lasciato il proprio fiato sul fieno come un fantasma. C'era un sentore acre di sella e finimenti sudati, di pelo fradicio, di avena e biada e segatura marcia. Oltreché, soprattutto, di escrementi equini. Roberto era abituato ad associare quell'odore tipico dei circoli ippici della sua infanzia ad una fitta allo stomaco, sempre identica, un torcimento di budella che istruttori e compagni chiamavano semplicemente "la strizza", definizione romanesca e però precisa, sennonché irragionevole, per quello sgomento che sentiva, ora che lui era un cavaliere esperto e aveva dimostrato di essere per quello sport tutt'altro che negato.

– A' Corigliano, ma sarai negato? –, gli gridavano dietro i primi istruttori.

Finché era un principiante, un bambino biondo, pace! Ma adesso che in sella aveva imparato a starci meglio di tutti e non c'era niente che lo tirasse giù, quando aveva i ginocchi incollati ai fianchi del cavallo? Soprattutto ora che dall'Agro gli avevano riportato il suo, di cavallo, ed era con l'animale un tutt'uno quando lui, Roberto, l'ingegnere, contava i passi del galoppo nella rincorsa: "Tre, cinque, sette e... via!", per finire pari davanti alla siepe e scavalcarla facile? Si fosse fatto disarcionare una volta, avesse perso un concorso, a differenza degli altri che facevano certi capitomboli e bisognava andare a riprendere i cavalli al di là della staccionata, mentre quelli cercavano la scoppola zoppicando, tutti molli e verdi di succo d'erba. Eppure mai che quella fitta allo stomaco, quel torcibudella se ne fosse andato. Quando sentiva l'odore delle scuderie e dei box lo ripigliava, ecco anche ora...

Roberto ansimando saltò giù di sella, scavalcò con la briglia la testa del cavallo sbuffante e fumigante, ma a quel punto le ginocchia gli si sciolsero e un lungo capogiro lo fece quasi afflosciare sulla segatura molliccia. Un senso del pericolo, un allarme che gli altri incontri avevano solo preparato lo aggredì in quel momento, un lampo improvvisamente scoccò nel suo cervello a illuminare tutto di luce accecante e una certezza gli apparve, un'evidenza assoluta, un nome: *Intelligence Service*!

Lisa fa un incontro

In tutta la città gran parte dei giardini era invasa dalle cucine da campo, dalle stirerie, dalle tende della Croce Rossa dove si praticavano le cure antiveneree alle truppe e i soldati erano in coda per l'iniezione. In giugno l'esercito alleato aveva occupato Roma. Alcune zone di Villa Borghese ospitavano dancing per gli Alleati e i loro amici italiani, molti angoli ameni erano ritrovi di militari, di prostitute, e ad ogni cantone si svolgevano piccoli commerci. Ma quella parte del parco era rimasta immutata.

Vi giocavano bambini tornati ad uscire con o senza bambinaie che parlavano tedesco ed erano molto sprezzanti, c'erano gallerie d'arte aperte e istituti di cultura delle maggiori ambasciate. Quel luogo era adiacente a due dei più ricchi quartieri romani, il Salario e i Parioli, e i loro abitanti pareva lo considerassero esclusivamente proprio e *off limits* per le truppe di occupazione. Forse veramente qualche intervento sulla *Military Police* c'era stato e se qualcuno vi passava, portando la divisa, era un ospite silenzioso e ben educato, piacevole a vedersi.

Lisa ammirava, come già per i tedeschi, il taglio

delle divise e insomma era tutto tanto meglio delle divise fasciste. Così apprezzava soprattutto le versioni femminili, certo, per il senso di accorta e gentile parità, senza quell'enfatizzare il sesso dei poveretti che altro non hanno: le morbide giacche con lo spacco, le svelte gonne affusolate con l'unica piega stiratissima, le proporzioni delle une sulle altre, le giuste lunghezze su quelle belle figure slanciate con poche curve. Il tutto confortevole, razionale, elegante in quello stile *hostess*, in Italia assoluta novità. La incantava il colore e la grana delle calze trasparenti, che la pelle anglosassone rendeva così rosate e levigate, e negli abiti quel verde muschio, quel bronzo, quel nocciola del gabardine, del panno, del tessuto ricco e pastoso eppure sottile, senza inutili e grossolani spessori, frutto di un'industria tessile anni luce lontana da quella nazionale.

Negli uomini apprezzava la riga sempre perfetta dei pantaloni, la camicia ben stirata, l'opulenza di ogni capo di cuoio e le finiture da sellaio, quel retrogusto di cow-boy che le ricordava Tom Mix e la sua infanzia. In particolare ne ammirava la statura, la bella e ben nutrita giovinezza, l'aspetto sportivo e sano. Li guardava con curiosità, ma senza emozione, come animali di un'altra specie. Come per i tedeschi, non li amava e non li odiava. Certo la media degli italiani era molto meno piacevole a vedersi, meno aitante, aveva il passo meno elastico. Ma quegli stranieri erano come le statue di atleti dello Stadio dei Marmi al Foro Mussolini: che lei sapesse nessuna di loro ragazze, facendo le prove del saggio ginnico con cerchio o giavellotto, se n'era mai innamorata. Degli accademisti della Farnesina qualcuna sì, ma solo tra le più stupide.

Anche se le razioni alimentari avevano ricominciato ad essere distribuite, dopo l'assoluta latitanza delle Annone durante l'occupazione nazista, ora però erano calcolate in grammi. Il lavoro per gli esami andava avanti un poco a rilento. Lisa aveva quasi diciotto anni, il digiuno le aveva dato una pelle trasparente e occhi smisurati nel viso. Era cresciuta con grazia in quell'inverno di fame. Tramite un'amica, che lavorava in un ufficio americano, aveva ottenuto di acquistare un taglio di stoffa allo spaccio dell'Unrra, una stoffa da pochi soldi che non avrebbe avuto mercato neanche in una colonia del Nordafrica. Così aveva anche un vestito nuovo stampato a piccole fragole con il collo sciallato di organdis bianco. Il tessuto molto scadente le donava, perché non avendo fibra si poggiava con garbo sulle sue forme adolescenti e la bassa statura si notava meno. Fu dispiaciuta quando i primi freddi la costrinsero a coprirlo.

Molti l'avvicinavano, ancora si usava l'approccio obbligatorio dei maschi, ma lei non faceva fatica a liberarsene, non essendo quello neanche tanto convinto. Teppismo non ne esisteva, la stessa occupazione militare lo impediva. Lei non era certo una bellezza vistosa e formosa, di moda allora e dopo tutte le guerre, aveva l'aria molto riservata, lo sguardo interrogativo e diretto, i grossi volumi che leggeva erano scritti in greco e anche i più insistenti dopo un poco tagliavano la corda e la lasciavano in pace. A Lisa piaceva studiare ai giardini pubblici, al più cambiava panchina. Leggeva anche, quando studiare diventava difficile. In quell'estate molta narrativa anglosassone, soprattutto americana, era divenuta improvvisamente di moda, anche roba mediocre che ebbe una fama immeritata. Gli studi di Vittorini e molte buone cose già pubblicate dalla Medusa e rimaste per lo più in fondo agli scaffali ora tornavano in vetrina, si compravano a occhi chiusi, si leggevano con devozione isterica e collettiva.

A Lisa toccò la Mansfield, probabilmente non l'avrebbe scelta, il nome non le diceva niente, ma leggeva solo quello che le prestavano. Fu un colpo di fulmine, s'identificò con l'autrice, non ne percepì lo snobismo ma solo la grandezza. Anche se la telefonata di quell'autunno non avrebbe mai per lei potuto diventare l'inizio di una novella, vi assomigliava molto, perché non succedeva niente e tutto stava per succedere. Se a quel tempo avesse conosciuto la biografia della scrittrice che per lei era solo un nome, avrebbe forse riflettuto meglio sulla necessità esistenziale di quella scrittura. Ma se la sua esistenza aveva esigenze diverse, bisogna dire che dopo l'inverno non aveva più provato a scrivere.

Quel giorno il giovane che si sedette alla panchina aveva al guinzaglio un cane molto strano, dal pelo alquanto simile alle volpi argentate, ma solo per il colore. Un vero esemplare, pensò Lisa che ospitava un piccolo bastardo. In casa l'aveva portato sua sorella, incapace di resistere alla pietà, si chiamava Spot per una macchia sull'occhio ed erano riuscite, con immane sacrificio, a nutrirlo. Però Lisa coltivava un suo interesse imitativo e pretenzioso per le belle razze che la portava a informarsi sui nomi e le specie pregiate, a riconoscerle, a essere talvolta tra gli spettatori delle mostre canine al Giardino del Lago. Il giovanotto era riservato e non si serviva del cane per attaccare discorso, con quel solito:

– Le dà fastidio qui vicino a lei? Vuole che lo sciolga?

Invece niente, non fece udire la sua voce. Era molto ben educato e non la fissava. Anzi faceva di tutto per non incontrare il suo sguardo. Lisa fu sollevata: non doveva cambiare panchina, ma aspettava con impazienza che aprisse anche lui il libro che aveva con sé, un libro inglese si sarebbe detto dalla rilegatura, tanto robusta per un libro così sottile, e si mettesse anche lui a leggere.

Dopo una mezz'ora di studio, alzò gli occhi dai caratteri greci per riposarli un po'. Il vicino aveva abbandonato il libro sulla panchina. Era un volumetto di poesie: Browning, Elizabeth Barrett Browning, poté leggere a lettere dorate, goticheggianti sull'esile costola di marocchino. Ah, fece tra sé consapevole Lisa, che si vantava di conoscere bene la letteratura femminile. Guardò meglio il giovane, tanto lui anche se non era immerso nella lettura era però occupato dal cane. Così occupato che gli parlava: un italiano marcato da un forte accento straniero, anzi per la precisione inglese. Il cane doveva essere stato acquistato già adulto, altrimenti perché parlargli in italiano se il padrone era inglese? Era un bellissimo esemplare e anche il giovane era piacevole, dai tratti anglosassoni, vestito con pantaloni e scarpe da golf, ma non eccentrici, adatti anche a una passeggiata. Sopra la camicia di flanella un pull-over di maglia a rombi, proprio nello stile di un gentleman di campagna. Aveva la pipa nelle lunghe mani esangui, un bel profilo. Forse un po' troppo tipico: capelli biondi e teneri, un po' sfibrati, di quelli che tendono subito a ritrarsi dalle tempie e preludono alla calvizie. Forse era stato malato. Anche la sua magrezza, ora che lo guardava bene, era allarmante. Aveva occhi un po' sporgenti, pomo d'Adamo aguzzo. Poteva essere reduce da qualche campo di prigionia, o forse sanatorio?

Lui si volse, incontrò lo sguardo di Lisa, reclinò il suo triste e mansueto, un po' arrossendo, sul libro che lei aveva appena chiuso e con un piccolo cenno in direzione del frontespizio greco: – Cantami, o Diva, del pelide Achille l'ira funesta...

O Dio, che stupido! E intanto lei annuiva, perché era proprio il primo canto dell'*Iliade* che stava traducendo per l'esame. Mentre faceva di sì con la testa, sorridendo cortesemente, cercava di non ridere in modo scomposto della posa romantica che aveva assunto il declamatore. O Dio, che stupido! E con quella pronuncia. Sembrava il doppiatore di un vecchio film americano dove, per aumentare la comicità, si fanno parlare gli attori con un accento finto. No, era troppo. La voce non era sgradevole, ma la pronuncia un disastro. Lisa era allegra, le scappava subito da ridere, di natura era serena. Si contenne, si abbandonò indietro sulla panchina e continuò a sorridere sperando che fosse finita lì. A costo di apparire villana, lei di solito taceva. Non le piaceva parlare agli sconosciuti, e poi, su una panchina: era proprio una mancanza di stile. Non sapeva che nove volte su dieci ci si ferma a una panchina solo per parlare. Ma lei doveva trovare un posto al sole fuori di casa sua e quindi aveva inventato le sue regole.

La sua regola era non rispondere, ma stavolta Lisa fu vittima di quella xenofilia, quel piccolo complesso provinciale proprio delle nazioni arretrate, quale era al momento l'Italia – proprio lei che credeva di essere al di sopra di ogni complesso nazionale – dove tutti sono un poco troppo gentili e quasi servizievoli con gli stranieri. Lisa si immaginò, chissà perché, di non poter essere sgarbata. Quello che a un connazionale non si sarebbe sognata di credere dovuto le sembrò elementare cortesia verso uno straniero, un ospite civile e forse malato, e si lasciò andare a rispondergli.

L'ingegner Alessandro Corigliano

Una ragazza come Lisa, una bambina, gli sarebbe piaciuta se l'avesse conosciuta. Di questo aveva bisogno lui, alla sua età: di giovinezza estrema, quasi infantile, ingenuità, devozione, scarsa raffinatezza, una zingarella, ecco, fresca e senza tante arie. Non ne aveva abbastanza solo di Iselda, ma anche di Marina: troppo raffinate, troppo signore. E le contadine, troppo intostate, troppo volgari e avide perché sottomesse, e talvolta, come la Elis, addirittura torve. Una "bambina dall'abito blu", ecco cosa gli sarebbe piaciuto, una cosa quasi da padre. Naturalmente si fa per dire, che per Bianca non aveva mai avuto pensieri incestuosi. Poco merito. Bianca era tale quale Iselda, di quelle donne esangui e raffinate, sofisticate anche da bambine, con una femminilità che incanta ma stucca. Donne davvero non erano: fenicotteri, grandi uccelli, giraffe con quei loro colli lunghi che portavano poco sangue al cervello. Allora meglio era Pia Malvezzi, che un cervello almeno ce lo aveva. Ma anche lei troppo ricca, saccente, viziata.

Lui se ne stava di malavoglia nel suo tranquillo

rifugio, offertogli dai suoceri. La proprietà era nei pressi di un piccolo centro agricolo. Un paese dal nome antico e solenne "e urbano quasi, a dispetto dell'assoluta ruralità", come diceva il suo avversario di scacchi, il professor Bovio sfollato da Torino, che in queste cose era molto colto e intelligente poi, ché a batterlo difficilmente ci riusciva. L'ingegner Alessandro Corigliano non solo sapeva poco di storia ma anche poco o niente, al momento, di quel che accadeva a suo figlio, alla sua famiglia. Ne soffriva, ma come di una fatalità e in più di una situazione che sarebbe diventata da eccezione regola, col tempo, quando si fosse diviso da Iselda. Non dubitava che la moglie avrebbe fatto in modo di tenersi i figli. Però che le linee del fronte tardassero tanto a passare da quel comune toscano lo metteva in uno stato di insofferenza, come qualcosa che tardasse a concludersi. Lui era una persona concreta, fattiva.

Comunque, se avesse assistito alla conversazione carpita dal figlio a casa dello zio Federico, o se il figlio gliela avesse riferita, lui l'avrebbe pensata diversamente dal cognato, come sempre del resto, e anche dagli amici di sua moglie. Quegli amici che ora certo, s'immaginava, erano tornati a stringersi affettuosi intorno a Iselda rimasta sola. Lei li invitava come una volta a colazione? quelle colazioni alle quali lui, con la scusa del lavoro, nei tempi andati non partecipava mai. Lui preferiva le cene, ma la sera Iselda era sempre stanca e si ritirava presto. Almeno una volta era così. Lui la sera usciva solo. Si era rivolta, Iselda, al rettore? Con il rettore lui non s'era mai trovato d'accordo ed erano anni che non lo incontrava, pur occupandosi molto, per il resto, degli studi di Roberto. Se avesse saputo che partecipava alle riunioni in cui si decideva il destino dei ragazzi della famiglia ne sarebbe rimasto a dir poco contrariato. Ma sorpreso no. Con quella baciapile di Iselda e quel pesce freddo di Federico non era escluso, anzi ce lo si poteva anche aspettare, il ricorso alla guida e al magistero della Chiesa in tempi di burrasca.

Secondo l'ingegner Corigliano, per tutti i ragazzi della famiglia, con in testa il loro capo naturale, ossia Renato, quel suo nipote che aveva tanto ascendente su Robertino, così come per gli altri, cioè per i loro potenziali avversari, e meglio era dire concorrenti (li riconosceva bene soprattutto qui, in provincia), le rivalità tornavano ad essere, inconsciamente e in modo primitivo, quelle che erano state all'inizio del fascismo, ai tempi della sua giovinezza. Da una parte i notabili, i ricchi, i possidenti, e dall'altra quelli che volevano salire, sfondare, anche se venivano dal nulla, ma avevano l'ambizione di emergere, come lui. Certo ora non venivano più dal nulla, perché una parte di loro, una buona parte, aveva fatto la sua scalata. Ma lui non aveva lasciato niente a Roberto, nessuna fortuna. La sua, di "scalata", finiva con lui. Non aveva fatto affari lui, aveva solo esercitato la sua professione, un tecnico del regime. Se Roberto si salvava, se non avrebbe dovuto patire umiliazioni, lo doveva a Iselda, dunque era giusto lasciarglielo.

Così la pensava l'ingegner Alessandro Corigliano, che stava presso la finestra nel soggiorno della Querciolotta e aveva smesso di leggere quando era venuto buio, ponendosi il libro sulle ginocchia vestite di fustagno. Sembrava un proprietario di campagna un poco rustico, alto e dalle mani grandi, che fosse stato là da sempre, e invece era un ospite e neanche tanto gradito. Comunque di Maria Adele non poteva lamentarsi, anzi. L'aveva creduta una suocera più ostile e invece, proprio ora che lui era sconfitto, che le previsioni di lei si erano avverate, s'era fatta più affettuosa e consolatoria. Aveva voluto rimanere con lui, lasciando che il solenne marito tornasse in città con i suoi archivi, le pratiche, i dattilografi e segretari a riaprire lo studio.

Maria Adele aveva deciso che la campagna le piaceva e che l'azienda si sarebbe impinguata dell'occhio del padrone come il cavallo. Non faceva ancora freddo, pur essendo l'autunno già iniziato. Alessandro però decise egualmente di andare a prendersi delle legna e poi magari accendersi il fuoco, ora che vicino alla finestra era inutile stare, e tutto per distrarsi dai suoi pensieri. Il pensiero soprattutto di suo figlio al quale non aveva assicurato un bell'avvenire, che avrebbe avuto tutti contro, che avrebbe stentato a crescere e maturare in un clima di tanta ostilità. Come si sarebbe orientato Roberto? Tutto sommato lo conosceva poco, suo figlio, e poi si sa che i ragazzi cambiano trenta volte in un anno.

Per fortuna aveva avuto un'educazione neutra, acconcia ad ogni nuovo corso, prima dalle monache, le *moniche* diceva lui per prenderlo in giro, e poi dai gesuiti. Questo era certo stato un merito di Iselda. Lui l'avrebbe mandato alle scuole pubbliche, e non solo perché si vantava di essere un libero pensatore, ma anche per ragioni di opportunità. Nella sua posizione sarebbe stato più coerente e, gli pareva allora, più conveniente. Perché sottrarlo all'educazione pubblica del regime? Sembrava non avere senso. Ma Iselda era stata molto preveggente oltre che devota, come in realtà era. Peccato che i suoi rapporti con lei fossero senza futuro, ma i figli ormai erano cresciuti e non c'era più ragione di tergiversare.

L'aveva detto anche a Maria Adele e lei lo aveva esortato a non pensarci per ora, finché non si fossero tutti riuniti, ma sembrava avere capito e senza intenzione di contraddirlo. Maria Adele era molto migliore di quello che lui aveva finora creduto o forse è vero che con l'età cresce la saggezza. L'ingegner Alessandro Corigliano aveva pensato sempre il contrario. Giovinezza, giovinezza! O piuttosto ormai la parentela con uno come lui era diventata più che altro imbarazzante e ingombrante per una famiglia come i signori della Querciolotta. Questa anzi gli pareva l'ipotesi più probabile per il nuovo atteggiamento longanime di Maria Adele. E finalmente chiuse il libro, dopo avervi tirato dentro il nastro del segno e si alzò dalla sedia.

Lisa fa un'amicizia e riceve confidenze

Il suo italiano era corretto, anche se un po' scarso di vocaboli e incerto nell'uso del congiuntivo. La sua pronuncia strana, strascicata, suonava un po' ridicola e un po' gradevole, o anche musicale. Lui se ne scusava in modo implicito, con un'esitazione così garbata, così modesta e autoironica nel parlare. Alzava le sopracciglia e scuoteva la testa in modo interrogativo, cercando il suo assenso.

Non erano stati in molti, fino allora, che avevano cercato il suo assenso nel parlare, quasi il suo permesso, e con tanta grazia e buona creanza. Ne era lusingata. La conversazione fu piacevole, ma Lisa perse tutto il pomeriggio. Al momento di accommiatarsi le domandò se sarebbe tornata in quel luogo, glielo domandò con aria melanconica e distratta. Non era una richiesta di appuntamento ma come un pallido augurio, fatto ad entrambi, di ritrovarsi. Anche a Lisa, chissà perché, parve augurabile. Comunque per molti giorni non lo incontrò più, ma quando finalmente intravide la sua sagoma inconfondibile e la macchia argentea dello *sky terrier*, che ruzzava fra i tronchi, fu con allegria che si dispose a interrompere il suo studio.

Lentamente, sotto i pini a ombrello, mentre se ne stavano tranquilli sul sedile di pietra barocca dove giacevano le dispense universitarie, abbandonate per discorrere, Lisa ricevette qualche timido cenno della storia di lui.

Non parlava in modo imbarazzante, intimo. Non dei suoi sentimenti, di cui invece i maschi parlano molto e male e senza ritegno, almeno con le ragazze. Non si metteva mai in primo piano nel raccontare i fatti, anzi accennandoli come faceva. Talvolta non sembrava neanche parlasse di sé, ma raccontasse la storia di un altro ed era proprio questo che Lisa trovava dolce, poetico e rilassante.

Quella flemma, o meglio quella leggerezza, quel distacco, quell'apparente mancanza di emozione le sembravano da ammirare, qualcosa di adulto e maturo e così anglosassone... Anche se poi, però, tutto questo pareva convivere con una forma grave di immaturità su altre cose, una specie di indifferenza, che so, per le cose sociali, ad esempio, o politiche o anche soltanto, come dire, filosofiche, esistenziali. Lisa aveva cominciato a sfogliare all'Alessandrina le riviste letterarie francesi che erano arrivate con prodigiosa rapidità dal Nordafrica, dove venivano stampate da quando Parigi era occupata dai tedeschi, e anche se leggeva Saint-John Perse e non ancora Sartre captava con avidità e subito assorbiva, proprio per esserne digiuna, quel clima esistenzialista che pervadeva tutta una cultura a lei sconosciuta. Invece nel suo interlocutore sentiva una specie di svagatezza o d'infantilismo, nel parlare solo di fatti e mai di idee, e di fatti particolari, senza un giudizio, senza una morale. Sarà una forma mentale a noi estranea, il famoso empirismo britannico, i problemi generali per loro quasi non esistono, pensava. La cultura continentale europea, francese e tedesca, è diversa. Chi sa, forse è per questo che gli inglesi parlano sempre del tempo.

Ma la prima cosa che imparò fu che lui non era inglese bensì americano.

– Mia madre è di Boston, però vive quasi sempre a New York. Io, con mio padre, a Baltimora. Sono divorziati, ma sto bene con entrambi e così sono venuto in Italia a trovare mia madre che fa parte del comando alleato. Lei mi è molto affezionata...

Lisa non si stupiva tanto dell'immediata confidenza che le veniva mostrata (avveniva di frequente fra giovani e poi era chiaro che lui non aveva con chi parlare) quanto piuttosto della propria disponibilità ad ascoltarlo. L'attribuiva al clima nuovo che era nell'aria, alla volontà di riappropriarsi delle storie comuni alla vita di ex nemici, al senso che la pervadeva di essere uscita da un incubo, soprattutto al fatto di non avere molte occasioni di dialogo con i compagni dell'università. Doveva ascoltare i loro comizi e basta, aveva capito che anche quello era un gioco che preferivano giocare da soli.

Neanche alle riunioni del Circolo di Facoltà andava più. Anche sulle piccole cose, ché erano piccole le cose che poteva giudicare, dopo aver usato il buon senso e trovato l'accordo con gli amici, all'improvviso la mattina dopo tutti avevano cambiato opinione e una parola d'ordine, che non sapevano anzi non dovevano giustificare, era sulla bocca di tutti. E se era pollice verso, non c'erano santi. Lisa tentava di dire che... ma veniva redarguita. Sì, non contraddetta proprio redarguita. E lei s'intimidiva davanti a tanta solidale irruenza. Diveniva rossa dalla vergogna di essere così poco padrona della dialettica storica del materialismo, che poi, per questioni di mense universitarie e cose così, le pareva pure una competenza superflua.

– Mi piace questa città, così cava, con tutte quelle occhiaie vuote degli archi, il Circo Massimo, hai presente? La morte è dappertutto: mi piace, mi confonde –, diceva il suo amico americano e non sapeva spiegarsi meglio – perché così mi sento più vivo che a Baltimora...

Un motivo del piacere che ricavava da quella conversazione era lo strano modo di narrare così impersonale e artificioso che ne acuiva l'aspetto letterario. Inoltre sentiva molta simpatia per uno straniero così compìto, in mezzo a tanti stranieri di occupazione, che andavano in giro non tutti con passo elastico e aria civile, ma talvolta con passo pesante e aria rancunosa, forse per l'alcol, sempre in cerca di qualcosa ed era chiaro che non le saltavano addosso soltanto perché bene ammaestrati e sorvegliati a vista dalle onnipresenti pattuglie della *Military Police*. E sì che il peggio era stato risparmiato alla città, come i famigerati marocchini lasciati fuori per punizione all'eccesso di stupri. La violenza repressa, l'astinenza relativa e provvisoria erano palpabili intorno. Truppe così numerose non rendono gradevole l'ambiente, ma nel giovane amico Lisa sentiva la mancanza di ogni violenza, almeno di una violenza di cui lui fosse soggetto.

Quando arrivava, Lisa lo trovava ad aspettare con il suo cane, l'aria tranquilla, le lunghe gambe incrociate e accavallate in un atteggiamento raccolto e ritroso, il mesto sorriso confortante, la finta sorpresa, nel vederla, misurata ed educata, insieme alla sensazione che fosse lì da un'eternità. In due o tre chiacchierate, non più di questo tempo Lisa poté dedicargli, un quadro, o almeno un abbozzo dell'esistenza di lui fu tracciato a brevi pennellate asciutte, e il distacco, il tono persino frivolo e disinvolto con cui parlava delle sue disgrazie, appariva a Lisa toccante. Disgrazie che principalmente erano due: era figlio di divorziati e la sua salute era cagionevole. Per questo si occupava solo di letteratura, un lavoro vero non poteva affrontarlo, negli *States* sono molto competitivi, e si faceva, sì era orribile, mantenere dal padre, che era molto ricco. Però ora viveva con la madre, l'adorava, ne era adorato, l'aveva raggiunta a Roma, il padre non aveva potuto opporsi. Lisa lo ascoltava con comprensione, voleva apparire discreta e così domande non ne faceva, ma l'altro egualmente spiegava tutto senza farsi pregare. Anzi.

Apprese così che sua madre era ufficiale delle ausiliarie, ufficiale molto elevato in grado perché era un dottore in medicina, oh, una donna bene istruita, *very well taught*, e poi era amica del presidente degli Stati Uniti. Anche, sì. Perché quando si proviene dall'*East Coast*, Lisa, quello è un ambiente in cui si conoscono tutti...

– Sì, l'America è democratica, ma, oh!, un'aristocrazia esiste anche da noi, certo, *a ruling class*, Lisa, e nella materna famiglia parenti, come dite voi, anche da lontano, sono stati sempre politici e generali, via via nel tempo... –, e si aiutava col gesto per indicare il passare delle generazioni. – Per essere esatti, non è proprio amica del presidente, ma buona conoscente sì. E poi lei rimane impressa a tutti, perché è una donna straordinaria, intelligente, attraente, oh! bellissima, ancora giovane, piena di *glamour* –, questa era l'unica parola che diceva di non riuscire assolutamente a tradurre.

– Nell'esercito mia madre è entrata volontaria, sicuro. Perché ha deciso di arruolarsi? Oh, ma questa è un'altra storia...

E siccome Lisa non faceva domande:

– Ma perché era ancora innamorata. Di chi? Ma del marito, di mio padre Richard Barrett, celebrato direttore d'orchestra. Non l'hai mai sentito nominare, Lisa? Oh lui in America molto, molto ben noto...

Lisa doveva sapere che... a ventidue anni la madre aveva abbandonato all'improvviso l'ospedale dove lavorava per sposare un musicista più vecchio di lei, oh ma il matrimonio era durato solo dodici anni, anche se lei sempre al seguito nelle *tournées* con il *kid*, che era lui, ma qualcosa era successo quando stava già in collegio, e avevano divorziato, oh lui non sapeva perché, nessuno era stato disposto a parlarne con lui, ma la colpa doveva essere "su" suo padre perché lei, la madre, da quel momento non aveva avuto più pace, aveva viaggiato, sicuro Lisa, non si era più coinvolta in niente né si era sposata ancora.

– Solo quando gli Stati Uniti sono entrati in guerra lei si è gettata tutta in questa grande impresa patriottica.

Lisa sentiva suonare la banda militare e immaginava una donna non più giovane con la mano alla visiera.

– Del resto, Lisa, diciamo che varcare l'oceano per gli americani dell'*East Coast* è sempre stata un'abitudine. Mia madre ha visitato Roma, Parigi e Londra, *since her teens*, vi ha vissuto anche a lungo, durante il *grand tour*, il giro di orizzonte, che vi facevano tutti i giovani molto istruiti, che poi più avanti decidevano spesso di stabilirvisi, in specie quando avevano rendite con amministratori e non dovevano occuparsi personalmente dei loro affari. Così lei, come altri nella sua famiglia e fra i suoi amici molti, prima della guerra, direi fin dall'inizio del secolo, nelle loro casate, sentono di appartenere al vecchio mondo, sì, molto europei, Lisa. Lei poi ama particolarmente l'Italia, riguarda Roma come una seconda patria, insiste perché io parla sempre l'italiano.

Prima di tutto aveva voluto che lui la raggiungesse. Amando la genitrice assai più del padre, che poi era sempre in giro per i suoi concerti, aveva accettato con gioia. Da quando lui era a Roma, la madre non aveva più voluto risiedere in albergo – cioè in uno di quei grandi alberghi di via Veneto, come il Flora e l'Excelsior, ora requisiti, dove gli ufficiali elevati in grado come lei avevano grandi suites nelle quali i fiori venivano cambiati ogni giorno.

– Ha preso in affitto un attico ai Parioli, paga tutto il suo amministratore di Boston; lei vive a New York, ma le sue proprietà sono soprattutto a Boston e sono tante che lei non ha certo bisogno del governo, una del suo *status* e per i fiori ha fatto una convenzione con un piccolo fioraio all'angolo di via di San Valentino, oh, quello con il grande ombrello bianco come a piazza di Spagna o a Campo dei Fiori che somiglia a Roma delle vecchie stampe...

Per Lisa era un po' troppo e si era anche fatto tardi. Però, se si annoiava, le sembrava poco delicato interromperlo e lui incalzava:

– Sai, Lisa, dove ha imparato mia madre l'arte di comporre i fiori? Ma in Oriente, quando era stata destinata al fronte del Pacifico, perché l'*ikebanà*...

Lisa si congedava, decisa a evitare il prossimo incontro, ma poi tornava docilmente su quella panchina ad ascoltare ancora il suo racconto. A differenza di quanto di solito avviene, più la frequentazione cresceva, più Lisa trovava in quell'amico una figura letteraria e romanzesca, una persona irreale. Non dubitava minimamente delle sue parole, anche se le sembrava proprio che vivesse in un romanzo a puntate. Ma lui, che non chiedeva niente, perché mai avrebbe dovuto mentirle? Che interesse poteva avere? Anzi la sua diffidenza e perplessità iniziali, se mai ce n'erano state, si erano dissipate. E tuttavia lo sentiva come disincarnato. Bastava poi che lo immaginasse solo e sconsolato sulla panchina e subito, se appena aveva tempo, prendeva la bicicletta e lo raggiungeva. Così però trascurava lo studio e saltava anche qualche lezione.

Lui era solitario. Come il poemetto di Milton: il *Pensieroso* e il *Solitario*. Sua madre era sempre allo Stato Maggiore. Sempre in divisa: così elegante, certo, ma severa, persino autoritaria. La vedeva uscire la mattina, dopo aver fatto colazione in veranda con tè e *melba toast* e frutta. E il giovane si lanciava nella descrizione della tavola (e fiori e lini e porcellane) ma soprattutto, minuziosamente, del cibo. Lisa si chiedeva perché, in tanta abbondanza, quella madre-generalessa non si curasse che il figlio fosse meglio nutrito a colazione. Sembrava affamato anche lui: e non solo per la magrezza, che poteva attribuirsi a qualche malattia, ma proprio per la cura affascinata con la quale si attardava a descrivere quella tavola materna.

Lisa, che lo trovava ad attenderla, così ansioso, *eager*, di parlare con lei, sapeva che era un solitario e infatti lui la madre, diceva, non la vedeva per tutto il giorno. Amicizie, *acquaintances*, a Roma non ne aveva, era quella l'unica occasione di praticare il suo italiano (sua madre l'aveva trovato molto *improved*, molto più *fluent*, da quando parlava con Lisa tutto quel tempo). E insomma il povero tisico era solitario e pensieroso e sfaccendato: per tutto il giorno. Ma la sera... oh, la sera sua madre dava grandi pranzi per tutti gli alti ufficiali e allora aveva abiti lunghi a *bustier* con tutte le spalle nude, appena velate da sciarpe di *chiffon* in tinta. Ne aveva uno rosso... e cominciava la descrizione meticolosa delle *toilettes* della madre. Lisa si distraeva, ma percepiva qualcosa di strano in quell'indugiare sulle spalline e sulle *paillettes*, fino alle scarpe e alla borsetta di raso con la fermezza-gioiello che poi, essendo a casa sua, la signora ufficialessa avrebbe anche potuto lasciare in fondo a un cassetto.

Renato fa un'ipotesi

– E così, secondo te, l'*Intelligence Service* degli inglesi, il quale notoriamente si occupa solo di spionaggio militare e internazionale, fa pedinare proprio te. E chi sceglie per pedinarti? Un bel finocchio ossigenato, che porta a spasso uno *sky terrier* da esposizione.

A Roberto gli si erano gelate le mani, aveva le guance infuocate, il fiato corto e qualcosa in gola che non lo faceva inghiottire, un fastidio preciso, come una fogliolina d'insalata sotto le tonsille. Stavano indagando su di lui per via di quel morto nella fogna. Lo facevano pedinare. Chissà da quanto tempo, chissà in quanti luoghi; magari avevano già arrestato dei camerati e qualcuno, il solito Fausto certo, aveva parlato. Chissà quanti pedinatori come quello ci aveva dietro e non lo sapeva.

– Non può essere casuale –. Roberto implorava di venire preso sul serio. – Tu non hai mica notato... non hai notato anche tu qualcuno che ti segue? Tre volte non è un caso, tre volte. Quello mi segue.

O forse era solo un avvertimento, un messaggio cifrato e sarebbero venuti a chiedergli... denaro? Lui non sapeva che immaginarsi, ma se fosse stato denaro sarebbe stato tanto. Sapevano tutto, aspettavano solo per tirare le reti, per prendere più pesci possibile. Dio santo, bisognava cercare di ricostruire le giornate, le telefonate, gli incontri. Forse non sapevano tutto, forse aspettavano da lui delle conferme, forse c'era ancora speranza di uscirne o magari di sparire, partire, raggiungere suo padre. Il fronte aveva superato Firenze, ma doveva essere fermo a nord, forse intorno a Massa Carrara. Per quale strada andare? Gli Appennini o traversando la Linea gotica sul Senio?

– Ma quello cammina tutto il giorno e prima o poi tu lo incontri. E vuoi sapere che ti dico? Quello batte.

– No. Non è il tipo. Ha l'aria di un signore, anche ricco, anche snob. E poi è inglese.

– Che vuol dire è inglese?

– Non so. Non è uno di quelli, ne sono sicuro. Avrebbe un altro modo di fare, un'altra aria, almeno credo. Che vuoi che ti dica. Non vuole attaccare discorso. Si volta sempre dall'altra parte e se ne va.

– Si vede che da te non spera... Piuttosto...

– Piuttosto? Dimmi, piuttosto?

Renato non rispondeva. S'era fatto serio e concentrato, aveva smesso l'aria impunita e un poco schifata, anzi era apparso il suo viso di pietra, senza espressione, di quando stava per sbottare in una crisi di nervi tremenda, di quelle che aveva lui, e infatti d'improvviso cominciò a urlare. Urlava una serie di insulti, un turpiloquio sconnesso e forsennato, perché, a differenza di Roberto, lui ci aveva un grosso repertorio di oscenità, di quelle pesanti. Poi dopo aver dato in escandescenze senza soggetto né predicato sembrò cominciare a calmarsi e formulò il suo pensiero con più moderazione e in modo quasi infantile. Roberto non lo sentiva parlare così dai tempi del ginnasio:

– Cretino, pezzo di cretino, brutto deficiente, ma che cosa hai fatto? Che cosa hai detto, con chi hai parlato? Dove caspita sei andato, con tutti quegli amici nuovi che ti sei rimediato. Che cosa hai detto, fesso che sei, che cosa ti hanno fatto dire? Con chi hai parlato, ora che ti sei messo a chiacchierare?

– Con chi ho parlato di che? –. A Roberto, gli mancava il respiro, ma prese a contare mentalmente – tre, cinque, sette: come davanti all'ostacolo – e s'impose il fiato, voce ferma e risentita. Benché l'ammirasse, quel Renato, e anche se aveva bisogno di ricorrere a lui, c'era sempre fra loro un modo non servile, alla pari, da signori. E ora freddo, bello mio. Bisognava tenerlo al suo posto il camerata, sempre, ché se no trascendeva. Anche se spesso quando pensava, e subito agiva, era proprio un dio, e anche se in genere era un'indispensabile presenza e amata e si rideva bene con lui, però bisognava tenerlo al suo posto, che non si prendesse confidenza e approfittasse della debolezza altrui per divenire villano e arrogante. Doveva sentire che non si cedeva, che lo si giudicava.

– Con chi ho parlato di che, porca miseria? –. Si propose di scandire le parole una a una con tutta la calma che riusciva a trovare, e la rabbia che riusciva a simulare. Era terrorizzato.

– È peggio, è molto peggio. È peggio di quello che pensavi tu. Dell'*Intelligence*. Sono quelli, quei fetenti, quei dannati –, e sembrò ripreso da un attacco d'isteria, mentre batteva il pugno sul tavolino. – Sono i nemici nostri! –, Renato aveva concluso con drammatica concisione.

– Quali nemici? –, stava per rispondere, ma si trattenne.

Si sentiva stordito, ma ricordava benissimo l'inverno. Proprio perché se ne ricordava era là.

– Sei o non sei fascista? Che cosa ti credi, nemici allora significa nemici ora e poi sempre per i secoli dei secoli. Quelli mica se ne stanno con le mani in mano come noi. Fausto con la sua feccia di lavoro e di sgualdrine, tu con i tuoi esami e tutti con i miserabili cavoli loro, ciascuno per i fatti suoi? Ti credi che stanno con le mani in mano, i rossi, di' un po', è questo che ti credi? –, lo stringava.

– Eh no, certo... –, senza rifiatare, ma anche senza convinzione, ché la voce suo malgrado gli usciva interrogativa e diceva: "Spiegati meglio!".

– Sei fascista, ma non ti possono denunciare senza denunciare anche se stessi. E così loro ti vogliono incastrare, incastrare di brutto.

– Che cosa vuoi dire? –, di nuovo sentiva piegarsi le ginocchia. – Perché dici incastrare? Ma che vuol dire incastrare?

– Vuol dire ricatto.

– Ricatto?

– Tu fraternizzi col finocchio, ti fotografano e

compare la fotografia sul giornale murale dell'università. Ti prendono al laccio. Se vuoi essere un capo hai chiuso. Te le hanno tagliate per sempre.

Giacché i capi non si fanno cacciare, ma la danno, la caccia, Renato sentiva in realtà con eccitazione, gusto, divertimento che un nuovo gioco era cominciato. Ci contava. Non sapeva che questa volta non sarebbe stato lui il cacciatore.

– Ma io non voglio essere un capo.

Il cugino lo guardò altezzoso, ma anche in qualche modo affettuoso:

– Ma noi siamo dei capi, che tu lo voglia o no.

La luna a largo Elvezia

Il tenente Doubleday della *Military Force Oss* si passò una mano sul corto giubbotto con aria di soddisfazione, tirando in fuori il petto. Si mangiava bene a casa Jovi Frezza, peccato che fossero comunisti, specie lei, così giovane e attraente, anzi veramente bellissima. Una giovane signora di casa sua, nel Maryland, non avrebbe mai parlato tanto e a voce così alta, e però non avrebbe avuto quel fascino, quel fervore, quello sguardo fiammeggiante. Il tenente Doubleday alzò il bavero del giubbotto. Tirava tramontana in quella notte insolitamente fresca per essere solo alla fine di ottobre. I villini di largo Elvezia sembravano architetture metafisiche dietro il fruscio dei pitosfori. Così eleganti. Perché non se ne costruivano in America? Grattacieli razionali sì, ma per le ville patii e colonne...

Nel Maryland le case signorili si assomigliavano tutte e non solo, ma tutte assomigliavano, per decrescenti livelli di difetto, a quell'unico maledetto modello edoardiano con le colonne ai lati dell'ingresso e il timpano bianco che lo faceva rivoltare. *Revolting.* Modello poi immateriale, fisicamente non reperibile nel continente americano dove esistevano solo, e in numero sterminato, le sue pallide e piatte reincarnazioni: "la bianca casa fantasma edoardiana", come dicevano lui e Mary Beth da ragazzi. Questo era pure il titolo del racconto sulla loro città che da sempre progettavano di scrivere insieme, nello stile del loro grande concittadino, Edgar Allan Poe. Invece a Roma, oh, a Roma anche i villini di costruzione recente come quelli di largo Elvezia rispecchiavano lo storico buon gusto dei proprietari. Il desiderio di distinguersi, e non solo per l'opulenza, sembrava accompagnarsi a ogni buon nome e buon patrimonio. Una bellezza cioè originale, brillante, eppure così antica. Come quella della giovane signora Jovi Frezza.

Peccato che fosse comunista, Maria Vittoria. Il tenente Doubleday sobbalzò. Oh, mio Dio, quel nome così difficile gli era uscito di bocca. Ma intorno a lui era il deserto e dietro le finestre immerse nei giardini a quell'ora non vegliava nessuno. *Take it easy*. Poteva tranquillizzarsi. Peccato che lei fosse comunista, sembrava un angelo. Un Raffaello. Non una stilizzazione preraffaellita, slavata e lievemente cavallina come le figure femminili di moda nelle illustrazioni anglosassoni. Ma un Raffaello vero, tiepido, vivente, tanto simile a quell'angelo dell'affresco in una delle Stanze Vaticane, in primo piano a sinistra, ai piedi dei gradini della *Scuola di Atene*. Oh Roma, i romani: portano l'antichità addosso come un vestito di buon taglio, con lo stesso *understatement*. Con una noncurante sicurezza di sé. Oh sì, fosse nato nel vecchio continente l'avrebbe posseduta anche lui, forse, quella sicurezza. Il tenente Doubleday intanto camminava a passi lunghi giù per l'ampio viale.

La luna illuminava le ville, trofei dei gerarchi di regime, le lucide foglie di una magnolia, le fronde dei meli cotogni, qualche ciuffo di palma svettante oltre le siepi solo un po' trascurate. Si sarebbe detto che la guerra non fosse passata di lì. E poi i fascisti dov'erano? Quelle ville, quei campi da tennis erano abitati da giovane gente come lui, giovani persone che giocano a tennis e parlano di Eleanor Roosevelt e di Rosa Luxemburg. Un angelo comunista, in fondo dov'è la contraddizione? Come lei anche gli ospiti. Non ne facevano un mistero. Così amichevoli tutti, così bene educati. Parlavano di armi e di guerra partigiana e di clandestini con la stessa disinvoltura con cui citavano, voltandosi e guardandolo, una frase latina.

In latino, nelle buone famiglie romane si parlava ancora in latino! Al suo *Lycée*, diceva Maria Vittoria, la composizione latina, cioè scrivere in latino di cose attuali eventualmente esprimendo la propria opinione o riassumere in latino moderni scrittori, era parte integrante dell'insegnamento. All'università poi, se la composizione non era perfetta di stile, restavi bloccato, dovevi rifare la stessa prova fino a essere espulso. Al suo ritorno, Professor Pflaum sarebbe stato entusiasta di queste notizie, lo avrebbe invitato a tenere una conferenza davanti al Decano e ai colleghi. Il tenente Doubleday aveva già il titolo: "La classe equestre romana e la cospirazione politica dal *De coniuratione Catilinae* alla

World War Two". Poi il Decano gli avrebbe offerto uno sherry nella *Oval Room*:

– Un'oliva, doctor Doubleday, anzi futuro doctor Doubleday?

Il vino, così raro e prezioso in America, così di casa a Roma, gli aveva forse dato alla testa? "Vino sabino", aveva detto la giovane signora Jovi Frezza, dischiudendo le labbra rosee in un sorriso misterioso. L'aveva guardato negli occhi mentre Carlo, con quel modo disossato di muoversi e di atteggiarsi, *so stilish*, gli riempiva il bicchiere. "A Taliarco!", aveva sussurrato Maria Vittoria. L'angelo comunista di Raffaello aveva proprio alluso a una ode di Orazio. A tavola. A Roma. Davanti a un servizio di Limoges. *Confounded*! Mary Beth e Edwina e gli altri ne sarebbero andati pazzi. A Roma, a tavola, si beve "consapevolmente" lo stesso vino di Orazio e si allude misteriosamente a Orazio. Non alle mire elettorali del sindaco o allo scandalo dei sindacati o al nuovo amante della signora MacIntire. Vicky gli aveva reso omaggio. Non solo sapeva che era un latinista ma che era un *Horatian*, un oraziano. "In quali regni immaginari può la fantasia / Trasferire te, Flacco, e la tua stirpe?" Ecco, lui si sentiva di quella stirpe. Addirittura questo lei aveva capito. Era felice di avere avuto quell'opportunità per merito dei suoi studi.

Tutti volevano sapere come mai parlava un così buon italiano.

– Buono?

– Più che buono, forbito.

Questa era una parola che il tenente Doubleday

capiva male. Gliela aveva detta per prima quella povera Jole, la portiera dei marchesi Della Sala di Villa Balestra, che portiera non era perché, come aveva appreso, il portierato "maschile" non passava alla vedova. Di fatto non la pagavano. Aveva trovato da fare le sostituzioni al Celio per merito suo. L'anziana donna era rimasta grata, veniva a salutarlo quasi ogni giorno, prima di andarsene a casa, e spolverava il tavolo, vuotava il cestino delle carte, anche se lui resisteva a queste intrusioni. Invadente però non era. Piuttosto educata. Gli chiedeva in prestito libri per il figlio, che studiava l'inglese. Un ammiratore del suo grande Paese il povero figliolo un po' malaticcio. Il tenente medico, David Alan Strassberg, la utilizzava di più, ora che lui se n'era andato. In quell'occasione il tenente Doubleday le aveva regalato per il figlio un altro pull-over smesso, purtroppo non tanto in buone condizioni e pure ristretto dai lavaggi di caserma, molto usato perché era il suo preferito, nero a rombi grigi e senza maniche, un regalo di Mary Beth. Avrebbe preferito gettarlo nel cestino, ma la donna se n'era impadronita. "Se dovete buttarlo lo prendo io, a noi torna buono."

Ecco, David Alan non avrebbe saputo apprezzare il racconto della serata. No, *definitely*, non aveva rimpianti per il cambio di alloggio. Il colonnello Irving Mills l'aveva avuta vinta. Lo aspettava al bar dell'hotel tutte le sere – questa era la parte noiosa – e se lui tardava o non si faceva vedere per il bicchiere della staffa doveva giustificarsi l'indomani e fornire comunque una dettagliata descrizione: dov'era stato, chi aveva conosciuto. Ma il colonnello

Irving Mills almeno apprezzava certe cose. E mentre lui raccontava: "*Hell's belles*! Fortunato lei che è giovane, tenente" faceva, con una sonora risata. I suoi baffi grigi si elettrizzavano e divenivano spinosi, mentre gli occhi ammiccavano. Se Doubleday poi diceva qualcosa di particolarmente interessante, subito accendeva la pipa e lo guardava languido di traverso, un occhio al fornello dove aveva già cacciato il fuoco, un occhio per lui, l'orecchio teso e l'aria indifferente.

Il tenente Doubleday era ormai dentro Villa Borghese e le ronde lo salutavano. Immerso nei suoi pensieri, la strada era stata breve. Già intravedeva le luci di via Veneto. Intanto ripassava con la mente i seminari su Giulio Cesare e quella che Professor Pflaum chiamava la Rivoluzione Romana. Suo padre non approvava la sua scelta d'essere un latinista: *what? a latinist*? a che serviva a uno che possedeva le più grandi piantagioni di mais del Maryland e il mulino più grande? Appunto, a che serviva tutto questo se uno non poteva permettersi il lusso d'essere un latinista? Ma poi la patria aveva chiamato.

Il fatto di essere un latinista, e in più allievo di Professor Pflaum, non gli aveva comunque impedito di partire. Certo per la guerra in Europa era partito un po' tardi. Come ufficiale, non in prima linea ma assegnato prima alla sussistenza e poi all'Oss. Però non si era imboscato, come tutti i figli degli amici di suo padre. Era partito insieme ai ragazzi di Winnie. E insieme a Winnie aveva pianto Mary Beth. Più che di dolore, di commozione. Perché la sua partenza era così coerente con i loro comuni ideali, giacché avveniva insieme ai figli della cuoca: saldare la classe alta con il popolo. Come meglio se non con la milizia nello stesso esercito? Non s'era sempre rinnovata così la società dell'antica Roma?

Roma. Qui il tempo non era denaro, qui il tempo era il tempo. *Time present, and time past.* Si beveva vino sabino. Perdevano le guerre? *Correct.* Da queste sconfitte imparavano a seguire la loro vocazione. Il vertice alto e disincantato della società – l'aristocrazia in tutti i sensi: di nascita, censo, cultura – doveva congiungersi con il margine basso, il popolo, quello vero. Stavano chiudendo la parentesi fascista, i moderni romani. Ricostituivano l'abbraccio tra classi del mondo antico, che unendo il basso e l'alto in un anello senza saldature sprizzava fuori l'infezione di ciò che stava in mezzo, che s'era insinuata tra i due. L'instabilità, il disordine mentale, il fanatismo, il classismo dei *parvenus.* L'insopportabile piccola borghesia, fascista in questo caso.

In America, oh!, la conosceva bene. Chiamavano nazista Professor Pflaum perché aveva una coerente teoria delle *élites* e credeva nel propellente dell'utopia e del paradosso antipragmatico. Loro non sapevano, non immaginavano nemmeno quant'era a sinistra, cioè *leftist*, veramente democratico. Certo, prima di trovare rifugio dalle persecuzioni hitleriane all'Università di Baltimora, lui era un *gentleman* – anche se non ariano – che a casa sua in Europa portava a spasso il cane sotto i tigli e viveva in uno squisito villino *Jugenstil.* Ma per questa precisa ragione la sua critica alla massificazione della società americana era così rivoluzionaria. Professor

Pflaum era un vero democratico non corrivo alla volgarità del *demos*, metteva in guardia i giovani americani contro l'appiattimento, l'estraniazione dai veri problemi, la schiavitù della gente che non sa di politica, che vive in case tutte eguali, che trova l'apice del benessere nel preparare il barbecue. Gente che non sa nulla di Roma, dell'Italia: per loro solo un luogo dove è dislocata la 5ª Armata, ma potrebbe essere altrettanto bene anche il Sahara.

Oh, il tenente Doubleday, che era un patriota, aveva sempre visto impressionanti somiglianze tra l'antica Roma e il suo Paese. L'origine coloniale, la rusticità dei primi coloni, l'ammirazione verso una civiltà più antica – quello che la Grecia era stata per i romani, per gli americani moderni era l'Europa –, la capacità di accogliere e assimilare cose diverse rifondendole come un magnifico gran calderone. Il destino imperiale. E poi era un Paese sempre potenzialmente rivoluzionario, il suo. La rivoluzione americana precedeva la rivoluzione francese e i suoi diritti dell'uomo e del cittadino, che erano arrivati secondi rispetto al diritto alla felicità...

La bandiera americana sventolava alla brezza di tramontana oltre l'antica Porta Pinciana. L'hotel gli apparve tutto bianco alla luce della luna. *Time to sleep*. Il tenente Doubleday rabbrividì. Orazio. Raffaello. Una giovane signora bionda con qualcosa di un ragazzo. Una ricca, giovane signora, tra porcellane di Limoges. Tra comunisti. Che parla di armi. Il tenente Doubleday fu contento che il bar fosse già tutto spento e il colonnello Irving Mills, per quella sera, fosse già andato a letto.

Passeggiando, passeggiando

Di Marvie Barrett, la piccola borghese Lisa si limitava a pensare che quella sua straordinaria madre avesse un ascendente troppo grande su di lui. Ma era un ragazzo solo, anche se non più un bambino, un ragazzo sensibile che leggeva P.B. Shelley, Elizabeth Barrett Browning e anche Edgar Lee Masters, il poeta americano, che mandava tutti in visibilio con la sua *Antologia di Spoon River*. Su quest'ultimo lei aveva qualche riserva, ma era un'altra questione. Marvie era pieno di buoni sentimenti. Ne conosceva altri così solitari e affezionati alla madre. In Lisa cominciava a farsi strada quella pietà che era per lei l'anticamera del sentimento, la condizione perché un ragazzo le piacesse. Non cambiava dunque il suo atteggiamento verso di lui, ma quando parlava troppo della madre lei cambiava discorso, questo sì.

Si accorse che di Roma, la Roma più segreta, meno nota, Marvie non conosceva niente e questo non la stupì perché era uno straniero, un ospite, gli mancava il filo di Arianna. Lei gli avrebbe messo in mano quel filo. Durante il liceo – correvano già tempi di guerra e gli svaghi erano pochi – con la guida dell'insegnante di storia dell'arte Lisa aveva fatto scoperte nella città, cose nascoste ma non poi tanto, perché gli intenditori le conoscevano tutte. Ora voleva dividerle con il suo amico, così che tornato in patria non dimenticasse la presenza di raffinati segreti cui si può essere iniziati a Roma, come in un grande mitreo. E gliene sarebbe stato grato e forse la loro amicizia sarebbe durata nel tempo fino a che, diventati adulti, lei fosse magari andata a visitarlo molto, molto lontano.

Il fatto è che Lisa aveva moltissimo da regalare, che però nessuno aveva gran voglia di ricevere. Qualche ora di lezione all'università, poi tutti migravano a gruppi verso quartieri e svaghi o attività che Lisa non conosceva. Sul gruppo del suo liceo l'8 settembre era caduto come l'acido solforico sull'alveare e ormai era tardi per ricostruirlo, o almeno nessuno sembrava interessato a farlo con lei.

Così, anche se un po' troppo loquace per essere un buon ascoltatore, Marvie divenne il destinatario di una generosa, schiumante manna di segreti archeologici, architettonici e topografici che investiva tutta quanta Roma, sopra e sotto terra. Marvie non desiderava parlare inglese, come Lisa aveva proposto, a causa dell'urgenza di migliorare il suo italiano per accontentare la madre che si mostrava tanto esigente. Sull'inglese Lisa non aveva insistito, perché era proprio una principiante e le intense e chiaroscurate cose che teneva a dire erano troppo al di sopra delle sue possibilità linguistiche. Cominciarono così, giacché Lisa aveva smesso di portare i libri con sé, le loro Vacanze Romane. Furono soprattutto passeggiate mattutine, e più raramente pomeridiane, col cane o senza, fin verso l'imbrunire, dato che Lisa non restava fuori mai oltre quell'ora.

A parte le abitudini create dalla guerra, nella sua famiglia nessuno lasciava la casa di sera, come se con l'ombra calasse una specie di assedio da utilizzare per raccogliersi e confortarsi l'un l'altro. C'erano da affrontare, l'indomani, le durezze e amarezze della giornata ed era come se in casa ci fosse un calore di cui nutrirsi e rigenerarsi. Lisa restava volentieri a studiare e sentire la radio, il padre parlava alla madre, ma c'erano per lo più lunghi silenzi durante i quali, anche se tutti erano lì seduti a pochi passi l'uno dall'altro, si sentiva solo il ticchettio della grande sveglia in cucina. Se parlavano era del più e del meno, paure e preoccupazioni rimanevano inespresse, e tuttavia questo restare insieme dava loro un grande senso di reciproca assistenza e intimità, di scambievole affetto e mutua protezione in quel loro rifugio in cui se ne stavano per lo più silenziosi. Lasciare la sorella e i genitori la sera non era concepibile per Lisa.

Dunque passeggiavano di giorno. Non entrarono mai in una sala da tè. Per riposare c'erano le panchine e splendidi panorami. Se pioveva non si usciva, ma piovve pochissimo quell'anno e c'erano anche i padiglioni e i gazebi dove ripararsi all'improvviso. Lisa era piccola di misure, portava ancora i calzettoni di filo bianco perché le calze di seta erano troppo costose e quelle di bemberg introvabili. La fibra di nylon non era ancora conosciuta in Italia. Ma certo questo abbigliamento non la candidava al ruolo di donna adulta, cui del resto, come abbiamo visto, non aspirava affatto. Le piaceva leggere le poesie a voce alta ed era stata avvezzata da una madre severissima sul comportamento delle fanciulle a sublimare il sesso in un romanticismo di maniera che cozzava in parte, ma solo in parte, e con il suo buon senso e con quel poco di cultura in suo possesso.

Decisivo in questo scontro era un suo personale ritegno non privo certo di automortificazione (tuttavia minore di altre che esercitava ad esempio sulla sua naturale passionalità e collera e aggressività) ma fatto soprattutto di un civile e tuttavia spontaneo rifiuto, anche se certo non definitivo, di quello che ragionevolmente le appariva come un sistema assai complicato e inelegante per la riproduzione della specie. E non era vero che non avesse sani istinti, ma solo che essi convivevano con un'educazione al buon gusto e una certa naturale diffidenza per la promiscuità: possiamo chiamarla riserbo come anche individualismo esasperato, tanto Lisa sarebbe stata egualmente contenta di averlo.

Tutto ciò la portava, come molte sue coetanee di ogni tempo, a certe distinzioni nette tra sentimento e sesso. Ben più possenti pensatori che non la piccola Lisa li avevano spesso distinti e del resto onestamente lei non si nascondeva, e come avrebbe potuto?, la presenza di un suo intimo e quasi doloroso bisogno di abbandono. Ma era una malinconia, un senso di irrequietezza e di pena, un bisogno oscuro di qualcuno e di qualcosa che si sarebbe sinceramente stupita avesse a che fare col sesso e non con la situazione dell'essere nel mondo, per tanti versi misteriosa oltre che sconfortata e mutilante. Lei non si rifiutava affatto di crescere e del resto nel suo corpo gli equilibri mutavano senza chiedere il suo permesso e neanche quello dei suoi vestiti. Con l'aiuto di una dieta più ricca sarebbe comunque presto comparsa una Lisa adulta e diversa e non è il caso di preoccuparsi per lei.

Non ci fu dunque altro che poesia e archeologia, nessuna tenerezza: solo talvolta si prendevano per mano o lui le passava il braccio intorno alla vita, ma piuttosto sul corso Umberto che in luoghi topograficamente appartati. Eppure in tre settimane ne visitarono moltissimi, di questi luoghi, perché Lisa amava l'archeologia di tipo romantico, per intenderci rudere più macchia incolta, rudere più cipresso, acquedotto romano al tramonto. Amava il Palatino, i fori imperiali la lasciavano fredda, storicamente incuriosita ma fredda. Questa era la sua estetica e quelle mattine smaltate, fresche ormai ma ancora luminose, sull'Aventino assorto, deserto e così silenzioso, le permettevano di sentirsi appagata.

A Lisa bastava un compagno che dividesse le sue scelte estetiche e quella che lei chiamava – quando tutto in quel quadro romano era perfetto, la luce, il clima, i colori, le prospettive – l'"ospitalità degli dèi", e lui i "giorni alcionii". Del resto Lisa era fermamente convinta che molte delle sue amiche non facessero niente di diverso quando uscivano con un giovanotto. E forse era anche vero:

– È un poco appiccicoso, non mi piace –, dicevano molto spesso al primo appuntamento e, di questo Lisa era testimone, non lo vedevano più. Delle ragazze che si nascondevano nella tromba delle scale, sotto l'ascensore, prima di rientrare a casa, le amiche di Lisa parlavano come di donne perdute e la sola vera, esplicita riserva sul fascismo, che portava la madre di Lisa a condividere gli ideali liberali del marito, era la vera o presunta scostumatezza di Donna Edda.

– Gliene dà di dispiaceri al padre... –, diceva, come si trattasse di un borghese qualunque. E anche di Sibilla Aleramo, che pure leggeva con interesse:

– Se non fosse per quei brutti vizi della carne... –, deprecava la signora Pennino imitando il predicatore di Santa Giovanna Antida.

Lisa non si pronunciava, ma pensava che la libertà sessuale fosse un fatto limitato a pochi eletti (artisti, rivoluzionari e in tale caso anche donne) e difendeva Sibilla Aleramo, che aveva ascoltato, bambina, a una lettura di poesie del *Symposium* e che sapeva vivere in povertà assoluta e dunque poco preoccupata della carne.

Ospite sacro, e protetto dagli dèi di Roma, il compagno condivideva docile le sue scelte. Si era fatto un po' meno loquace e più meditativo, la guancia pallida appoggiata alla mano come il *Pensieroso* di Milton, ma si faceva trovare puntuale agli appuntamenti, senza il cane, e in genere citava sempre il verso giusto, in inglese. Era un pomeriggio asciutto e tempestoso, le piante erano investite da un forte vento, persino i rampicanti avevano lasciato la presa e i tralci in alto oscillavano furiosamente. Ovunque erano vortici di foglie appassite.

La Piramide grigia e polverosa incombeva sulle pietre scure, la ghiaia, il muschio, e su quella che di solito era la sonnolenta quiete del giardino cimiteriale, il funebre *hortus conclusus* dei protestanti a Roma.

Protestante e anglosassone, il luogo era apparso doppiamente proibito in quegli ultimi anni di guerra e in quella Roma sempre meno fascista e sempre più papalina. Perché tale era l'Urbe, soprattutto ovviamente nell'ultima fase della "città aperta" patteggiata dai belligeranti col Vaticano, ma anche prima, per via dei tanti bombardamenti evitati e dunque sempre più pia, nella speranza di un'impunità meritata con l'appiattirsi sotto il mantello protettore e pretesco della Santa Sede. La quale Santa Sede dalla Conciliazione in poi, ma ora più che mai, con modestia e fermezza e cioè con indubbia eleganza e misura, trionfava sul potere laico che finalmente era in fuga. Quel pellegrinaggio, al quale Marvie Barrett stava per essere introdotto, aveva qualcosa di squisito, di elettivo. Da molto non si stampavano più guide in inglese.

Il cimitero della Piramide, da sempre mèta di turisti stranieri colti o melanconici, era a quei tempi per l'intellettualità romana una mèta cui indirizzare con parsimonia, un luogo da far percorrere come un rito in qualche modo iniziatico, citando immancabilmente Böcklin, *L'isola dei morti*, e talvolta anche i suoi numi tutelari: Byron e Shelley, l'insepolto. Quando un professore aveva scelto tra i suoi allievi, quando un giovane sensibile si innamorava, quando un letterato aveva ospiti stranieri, quello e non altro era l'itinerario per una passeggiata tra l'erudito e il patetico, di un'archeologia rovinosa e mistica con un lieve sapore di cabala romantica, lasciando il neoclassicismo ad altre visite guidate. Lisa vi introdusse Marvie, che nel frequentarla aveva completamente smesso dopo i primi incontri di parlare della madre, e l'ascoltava con devozione. A Lisa questo sembrava un buon risultato anche per lui.

Lei aveva ripreso a scrivere brevi racconti che faceva a imitazione della Mansfield, racconti in cui qualcosa sta per succedere e qualcosa è già successo prima, nei quali quindi non succedeva mai niente se non il tintinnare delle tazze da tè nel crepuscolo del quotidiano. Le sue passeggiate con Marvie somigliavano a quelle novelle e lei ne traeva ispirazione. Lui sgranava gli occhi castani dolci e mansueti e appariva affascinato, stava per dire qualcosa ma l'emozione trattenuta sembrava impedirglielo: il sottinteso, l'implicito trionfavano. Di solito lui faceva qualche commento criptico, che poteva volere dire tutto e niente, vago e un po' stralunato: dimostrava la sua sensibilità e disponibilità, soprattutto la sua ammirazione per Lisa che, inorgoglita, se ne nutriva, e avendo in lui anche un pubblico, se pur minimo e sparuto, scriveva e leggeva a voce alta, con maggiore lena, i suoi sciocchi racconti.

Villa Glori

Il belvedere di Villa Glori era un luogo di ritrovo del quartiere che Roberto aveva frequentato fin dall'infanzia. Vi era una stele ai romani caduti in tutte le guerre perché in quella villa ottocentesca, dove i fratelli Cairoli avevano aspettato Garibaldi per la conquista di Roma e avevano eroicamente resistito fino alla morte (Roma o Morte!), era stato piantato un Parco delle Rimembranze fatto di sempreverdi, ogni pino un cartellino con un nome. Vi erano pini, lauri e cipressi, ma anche, a destra del belvedere, una valletta di corbezzoli e faggi, coi rampicanti avviluppati intorno ai tronchi, che divenivano rosso e oro in autunno. Quella fiammata dietro la quinta di cipressi era gloriosa. Da lassù si vedeva una gran parte di Roma, quella settentrionale, le superfici levigate del Tevere incastonate nelle sue grandi anse come le tessere di un puzzle, senza spessore.

Non poteva rinunciare a farci due passi tranquillo solamente per il timore d'incontrare davanti ai suoi amici quel giovanotto, che gli sorrideva con l'aria di saperla lunga sul suo conto, insinuante e quasi, Roberto inorridiva, affettuoso. Va bene che il cugino era sicuro che fosse una spia di quelli, dei rossi, e che facesse parte di un complotto per tagliare le gambe e anche gli attributi a lui e a tutti i camerati. Renato era convinto che con quella spoletta di finocchio si stava intessendo qualche oscura trama; ma poi neanche lui sapeva bene spiegare quale trama, né tracciare un disegno o un'ipotesi veramente plausibile per quel misterioso ricatto. Non ne sapeva mica abbastanza Renato per un tracciato geometrico, matematico, logico e convincente, da ingegnere. È vero: Roberto si era allarmato all'inizio, addirittura pensando che volessero essere sicuri della sua identità prima di eliminarlo. Sì, l'aveva pensato, ma solo perché tutto intorno era obiettivamente allarmante. Ora non aveva più voglia di parlarne né al cugino né ad altri. Del resto durante l'inverno aveva corso pericoli ben maggiori e senza battere ciglio, che cos'era cambiato in lui?

– Lo facciamo pedinare noi e allora sapremo tutto. Per cominciare sapremo chi lo manda –, aveva proposto Renato.

Così Roberto cominciò a mentire anche a Renato, col quale non aveva mai avuto segreti, e a dire che, non avendolo più veduto, non ci pensava più.

E questo, per quanto mitomani fossero tutti, in particolare i camerati, in quei giorni in cui ogni cosa sembrava possibile, e per quanto la fantasia sopravanzasse la realtà. La quale d'altronde faceva del suo meglio per apparire inverosimile, con tutto quel suo accadere veloce, *swinging* come diceva Fausto. Proprio per questo non bisognava parlare del misterioso ricatto. Un po' perché magari non lo credevano, di più perché poteva essere frainteso. Che quel giovane in brache da golf potesse apparire in qualche modo collegato a lui lo rivoltava. I suoi avversari politici, chi erano costoro? Persino i suoi amici politici capiva più poco. Comunque le elezioni all'interfacoltà non erano prossime e poi Roberto non era sicuro di volersi candidare. Si sentiva diverso dai coetanei che facevano un dramma di tutto e si montavano reciprocamente, sospettosi e pettegoli come comari, straniti, perennemente eccitati. Secondo lui attribuivano un'importanza eccessiva, terroristica, alle loro piccole beghe universitarie. Così Roberto parlava poco o niente e aveva il senso delle proporzioni e della misura.

Erano passati molti giorni senza che facesse incontri e settimane prima che tornasse nel parco. Un pomeriggio, all'inizio di novembre, si trovò sul sentiero del belvedere senza accorgersene, aveva già percorso quasi tutta la salita immerso nei suoi pensieri quando si rese conto che stava seguendo il suo itinerario abituale. Si era lasciato a sinistra gli ulivi che scendevano verso il viale Parioli e a destra la strada parallela che proveniva dall'altro ingresso, tutta bordata di cipressi, fatta di terriccio battuto delimitato qua e là dai cubetti di peperino chiaro.

Iselda era stata costretta a letto dalla febbre, certo una cosa da poco, ma lei si era agitata, ansiosa com'era, era diventata isterica, e il fatto che suo padre fosse assente e il loro medico non si trovasse al solito indirizzo lo aveva costretto a telefonare allo zio. Federico non somigliava ad Iselda, anche se ne era il gemello: era titubante, un intellettuale senza nerbo, dominato dalla moglie. Gli aveva risposto che sì, Bice sarebbe subito corsa dalla cognata con un medico, si rivolgesse pure a loro finché suo padre non tornava, ma aveva l'aria di dire che doveva farsene carico un poco anche lui, cavarsela da solo ormai:

– Ora, sei tu ora il capofamiglia.

Il capofamiglia lui? Era incredulo e ferito per l'implicito rimprovero. Sperava che l'ingegnere tornasse, si facesse vivo all'improvviso, magari di notte. Adesso però la madre stava bene, il dottore di Bice aveva portato delle miracolose fiale di muffa dal Celio, dove le usavano per i soldati, e delle pillole "tranquillanti" che addormentavano un cavallo. In guerra dovevano essere state usate e sperimentate in grande quantità per gli attacchi d'ansia dei G.I. E tutto era sparito come d'incanto, con il meprobramato e la penicillina.

La stagione si attardava in una meravigliosa estate di San Martino. Nei rampicanti e nei cespugli, come nelle ampie quinte trascoloranti dei pioppi e dei carrubi, che si vedevano in fondo oltre i cipressi, la tavolozza dei colori più belli dell'anno brillava al sole, lanciava scintille ad ogni ventata di tramontana. Il cielo che dietro i sempreverdi era trasparente e scolorito laggiù si faceva blu intenso, blu-cosmo, come sui suoi libri di astrofisica. Giunti al belvedere lo sguardo spaziava dalla cupola barocca della chiesa di Ponte Milvio, e più in alto a sinistra da quella del Rosario sulla Trionfale, alla fine della salita di Monte Mario appena sotto l'Osservatorio, fino al cupolone di San Pietro che emergeva dai borghi sventrati e dalla via della Conciliazione. Di fronte, i giganti dello Stadio dei Marmi, al Foro Mussolini, montavano la guardia sovrastando ancora gli alberi che avevano solo l'età delle statue. Le antiche e nuove rovine della città da lì non si vedevano, ma lui sapeva che avrebbe digerito tutto il vecchio ventre della lupa, ogni detrito, ogni cambiamento.

Neanche la Cassia si vedeva, al di là della striscia iridescente del Tevere, però s'immaginava, dietro i colli della Farnesina, e s'intravedevano anche, tra il verde, le palazzine dalle cui terrazze, nel giugno scorso, per tutta la sera lunga e chiara e fino a notte si potevano vedere i tedeschi che si ritiravano sfilando lenti sui cingolati verso La Storta, dove la Cassia e la Flaminia s'incontrano. Una volta usciti da Roma, in quelle campagne boscose dove s'erano affrontati un tempo Enea e Turno, subito si erano trovati sotto un finimondo di bombe e il cielo intero verso nord era illuminato dalle luci degli incendi, dal fuoco dei carri armati in fiamme. A Monte Mario tutti si accalcavano sulle terrazze, con parenti e amici, a godersi lo spettacolo nelle belle serate di giugno, meglio che i fuochi di artificio dei SS. Pietro e Paolo, ché ci mancava solo la granita.

Proprio sotto il belvedere, tra lo sperone dei colli Parioli e il Tevere e, al di là, tra il Tevere e lo Stadio dei Marmi, sugli spiazzi erbosi che vi si aprivano con in mezzo solo qualche casa, quasi cascinali, era tutto un brulicare di cucine da campo, enormi tende e baracche circondate di filo spinato, un andirivieni di camion e camionette tra i reticolati che ne delimitavano il passaggio e code davanti ai cancelli nei varchi delle transenne. In mezzo, visibile dal belvedere, lo stadio Flaminio, dove si svolgevano le competizioni tra i militari e gli spettacoli per le truppe.

Oltre il belvedere si poteva continuare a passeggiare inoltrandosi nel bosco di carrubi. E Roberto si rimise in cammino. Sulla soglia di un padiglione della scuola all'aperto abbandonata, che si trovava nel folto, vide apparire una coppia. Con stupore si accorse, dal passo indolente e dalla sagoma curva dell'uomo, che si trattava del suo persecutore. La ragazza era piccola, molto giovane, con i calzettoni di filo bianco.

Roberto aveva dormito fino a tardi, era rilassato e riposato quel pomeriggio. La presenza della ragazza gli sembrò una circostanza propizia e insperata, unica e da sfruttare per affrontare finalmente il compagno, andare a fondo su quegli strani incontri, scoprire quali possibilità ci fossero di una semplice combinazione. Quanto sperava di trovare era la conferma della possibilità e anzi della banalità di quelle coincidenze, certo innocue anche se strane. Non si sottrasse, attraversò la spianata, poiché i diversi sentieri su cui procedevano, aperti dal passaggio dei frequentatori nell'erba alta, era necessità che s'incontrassero. Quando ciò avvenne, appena passato l'arco degli ultimi contrafforti, aveva già perso però molta della sua sicurezza e non trovò niente di meglio, per abbordarli, che chiedere l'ora. Era emozionato e il rossore delle guance di ragazzo biondo si era accentuato. Quelli avanzavano, sembrava non l'avessero notato e intendessero incrociarlo senza smettere di parlare, con indifferenza. Allora, li aveva quasi superati senza che la voce gli uscisse, lui pose la sua frettolosa domanda:

– Per favore, sapete l'ora?

Senza lasciare il tempo a un minimo cenno del suo compagno, la ragazza gli rispose ridendo con urtante irruenza:

– È un'altra ora della tua vita che sta fuggendo. Noi non siamo più oggi quello che fummo ieri, proprio perché ieri lo siamo stati. Proudhon –, e fece la risatina artefatta e leziosa di chi ha appena declamato con scarso successo e vorrebbe salvarsi dal ridicolo. Una risatina un po' isterica. L'altro stava in disparte con aria d'indulgenza e sorrideva in modo assorto e aggraziato, con il collo reclinato su un lato e lo sguardo triste, da san Sebastiano alla colonna, abbassato sui polsi incrociati a coprire l'orologio. – Sei in mezzo a questa bellezza –, proseguiva invasata e impavida la ragazza – e ti chiedi che ore sono. L'ora del sole, l'ora degli dèi.

E senza riprendere fiato:

– Guarda –, disse – sembra un Corot –, e fece un largo gesto ispirato ad abbracciare la vegetazione intorno – che i giardinieri non abbiano lavorato è una festa. E poi laggiù, sull'orlo del fosso, dove si spezzano le ombre, non vedi che il verde è un po' cubista? Sembra lo sfondo delle *Baigneuses* di Cézanne seconda versione, non è vero? –, e con un dito della sua piccola mano tozza indicava un posto nel folto che lei solo sapeva e negli occhi, che aveva cangianti, lampeggiava la voglia di essere ammirata e, pensò Roberto, corteggiata. Con quel partner francamente la capiva. Intanto la guardava sconcertato, aggredito da quel fiume di parole. Le sorrise con buona educazione e non trovò di meglio che chiederle:

– Sei una pittrice?

– No –, ammise lei a malincuore – ma ho una passione per la pittura, e credo davvero di vedere più colori degli altri. Sai che è possibile?

– Certo, lo so –, e con la coda dell'occhio Roberto sogguardava la mezzafemmina (l'*altra* mezza femmina, si disse ridacchiando tra sé) che non si muoveva e sorrideva enigmatica.

– Ma hai visto la mostra dei tre grandi a piazza Augusto Imperatore? Hai visto che magnifica galleria con tutta quella luce del Tevere? Su De Chirico metafisico, sai sono iscritta a lettere classiche ma ho una passione per la filosofia, ho fatto un saggio per il mio professore di storia dell'arte, quello del liceo. Dice che lo pubblicherà. Ma anche Carrà e Morandi. Morandi è come Čechov, quella polvere sugli oggetti...

La ragazza senza orologio continuava a parlare, parlare. Sembrava che non si dovesse fermare più e lui aveva solo chiesto l'ora. Ma Roberto non l'ascoltava. Molte cose si chiedeva e non capiva, ma una in particolare. Che cosa facesse una ragazza con un finocchio all'uscita di un padiglione appartato e abbandonato nel parco che suggeriva tutt'altre idee. Gli venne in mente il *Don Giovanni*:

Vorrei e non vorrei...

Sentiva che non quadrava. No, non è una ragazza stupida, né del tutto sprovveduta, antipatica sì, ma ha una certa sua cultura. Roberto, da ingegnere, aveva un complesso per la cultura umanistica, per l'arte poi, con sua madre che lo tacciava sempre d'ignorante... Concluse: "No, non è la figlia del mio portinaio". Lui non poteva fare a meno di mettere sempre le cose in termini di scala sociale.

Quella ragazza dunque avrebbe avuto certo di meglio da fare che andare in giro con quel coso, come non si vergognava, non fosse stato per una causa, una manovra politica. Poi si vede da come parla che è di sinistra, le nostre ragazze sono molto più riservate, più educate. Per questo si prende una confidenza così sfacciata, cerca di fare amicizia: è una sua complice. Hanno qualche disegno che non capisco, anzi capisco anche troppo bene, mica sono nato ieri (ancora gli bruciava il giudizio di Fausto). Comunque questo incontro non è casuale. Se lo fosse mi avrebbero detto l'ora e buonanotte al secchio. Oppure "mi spiace, non so" e "buongiorno-buonasera". Tutto finito lì.

Intanto la nana saccente l'aveva preso per mano, con la disinvolta e disinibita cordialità dei maleducati, e avvicinandolo al compagno che stava in disparte:

– Questo è Marvie Barrett –, gli disse con sussiego – un amico americano...

Roberto non ebbe voglia di stringere quella mano, anzi per la verità sentì una profonda repugnanza a farlo; finse d'inciampare nel muovergli incontro su quel terreno erboso e si piegò a infilare l'indice e il medio della mano destra nel tallone, come per calzare meglio la scarpa, e intanto l'altro aveva abbassato la sua. Roberto fissava i due, convinto di dover capire in fretta quale fosse il loro gioco, quale pericolo rappresentassero per lui, e sorrideva in modo un po' ebete. Appariva un ragazzo semplice, disarmato. Poi disse:

– Piacere –, senza accennare di averlo già incontrato. Americano quello? Lo escludeva. Forse inglese, aveva qualche lentiggine, ma da vicino appariva molto strano, malato.

L'altro invece si era svegliato dal suo torpore, con rivoltante civetteria, lanciandogli di sotto le lunghe ciglia uno sguardo complice:

– Ma sì –, disse – ci siamo già incontrati. Noi già ci conosciamo.

Parlava con una pronuncia artefatta, che imitava la pronuncia di un inglese. Non un americano che parla italiano, il contrario.

Stavolta Roberto era deciso ad andare fino in fondo. Voleva arrivare a capire qualcosa, voleva scoprire le carte di Spoletta d'oro (pedinatore per passatempo o professione?), della sua simulazione, e chi lo mandava, e perché.

– Vi dispiace se vi accompagno? Devo passeggiare un po', altrimenti non dormo – (così diceva Iselda). – Studio troppo.

– Per l'insonnia fa bene un bagno caldissimo prima di andare a letto la sera –, disse la ragazza che sapeva tutto. – Io mi chiamo Lisa e tu?

– Luciano –, disse Roberto avviandosi.

– Che facoltà fai?

– Ingegneria.
– Com'è che non ti ho mai visto all'università?
– Ci vado poco.
– Ma non avete la frequenza obbligatoria?
– Sì, ma io entro in istituto e quando esco vado subito a casa, non sto a girare. Non ho tempo. Lo studio è molto duro nel biennio.
– Capisco. Sei uno di quelli che studiano e basta. Anche quella è una scelta. Si perde molto meno tempo. Fai bene –, disse, come se qualcuno avesse chiesto la sua approvazione. – Vediamo, a ingegneria... di ingegneria conosco Lodi, Arturo dico non il fratello, poi Romita, e il maggiore dei Genieri, Guerra, Diez. Li conosci?
– No, ti ho detto: non conosco quasi nessuno. Di vista tanti, ma non so come si chiamano, non lo chiedo, non c'è motivo. Al massimo conosco il nome di battesimo. Forse quando faremo gli esami qualche cognome lo sentirò chiamare.
– Be', si vede che non fai vita politica.
Ah, qui ti voglio. – No, non la faccio, perché tu sì?
– E allora che fai?
– In questo momento vi sto accompagnando a casa.
Ma a casa non riuscì ad accompagnarli. Si apprestavano a sgusciare uno di qua e l'altra di là, appena fuori del parco, ognuno con una scusa diversa. Lisa si vergognava della modestia e trascuratezza dell'androne di casa sua e persino del suo indirizzo, che sarebbe stato davvero, tra parentesi, una gran passeggiata. Per quel Luciano lì tutti abitavano di certo ai

Parioli, tutti quelli almeno ai quali si degnava di rivolgere la parola. Bastava vedere che tono aveva e quelle scarpe, non ne vedeva così da prima della guerra: già immaginava l'aria stupita e un po' compassionevole che avrebbe fatto se gli avesse detto dove abitava. Quanto a Marvie...

Roberto stava pensando che però una volta o l'altra l'avrebbe pedinata quella coppia così male assortita, avrebbe chiesto a qualche camerata di farlo e pure presto, per sapere chi erano veramente e che volevano da lui. Ma per stavolta doveva accontentarsi di salutarli. Comunque, per quanto avesse parlato solo con la ragazza, gli parve che lo stare accanto per la prima volta a quel Marvie Barrett fasullo lo stesse calmando, lo aiutasse a sdrammatizzare, come se qualcosa stesse per capire o per convincersi che non c'era da capire niente. Barrett... che poi non era il cognome, o il primo nome, di una poetessa inglese? Gli pareva. Aveva visto un film con Norma Shearer.

L'idea del cinema lo distese. Camminava con le mani in tasca, di nuovo quasi sicuro di sé. Ma quando era già rilassato e tranquillo, ecco che la ragazza spiccò una piccola corsa, estrasse dalla borsa una macchina fotografica, una Leica gli parve, si voltò e li inquadrò sul cancello contro il verde del parco. Roberto fece in tempo a liberare una mano dalla tasca e a portarla al viso e a girarsi, ma nella confusione non osservò che lo scatto era stato troppo rapido, neanche il tempo di mettere la luce e il fuoco, che in una Leica non è così semplice.

Lisa aveva talvolta di queste simulazioni infantili: nella sua macchina non c'era pellicola, e dove poteva mai trovarla giacché da tempo era scomparsa da ogni negozio? Portava con sé la macchina per darsi un contegno, come se fosse uscita a fare rilievi a un monumento (come una volta, quando ancora lavorava, faceva suo padre, al quale la macchina apparteneva) e non per fuggire la depressione e l'angoscia. Talvolta portava a spasso la sua racchetta da tennis, quando da anni non frequentava un campo, solo per giustificare l'uso delle scarpe da tennis, le sole in suo possesso che non lasciassero penetrare l'umidità.

Lisa – Lisette o Liseuse, come la chiamavano quelli che le volevano bene, per quel suo evocare associazioni morbide e diminutive, di casalinga intimità, e lei si arrabbiava, perché credeva di essere un uccello di fuoco – era una bambina occupata a nascondere le sue sofferenze morali e fisiche come si nasconde la bambola preferita perché gli altri non la trovino. Ma anche se simulava, Lisa non giocava. Con quella finta fotografia voleva dire veramente ai due ragazzi che teneva a loro, che si facessero rivedere, che non sparissero dalla sua vita.

Roberto voleva dire veramente a quei due figuri che badassero a loro, che non si facessero più rivedere, che sparissero dalla sua vita. Si accommiatò a testa bassa e furente. Avrebbe parlato con Renato. Ci avrebbero pensato i camerati.

In portineria

Lei era rientrata stanca dal Celio. È vero che alla sera la riaccompagnava il camion militare, ma la salita di Villa Balestra doveva farsela tutta a piedi. Rimaneva la sola a scendere laggiù e dopo l'ultima fermata l'autista inglese, il *Tommy*, ogni tanto si voltava a guardarla mentre guidava e le sorrideva, con quei dentoni. Andasse cercando qualche cosa, con una della sua età, che vergogna. Lui fischiettava *Bianco Natale* dall'inizio alla fine del percorso e quando c'era rimasta solo lei addirittura cantava anche le parole, sempre sulla stessa musica, che le pareva dicevano si chiamassero così: Bianco Natale. E le sorrideva. E sì che aveva cominciato l'estate a cantare il Natale. Si vede che quello di casa sua gli era rimasto impresso, poverello. Ma dall'inizio alla fine del percorso, tutti i giorni, sempre la stessa canzone era una esagerazione, una fissazione. Lei ci aveva un po' paura a rimanere l'ultima: quello non gli sembrava in retti sensi. Almeno quando toccava al *draive*, l'americano, masticava solo gomma e non si faceva sentire. Era solo un po' meno gentile, questo sì, la faceva ballare nel camion vuoto con certe frenate e manco le dava il tempo di scendere che ripartiva. Ma lei preferiva, era più tranquilla. Quel voltarsi sempre. E se poi il *Tommy* andava a sbattere?

Appena tolto il camice, a fatica, ché le maniche, ora che ci teneva sotto la maglia, non si sfilavano, l'aveva messo in un canto per lavarlo. Al piolo stava già attaccato il farsetto di Mauro, quello nero a rombi grigi un po' sfilacciato che gli aveva regalato il tenente. Poi s'era affacciata in cucina, decisa:

– La devi da piantare con questi sottofuggi.

Lui si spianava con la mano il grembiulino a fiori e stringeva le labbra.

– Si dice sotterfugi –, e lievemente scuoteva la testa come a dire: "Non dico altro, non ti rinfaccio la tua ignoranza perché sei mia madre e ti rispetto". Ma più che rispetto il suo viso esprimeva dispetto. Si voltava verso la pentola e continuava a rimestare.

– Che tu mi facci da trovà pronto ta ringrazzio. Ché quarcosa de cardo da magnà subbito ce vole. Ma tanto mejo sarebbi si nun dovessi da fà la serva a tu' madre e ci avessi puro te un lavoro co n'orario.

– E il letto, forse che non l'ho fatto? E il bucato? Guarda in bagno, guarda che è tutto già lavato, quasi asciutto.

– A Mauro, famo a capisse. I sottofuggi so' la sera, che nun me vòi dì indove che vai e io nun devo da sapè gnente e manco domandare e nun te sento rivenì a casa, che m'addormo prima.

– Dove vado? Mi svago. Non c'è più il coprifuoco, quel mortorio, sono arrivati gli Alleati, c'è animazione, c'è allegria. Mica posso stare sempre in casa, che poi è una casa anche questa? –, e si guardava intorno con astio. – Mica posso stare sempre a leggere i libri del tenente. No? Le ore sono tante, che ci hai un orario di lavoro tu... –, e sbuffava, come a dire: "Mamma, è di giorno che mi manchi". – Certo che gli Alleati oh, guarda, con quel che ti pagano mica regalano niente... sai? Li leggo i libri, perché leggerli li leggo, è stato così gentile, il tenente Doubleday, a prestarli proprio a me... –, e rimestava con garbo, sopra pensiero. – Sarebbe proprio un'offesa non leggerli e poi mi piacciono. Imparo, molto inglese imparo, e anche altre cose perché ci ho testa e questo, scusa, checché tu ne dica, è il lavoro mio –, e divaricando il pollice e l'indice si sfiorava la fronte alta, pallida e malgrado la giovane età già lievemente stempiata – è la testa quella che mi aprirà le strade. Ma per questo ci vogliono le conoscenze, che appena conosco qualcuno...

– Ma a chi conosci tu? Ma a che fare ti si pigliano? Mica basteno due parole d'ingrese cossì e cossì! È la salute quella che nun ci hai, è quella che te rovina.

– E che è colpa mia?

– Ma che stai a dì! –, e alla madre venivano subito le lacrime agli occhi.

Il ragazzo si avvicinava a lei e l'abbracciava delicatamente. – Nun piagne, a mà –, e poi si sedevano al tavolo loro due soli, e mangiavano d'appetito. Da quando il marito era morto e le figlie erano scappate, chissà dov'erano, stavano soli e finalmente non c'erano più litigi, si amavano, si capivano. Qualche parola brutta e subito che rifacevano pace.

Lei era sempre fuori casa, al lavoro. Mauro faceva le faccende e poi usciva a passeggiare, le ore erano tante e tutte vuote, era un giovinotto lui! Pure troppo si arrangiava in casa a spicciare. Era un bravo figlio, le faceva trovare tutto a posto, e poi era di compagnia. Allegro no, però manco triste. S'era abituata ad averlo per casa. Guai se fosse andato via anche lui. Un impiego qualunque un giorno l'avrebbe trovato, per ora a guadagnare c'era ancora lei, ché la salute ancora l'assisteva.

Sua madre lavorava con gli americani all'ospedale militare, lassù al Celio. Se una lavora all'ospedale certo che la salute l'ha da assistere. C'era entrata per un caso, anzi per un bel giovane, che l'aveva raccomandata: il tenente Doubleday, si chiamava (Dabbede, diceva più o meno sua madre, poverella), e al suo paese, negli Stati Uniti, era un signore, un milionario, ma un milionario in dollari. Al suo pensiero Mauro s'incantava e fantasticava: come sarà stata la sua casa a Baltimora? Come le illustrazioni delle riviste che il tenente gli mandava da leggere, ogni volta che vedeva sua madre? Non erano colorate tutte in cilestrino o tutte in castorino come i giornaletti, "Cine-Illustrato" e "Novella", che leggeva lei, ma in colori vivi e smaltati, ogni colore possibile, ché le cose sembrava potessero prendersi in mano, i fiori cogliersi, i bicchieri appannati vuotarsi, le sigarette sfilarsi dal pacchetto da cui sporgevano bionde e profumate. Un realismo, un superrealismo, un iperrealismo che lo incantava, a Mauro.

Avrà avuto la scala dentro la hall di casa tutta colonne? *Holy Jesus*! L'aveva visto un giorno, dalle parti del Celio, ma da lontano, con sua madre che lo nascondeva, ci aveva soggezione. Perché poi, se il tenente era tanto cordiale, così alla mano?, e glielo aveva chiesto, tutto risentito. Bello era bello, anzi un dio. E lui, Mauro, con gli stranieri ci aveva un qualcosa, un non so che, ci s'intendeva, ecco, da quando era pupo e l'Infanta di Spagna... L'Infanta era una vecchia signora, non come avrebbe fatto pensare il nome. Una vecchia befana che portava pure jella, o almeno così dicevano i padroni. Era in esilio a Palazzo Della Sala e ci pagava pure l'affitto d'una mansarda, ché in Spagna non poteva tornare. S'era fermata una mattina in portineria:

– *El niño* –, aveva detto – *muy hermoso* –, e gli aveva fatto una carezza sulla capoccetta bionda, allora era biondo davvero e non c'era bisogno della camomilla. Una carezza regale, e dalla borsa ricamata di corone, insieme alla zaffata d'un profumo dolce e antico, era venuto fuori un sacchetto di *bonbons*, quelli, se lo ricordava bene, che si chiamavano "i sassetti del Tevere" o la "ghiaia de Roma", confetti irregolari e con la coccia di zucchero grigio e come marmorizzato.

Una malinconia, un senso di sé sgomento e sospettoso, amaro e dolce insieme lo prendeva, una nostalgia di qualche cosa, come di un altro tempo e un altro luogo, al solo nome che la madre pronunciava: Marvin, cioè il tenente Doubleday. Libri, riviste, anche qualche indumento smesso e scatolette, sigarette, tutto mandava il suo benefattore. La madre per il tenente stravedeva, voleva fare qualcosa per disobbligarsi, ma non sapeva cosa:

– Nemmanco la biancheria se fa lavà, che all'ospedale viè fori cor tanfo de lisiformio. Ma lui bono, se mette tutto e sì che dev'esse avvezzo bene. Si mette sti panni indosso e su na gran spruzzata de colonia. Se vede che li veri signori so' quelli che nun se lamentano e sanno che la guera è guera.

Come sarà stata l'acqua di colonia del tenente Doubleday? Niente a che fare col profumo dell'Infanta, così misterioso! Doveva essere una colonia che faceva pensare ai prati, all'aria aperta, al gioco del polo, ai campi sportivi dei collegi. Mica quelli delle monache. Lì non erano solo per gli orfani ed erano bellissimi, i collegi. Certo Doubleday in collegio c'era stato e aveva di sicuro un amico al quale scriveva le sue esperienze di guerra. Non sapeva bene se avrebbe voluto essere il tenente o solo il suo amico, quello che apriva le sue lettere piccole, bianche con quella nitida calligrafia a corsivo rovesciato. Le aveva viste, lui, dimenticate nella tasca di una giubba che sua madre aveva portato a casa da smacchiare.

A pensarci forse no, il polo era una cosa inglese e forse nel Maryland non si usava. Ma i cavalli, quelli sì, ce li aveva nelle stalle, il tenente, Mauro ne era sicuro. Avrebbe pagato oro per fiutare sui petti rigidi della divisa quella colonia, che sapeva di cavalieri e di amazzoni e di *kermesses* sull'erba, forse addirittura di caccia alla volpe. Chissà se Venier l'avrebbe saputa fare la caccia alla volpe. Che se non lo portava a spasso lui senza meno s'inquartava, con tutto quel mangiare che gli dava la padrona. Non avrebbe più neanche camminato, altro che caccia.

Il falò indiano di Limoges

– *Midwinter spring is its own season...* un altro po' di brodo, Marvie?

Sotto le dita di lei, che gentilmente sistemava il mestolo, la zuppiera di Limoges emanava messaggi di fumo come un falò indiano. Tra i *revers* della sua giacca di tweed, stirati sì ma non appiattiti dal ferro, all'altro capo della tavola il padrone di casa torse il lungo collo verso Compagno Sarti e tradusse.

– "Primavera a mezzo inverno è stagione che fa a sé". In Italia le diamo, naturalmente, il nome di un santo. Un'antichissima leggenda agiografica. Siamo un popolo di affabulatori.

Compagno Sarti sorrise e poi si volse al vicino, tutto chiuso nella sua giacca di velluto nero e bottoni d'argento, un piccolo bordo di porpora al collo.

– È vero, Brian? Che ne dice, davvero noi siamo così?

Ora la palla era all'irlandese:

– *Indian Summer* –, guardava fisso Marvie piuttosto che l'interrogante. – Da loro si chiama *Indian Summer*. Oh!... perché loro sono un popolo di colonizzatori, invece. Non hanno santi soldati o soldati gentiluomini come san Martino. Hanno martirizzato gli indiani, e seguitano a mettere i piedi nei paesi altrui.

Sbatté le palpebre e infilò un'occhiata azzurra negli occhi scuri del tenente Doubleday. *Confounded*! Come diavolo era finito a Roma, com'era diventato monsignore quell'irlandese incendiario che stava di casa dai benedettini di Sant'Anselmo, pensò Marvin mentre girava verso di sé l'impugnatura floreale del mestolo. "Fine fattura. Argento antico", osservò e passò con cautela il falò indiano alla dama corvina alla sua destra.

A casa Jovi Frezza non stava bene fare servire a tavola dalla domestica. La domestica c'era, ovviamente, ma stava seduta dietro i battenti della cucina senza grembiule nero, nel suo costume regionale di Campagnano, completo di acconciatura per le folte trecce. Porgeva solo le pietanze. Almeno quando Maria Vittoria e Carlo ricevevano ospiti. Negli altri giorni, *transit*, poteva anche per praticità servire in tavola; ma no, tassativamente no, se c'erano amici. Gente bene educata e alla mano, che sapeva servirsi da sé.

– *Would you help yourself, dear?*

Il collezionismo di generazioni femminili nelle famiglie Jovi e Frezza aveva fatto della loro mensa una vera esposizione d'arte applicata. Intorno alla tavola preziosamente imbandita si raccoglievano giovani monsignori un poco rivoluzionari e dirigenti di partito un po' rabbini – "Signora, mi perdoni!" rideva Teresa, reggendosi i nastri in testa ché non si sciogliessero – come Compagno Sarti, assistente di fisica, che era fidanzato con Maria Lovatelli e oltre ad appartenere ai quadri di un partito nella capitale purtroppo quasi inesistente manteneva una posizione di rilievo nei ruoli, più congrui, degli agit-prop. Come del resto la quasi totalità dei numerosissimi amici d'infanzia e compagni d'università dei padroni di casa, tutti ancora studenti. Erano soprattutto gli stranieri a sedere loro accanto alle cene offerte dalla giovane coppia Jovi Frezza, con una predilezione per gli anglosassoni.

– Ma lei non è mica un soldato sul serio, tenente.

Maria Lovatelli, che aveva sangue scozzese, fissò cupamente il suo vicino di sinistra. Il padrone di casa trattenne un sorriso e si curvò con eleganza brachicefala verso Marvin:

– Marvie, è vero, lei doveva fare il romanziere.

– Carlo, scrivere romanzi è come barare al gioco. Oppure –, esitò – un'allucinazione. Descrivere la realtà usando la fantasia invece della *matter of fact*. O combinare questi dati in modo distorto, come uno scolaro che fa i compiti con la febbre alta. Che gusto c'è? *It's nonsense.* La realtà è già abbastanza incerta, abbastanza illusoria. È già *a phantasmagory*.

Si volse verso la padrona di casa.

– ... Nutro una prevenzione platonica verso il romanzo.

Allitterò ad effetto le due iniziali in *pi* mentre Maria Vittoria, passandogli le uova alla *bénédictin*, schiudeva le labbra in un sorriso assolutamente cinquecentesco:

– E la poesia? Platone condanna anche la poesia?

Oh! Quell'angelo.

– No, *definitely*. T.S. Eliot, nel saggio apparso sull'ultimo fascicolo della "New English Revue"...

La mano lentigginosa di Brian Gregory trascorse velocemente dall'alto in basso davanti al viso, come per scacciare una mosca:

– Ah, lei ci tiene al corrente sugli avvenimenti culturali... E io che credevo ricevesse solo riviste rivoluzionarie come "Masses", al Colle Oppio. Ma che fate? La riponete poi veramente negli scaffali o la tenete in mostra come provocazione, per mettere alla prova i visitatori? Ho riconosciuto la copertina bianca e nera sulla sua scrivania ieri mattina –. Socchiuse le palpebre. – Bella grafica.

E guardò in aria subito distratto, mentre il padrone di casa sorrideva come spettatore di una prodezza. Marvin strinse le labbra. Stupido prete irlandese. Lui e Mary Beth leggevano "Masses" e *Furore* di Steinbeck e *La battaglia*. Erano amici di Mary McCarthy e avevano il suo saggio d'esordio in biblioteca. E questo prima ancora di conoscere Professor Pflaum e Horkheimer e Adorno e la Scuola di Francoforte. Compagno Sarti carezzava il ricamo della tovaglia.

– Brian –, strascicò Carlo con voce pigra e nasale – farete la famosa piscina a Sant'Anselmo?

– Oh. Una faccenda complicata. Il demanio fascista aveva dato via libera per la destinazione, ma ora...

– Farete come volete, dipende dall'Ordine che è il proprietario!

– In che punto? –, volle sapere Marvin.

– A destra, nella parte alta del giardino. *Marvellous,* in posizione panoramica...

– Per gare di battesimo? –, completò Marvin, serio, che non aveva potuto trattenersi. Preti o pastori, per lui, dovevano mostrarsi se non col teschio di san Gerolamo almeno con la *Vulgata* latina sempre in mano, non troppo sportivi. Inclinò la testa da un lato:

– È ancora chiusa la Biblioteca Vaticana?

– Funziona la scuola di Biblioteconomia. Stiamo selezionando i nuovi *scriptores* per il catalogo dei Reginensi e dei Barberiniani. Oh, ma... tenente, perché non si candida? Il suo celebrato latino dell'Università di Baltimora sarà perfetto, se l'italiano è così fluente. O magari le interesserebbe di più il nostro archivio segreto, il nostro "sottosuolo". L'avranno informata, tenente, sono imbottite di esplosivo, oh, naturalmente metaforico –, raddoppiò le *effe* – le nostre *caves du Vatican*...

E l'occhio color petrolio dell'irlandese scintillava di un riso dinamitardo.

Compagno Sarti avvicinò il bicchiere alle labbra disgustate:

– Gli ufficiali americani non amano correre rischi...

– Però non li fanno correre ai loro soldati.

– Ma la Santa Sede –, sibilò Brian Gregory – ha messo a repentaglio l'immunità propria e dei suoi immensi tesori... tutti quegli ebrei e piloti inglesi e americani e disertori slovacchi che ci portava il movimento clandestino. La Chiesa per loro è stata in prima linea. I ragazzini –, indugiò su questa parola – rischiavano la vita, a scortarli attraverso i Borghi, con i mitragliatori dei tedeschi spianati di qua e di là di Ponte Sisto. Ma da noi chi entrava era al sicuro. Non dico solo oltre la striscia di calce. Da noi, intendo dovunque.

– I ragazzi del movimento clandestino, ma anche le famiglie romane –, la voce di Carlo e il suo collo di tartaruga emersero dai *revers* –. I Lancellotti ad esempio. Per travestire gli slovacchi lasciavano che si prendessero le divise del personale di palazzo a piazza Navona. S'intende la parte meno vistosa, non le livree...

Maria Lovatelli alzò le sopracciglia ad accento circonflesso. Forse non amava ascoltare i meriti della nobiltà romana? Eppure il suo cognome, a parte il sangue scozzese... Marvin cessò di guardarla e mise giù il bicchiere:

– Sicuro, anche a Palazzo Della Sala, dentro Villa Balestra. Non è sulla nobiltà romana che indaga il mio ufficio. Non è un segreto –, disse giustificandosi rivolto a Maria, ma più che altro per un riguardo verso il monsignore. Aveva conferito con Brian Gregory giusto il giorno avanti nell'ufficio sul Colle Oppio. – I miei amici sanno che lavoro per l'Oss. Sono un filologo in patria e dunque un cacciatore di indizi, di segreti –, evitò lo sguardo della padrona di casa – non indaghiamo sulle attività clandestine dell'*élite*...

Uno dei capitoli dell'ultimo saggio di Eliot era

dedicato proprio a quel concetto: l'*élite*. Posò lo sguardo sul viso concentrato di Maria Vittoria e proprio in quell'attimo come il lampo al magnesio di un flash la rivelazione lo paralizzò, lasciandolo ammutolito. La Fede! Ecco che cosa impersonava l'angelo della *Scuola d'Atene*! Si meravigliò solo dell'improvviso ritorno di memoria. Ma certo. La Fede. Una giovane signora dal viso antico e appassionato, dalle radiose sembianze femminili, esili e asciutte, però, come quelle di un efebo – qual è il sesso degli angeli? –, abituata allo sport come alla politica, cresciuta in tempi di guerra.

Vicky non era dei principi Lancellotti né dei marchesi Della Sala. Non era un mezzo sangue scozzese del patriziato nero come Maria Lovatelli, ma a maggior ragione faceva parte dell'*élite* nel senso inteso dagli allievi di Professor Pflaum, esponente esule della scuola sociologica tedesca sfuggito al nazismo, i quali avevano trovato la loro bibbia nel suo saggio intorno a Catilina apparso nei "Proceedings of the American Historical Association".

Il tenente Doubleday aveva perso il filo del discorso. Compagno Sarti si era messo a parlare di Herzen e lui e Carlo discutevano, piuttosto goffamente gli pareva, sul concetto di *élite* e la sua definizione. Marvin li interruppe:

– *I mean,* i nostri rapporti, le relazioni, i verbali d'interrogatorio, voglio dire quelli che passano per il mio ufficio, riguardano non le famiglie, diciamo così, senatorie, ma la suburra...

Carlo e Compagno Sarti si voltarono a guardarlo con occhi interessati:

– ... il comportamento di osti e vinai, gli arsenali dentro i grottini dei Castelli, che non si svuotano spontaneamente, e in genere il popolo di questa città...

Populus romanus... Intenzionalmente non usava la parola "gente", come faceva di solito.

– ... il popolo di Roma sembra essere armato fino ai denti, Migliavacca...

Il décolleté eburneo di Maria ebbe un sussulto, come un breve singhiozzo. Carlo e Vicky soffocarono una risatina, scambiandosi un'occhiata fulminea. *Confounded*!, pensò il tenente, in italiano quel cognome non doveva suonare un granché. Si corresse:

– Il commissariato di piazza del Collegio Romano mi invia di continuo rapporti informativi, rendiconti, elenchi, inventari sui sopralluoghi effettuati in più zone della città. Trastevere, Regola, Monti, Esquilino, *including* San Giovanni e persino i quartieri bombardati di San Lorenzo e dell'Appio, fuori Porta. Padre Gregory qui lo sa bene. Monsignor Gregory –, si corresse mentre con lo sguardo tagliava il tavolo in diagonale – lo sa, ne abbiamo parlato ieri in ufficio. Non è cosa segreta, siamo autorizzati a parlarne con persone responsabili... altrimenti certo io non...

Accucciato a fianco del padrone di casa, Brian Gregory lo scrutava obliquo di sotto in su dalle fessure azzurre, le dita intrecciate sotto gli antichi bottoni d'argento che dardeggiavano sul velluto nero. La franchezza di Marvin aveva rovesciato la situazione. Era l'irlandese, adesso, a doversi mettere dal suo punto di vista.

– In certi quartieri quasi non c'è famiglia (padre, nonno, ragazzino) senza la sua brava pistola Beretta o il suo fucile. Non è una congiura, è un fenomeno massivo... *massive*, di massa. Per non parlare delle cassette per la frutta piene di bombe a mano che stanno nei retrobottega, dei fasci di moschetti 91 accatastati nelle cantine. È un armamentario da guerra civile.

– Alla foce del Tevere, l'inverno scorso, il sommergibile fantasma (avremmo potuto vederlo all'emersione passando di lì per caso!) –, sorrise – presumo non portasse gelato, tenente...

– *Correct...*

– ... ma armi e istruttori inglesi.

– Per scacciare i tedeschi.

– Perché Roma insorgesse contro i tedeschi.

– Ma i tedeschi se ne sono andati senza che fosse sparato un solo colpo.

– Roma era "città aperta".

– Oh, sicuro, al nemico ponti d'oro.

Brian Gregory rovesciò da dentro in fuori le palme delle mani nascondendone il dorso lentigginoso:

– Gli avete rovesciato addosso una pioggia di bombe mentre scappavano sulla Cassia, chiusi nei loro carri armati, i tedeschi e quello che restava dei fascisti...

Maria Lovatelli spinse graziosamente in fuori le labbra dipinte di carminio. Marvin si raddrizzò verso il suo interlocutore:

– I tedeschi se ne sono andati e gli italiani si ammazzano tra loro. I comunisti fanno fuori i fascisti e viceversa, i partigiani impartiscono giustizie sommarie (si dice così?), al Nord ormai si sparano tra vicini di casa, per *business* loro. Quanto a Roma, prima stavano in montagna, sui Monti Cimini, sul Soratte. Sì, il Soratte dell'ode a Taliarco... Ora che sono scesi in città – *if they're the ones* –, se uno strappa un manifesto gli sparano addosso un intero caricatore in mezzo alla strada.

Vicky sembrava fissarlo imbronciata sotto il riverbero del candeliere di Lalique. In realtà Maria Vittoria non era imbronciata. Pur sapendo che intorno a quel tavolo si stava giocando una partita decisiva, non poteva fare a meno, proprio in quel momento, di pensare quanto le piaceva, in Doubleday, quel mettersi la mano dietro la schiena tutte le volte che, passeggiando insieme, casualmente le si accostava. Come per timore di sfiorarla. Lo facevano in verità tutti gli ufficiali americani che incrociava sui marciapiedi romani, probabilmente erano buone maniere da cadetti, una grazia cavalleresca da *college* militare, come il ballo con le debuttanti. A casa di suo padre l'aveva visto fare solo ai camerieri del servizio di tavola e appunto perciò, in Doubleday, le metteva tenerezza.

– Marvie –, sussurrò dolcemente – i partigiani sono dalla nostra parte.

– Oh, *confounded*! Ma da quale parte! Dei comunisti italiani, o dei trotzkisti? Meglio dire contro...

– Contro i *parvenus* –, arrotò sporgendosi il padrone di casa.

Maria Lovatelli sorrise soavemente all'indirizzo di Compagno Sarti.

– Contro chi?

Ci fu un certo imbarazzo.

– Contro la piaga piccolo borghese, che è quella che ha nutrito il fascismo –, risolse brillantemente Vicky.

"È un genio!", pensò Carlo. "Bellissima, quando si accalora", si disse Marvin soggiogato, ma ancora non pago dell'argomentazione.

– Dalla parte del popolo e nello stesso tempo delle *élites*, Marvie. Di tutti noi seduti a questa tavola, che abbiamo studiato il problema, che sappiamo quello che è bene e quello che è male per le masse e che intendiamo metterci al loro fianco –, e spalancò gli occhi brillanti. – *Senatus populusque romanus*. E tu, tenente, sai di che parlo perché sei uno studioso, conosci la storia. La solidarietà dell'*élite* e del popolo... –, rise trionfante – ... contro i congiurati di Catilina.

Brian Gregory mormorò:

– Vicky...

Lo sformato di carote e sottili patate essiccate fatte rinvenire in *sauce fumée* era arrivato da quella parte del tavolo e lei doveva servirsi. A casa Jovi Frezza c'era una fantasia geniale nell'elaborazione dei menù in base alle scarse assegnazioni annonarie. Non che Maria Vittoria incontrasse alcuna difficoltà a reperire il cibo, al contrario. Dal suocero si mangiava roast-beef regolarmente e il contadino di suo padre, nonché cognato di Teresa, in quella stagione poteva ancora mandarle trionfi di frutta e ortaggi e cacciagione da fare impallidire una natura morta fiamminga. Ma per Vicky elaborare (inimitabilmente!) le materie prime che tutti potevano trovare era una specie di scommessa tra lei e i suoi ospiti, in cui cospiravano assieme pauperismo, gusto minoritario e un'adorabile bizzarria.

Anche Brian Gregory adagiò delicatamente sul suo piatto la fetta giallastra.

– Tenente Doubleday, senza la tenaglia dei partigiani a nord e a sud, nel Reatino e intorno a Latina, e senza tanti uomini coraggiosi a passare continuamente le linee, la vostra campagna sarebbe stata più difficile. Ora, mi perdoni, non è saggio rendere più difficile la loro.

– Ma quale campagna. *It's mafia*. Brigantaggio. I rapporti informali di Migl...

Si corresse:

– ... della polizia italiana e dei nostri reparti speciali continuano a segnalare depositi di armi e con tante armi in giro, finché ce ne saranno, io non me la sento di escludere niente, neppure, in seguito... *how can you know*?, una guerra civile anche qui, a Roma. Per ora risultano comunque omicidi a sangue freddo, agguati, regolamenti di conti, vendette pri-mi-ti-ve...

Arrotondò la *erre* a regola d'arte, mentre Maria a fianco lo guardava fosca e rapita.

– Ma in seguito, quando ce ne saremo andati e gli italiani dovranno scegliere il loro governo...

– Hanno imparato l'omicidio dai fascisti e dai tedeschi. Sono cose che succedono dopo le guerre e le occupazioni. Non sono i *poppoli*... –, esitò Brian Gregory – ... a volere la guerra e la violenza, sono pacifici, i *poppoli*!

Marvin incontrò per un attimo lo sguardo miope e sfuggente di Compagno Sarti. E come no, pensò, specialmente gli irlandesi...

– ... ma una volta che l'istinto alla lotta ha preso il sopravvento la cosa più saggia è che voi soldati, pastori di popoli come dice Omero...

Marvin strabiliò.

– ... e noi pastori di anime tentiamo di capire, perdonare, non interferire. Non giudicare.

– Per non essere giudicati –, azzardò Marvin.

– Per non essere sconfitti... –, strascicò Carlo, che volle anche riempirgli il bicchiere allungandosi come un rettile preistorico. "Ah! Il vino dolce della Sabina." Che affrontassero un *set* di doppio, provassero un percorso al galoppatoio coi loro cavalli tornati dai poderi dell'Agro, dov'erano stati nascosti, o discutessero di elezioni universitarie, Carlo, Maria Vittoria e i loro amici parlavano sempre in termini di vittoria e di sconfitta. "Ma" pensava il tenente Doubleday "chi li avesse frequentati e osservati bene non poteva non concludere che a loro era riservata solo e strettamente la prima."

– Marvin –, lo interruppe serio Compagno Sarti – le direttive del Partito sono impegnate a fare di tutto per riassorbire le frange oltranziste del movimento partigiano. La linea Togliatti è chiara, e quanto a Secchia un po' di dialettica non guasta, esiste in tutte le realtà democratiche. Ma dateci tempo, smettetela di starci alle calcagna. Gli elementi estremisti verranno isolati ed estromessi. Il Partito ha fatto già tanto in questa direzione.

– *Hold on a second.* Estromessi e messi dove? Passeranno agli anarchici, ai sindacalisti rivoluzionari, ai partiti che vogliono la...

– Non la vuole nessuno, lo sapete benissimo. Questo paese ha già avuto... –, contò sulle dita aperte: – ... il fascismo, la guerra, la sconfitta, l'occupazione tedesca, e appunto...

Calcò con un dito gli occhiali sul naso e sospirò come chi ha bisogno di molta pazienza:

– ... la guerriglia partigiana. Noi marxisti italiani vogliamo imboccare la via democratica al comunismo, la via nazionale come dice il compagno Stalin, che un opportunista non è di certo. E questo è poi il pensiero... mi pare, di un compagno storicista, un crociano, un certo Antonio Gramsci, che il fascismo ha fatto morire in carcere e che aveva intuito tutto. Ci vuole il consenso – *d'you see, Brian, what I mean*? Con-sen-so –, non è con la lotta armata ma attraverso l'influenza, l'egemonia culturale che edificheremo lo Stato socialista.

I leggendari occhi di Maria Lovatelli, la scozzese dell'aristocrazia nera, erano cangianti come lo shantung che le fasciava il busto lasciando fuori tutte le spalle. E quegli occhi espressero una contegnosa approvazione dell'intuito di quell'Antonio Gramsci.

– Vogliamo una Costituzione moderna. Un referendum istituzionale ed elezioni democratiche, tanto per cominciare... –, Compagno Sarti assaggiò un goccio di vino dolce, si bagnò appena le labbra, mentre Brian Gregory estraeva una scatoletta di vecchio avorio, forse una tabacchiera, dove teneva le sigarette.

– ... e più potere ai sindacati, una maggiore tutela della classe lavoratrice, una nuova legge agraria nonché la riforma dell'istruzione. Cose fattibili, concrete. La tentazione rivoluzionaria è in minoranza nel blocco della sinistra. Possiamo tenerla benissimo a freno...

Compagno Sarti si guardò intorno e, sempre guardandosi intorno, continuò:

– ... soffocando e sotterrando tutto quanto *voi,* Marvin!, state cercando di portare allo scoperto. Fate male. Avrete ripercussioni non positive, credete, anche dal vostro punto di vista.

Marvin lo stava scrutando. Si chiedeva se fosse informato di quanto accadeva al Nord, se fosse in buona fede o un machiavellico, ma non aveva risposta. Per lui era un "dilemma avvolto in un enigma", come avrebbe detto Winston Churchill. Era il turno di Compagno Sarti, ora, d'essere franco. Respinse con un cenno delle sopracciglia la Pall Mall che gli veniva offerta da Brian attraverso la tavola, quasi un incoraggiamento, non si sapeva se a continuare nel discorso o a tacere:

– Marvin, questo continente è vecchio. Voi americani vi misurate qui con l'antica tradizione politica dei papi e dei prìncipi...

Il padrone di casa e accanto a lui Maria Lovatelli si guardarono deliziati.

– Per ottenere il consenso occorre quella che Max Weber definirebbe, come il calvinismo, una fede pervasiva e Marx una Gerusalemme celeste collettiva. *La trahison des clercs*? Ma i veri intellettuali non hanno mai tradito, e ora additano la via. Quanto al resto siamo davanti alla stessa scacchiera, credete, nella quale, Marvin, c'è posto per tutti, ma non tutti si muovono allo stesso modo. Solo le piccole pedine, anonime...

E accostò in aria il pollice e l'indice, a significare la loro piccolezza, per lasciare poi la mano sciogliersi in un gesto noncurante:

– ... possono muoversi in una sola direzione. Il movimento dei pezzi figurati non è univoco, ma equivoco e trasversale.

Confounded! Parlava come un cardinale cinquecentesco incrociato con un ebreo di Princeton. Si sarebbe detto fosse lui il rappresentante della Chiesa, non Brian Gregory, l'aristocratico monsignore di Sant'Anselmo, che ora taceva.

– Conta il fine, mica il mezzo. Dovunque la guerriglia partigiana ha conseguito e consegue lo scopo contrario a quello che lei teme. Il piccolo borghese è vigliacco, Marvin, e piglia sempre fischi per fiaschi. Le uccisioni, le esecuzioni, servono a fare desiderare l'ordine e insieme a reprimere ogni velleità fascista.

– E direte cosa alla gente?

Fu Brian Gregory ad alzare gli occhi cerulei dalla gelatina di cotogne, mele che provenivano direttamente dai giardini di largo Elvezia.

– Ma, *dear,* se non erro questo è precisamente –, sorrise candido – il suo di problema.

– Il mio problema è accertare la verità.

– Il suo problema è decidere, ora, quale è la verità migliore, e più utile poi.

– Mi sembra che monsignore l'abbia già perfettamente chiara.

Vicky era fiera della sua gelatina di mele cotogne, trasparente, preziosa come rubino, che i convitati sembravano particolarmente gradire. Le coppe scintillavano vuote. Alzò baldanzosa lo sguardo verso il tenente Doubleday.

– La verità è che la violenza è sempre e solo fascista. Non importa chi ha effettivamente sparato, chi ha premuto per ultimo il grilletto. Importa chi è stato il primo. La sottocultura fascista ha invalso il costume della brutalità. Non c'è mai stato niente di sanguinario nella cultura di sinistra. Le bandiere sono rosse del sangue dei compagni, non del sangue *tout court*.

E gli anarchici che avevano fatto saltare i treni? E gli attentati alle singole persone? Ma probabilmente l'interpretazione della *Italian National History* fornita dai corsi per gli ufficiali dell'esercito americano era – *how to say*? – parziale. *Ad usum Delphini*: ancora una volta il latino gli veniva in soccorso. Era lui il Delfino. In effetti, da altre fonti aveva sentito dire che un bandito, il Giuliano, era amico degli americani e che, bene, lo sbarco in Sicilia senza la mafia, o almeno senza i *paisà* italoamericani, gli indesiderabili rimpatriati da Chicago... E quel Dom Pérignon, no... quel Dom Calò che il colonnello Irving Mills nominava sempre?

Forse ogni lotta per la libertà aveva, inizialmente, i tratti del banditismo. Non li aveva avuti, un secolo prima, la guerra di liberazione contro gli austriaci e, nel Sud, contro i piemontesi? I piemontesi? Può darsi facesse qualche confusione nella storia d'Italia, forse non ricordava bene. Per restare su un terreno sicuro, lo stesso Marvin Doubleday senior non aveva scaricato il suo *Rifle* contro i sudisti? Per non parlare della Rivoluzione Romana di Professor Pflaum, il quale aveva scritto testualmente che dal primo secolo avanti Cristo la via maestra alla democratizzazione era passata attraverso atti di sangue, opportunamente coperti e idealizzati da un'*élite* economica e intellettuale all'altezza della situazione. In grado cioè di prendere in mano le cose, e di capire il nuovo, magari, eventualmente, di negarsi come classe. Come s'erano formate le prime potenti gerarchie della Chiesa dei Poveri e dell'Evangelo, se non dai maggiorenti cittadini?

Oh, *élite* non ci s'improvvisa. Non lo erano stati, non avrebbero certo potuto esserlo quei ridicoli fascisti. Il piccolo borghese, l'insetto infestatore della società moderna. Sempre dalla parte del torto, sempre in errore. Prende fischi per fiaschi, aveva detto Compagno Sarti: bella espressione, doveva rammentarla e usarla anche lui alla prima occasione. Così tipica. Il piccolo borghese nazista, fascista, il dannato stupido piccolo borghese americano con le sue aspirapolveri, pestatore di negri, sprezzatore di ebrei e intellettuali. Ma un'*élite* deve avere storia, argenti, cristalli di famiglia, conoscere Orazio e i *Quartets* e serbare insieme quella, oh, quella soavità che non avrebbe impedito a Vicky di impugnare un Winchester, o il *Rifle* del nonno, come fosse una racchetta Dunlop.

Il vino sabino gli stava dando alla testa.

– Vicky, nel mio lavoro con Professor Pflaum, e in quello che svolgo qui, che sono poi molto simili... ("forse l'unica storia inventata in cui vedrei l'apparizione di un oraziano come plausibile", rifletteva "è un giallo: posso pensare che qualcuno di noi risolva un omicidio").

Aveva usato la parola *job*, anche se certo né l'uno né l'altro, né la professione di storico – sia pure *engaged* – né quella dell'investigatore potevano definirsi "lavoro" in senso proprio. Suo padre glielo rinfacciava fin troppo spesso. Ma tra gli invitati a quella tavola chi poteva dire di avere un *job*? Né fare il prete né studiare erano un lavoro, o, fra l'altro, una professione – in termini marxiani, non producevano plusvalore. Tutti i commensali esercitavano, piuttosto, un *duty* – qualcosa di simile, se mai, a una missione. Anche questo lo faceva sentire affine a loro.

– Il mio mestiere...

Già quella parola andava meglio. Esisteva solo nelle lingue neolatine, rifletté.

– Il mio mestiere, Vicky, è appurare la verità dei fatti.

Sottolineò le ultime parole, arrotondando la *erre* come gli scozzesi e raddoppiando la *effe* di fatti. – *The matter of fact*. La materia, la sostanza dei fatti è morale ... mi sto spiegando?

Non si stava spiegando, si stava inerpicando su un'erta difficile. A parte Vicky, che non sembrava seguirlo, aveva davanti un fisico, Compagno Sarti, e un metafisico, Brian Gregory, e per ciascuno di loro la realtà era fatta di una differente sostanza. Inoltre, diversamente che per lui, per entrambi loro la verità esisteva *a priori*, non era cosa da doversi appurare.

– La verità è storica. Non importano i dati contingenti, transitori... –, sussurrò infatti Brian Gregory come una litania, rigirando contro la candela il calice color topazio.

– *That is*?

– Vuol dire che se anche l'esercito partigiano ha usato le armi per fare... per compiere atti di violenza, la colpa storica della violenza è dei fascisti, *ergo* le armi e gli atti sono fascisti –, intervenne Vicky scandendo la sua affermazione con voce piena e sonora e deponendo il tovagliolo di lino alla sua destra, con aria definitiva.

La Fede. *Lovely*!

– Ma questo è falso!

– *Not necessarily* –, anche Compagno Sarti aveva deposto il tovagliolo. – E poi è utile. A chi giova insanguinare il nome dei partigiani? Meno di tutti a voi angloamericani, che li avete armati e sostenuti, quando erano la vostra quinta colonna. Noi comunisti abbiamo una missione politica fondante...

Un *duty*. Ancora. La missione e il sangue. Due parole su cui evidentemente si fondano, o rifondano, gli stati. Le liste di proscrizione della Repubblica Romana, il *Rifle* del nonno. Il sangue comunque – rifletteva il tenente Doubleday avviandosi con gli altri in salotto per il caffè – appartiene sempre agli stessi. Al liberto, al piccolo borghese che non sa mai nulla, che non arriva mai sotto la superficie delle cose. E il *duty*, anche quello rivoluzionario –

la missione, la responsabilità del cambiamento –, a quanto pare è anch'esso sempre appannaggio dei medesimi. Di quanti possono farsene carico, di quanti non devono esercitare un *job,* ma solo un *duty*.

Oh, avrebbe impostato il problema con Professor Pflaum. Ne avrebbero discusso nel rivedere la sua tesi di dottorato, a Baltimora.

A via Frisi, ora di cena...

Quando Roberto tornò a casa, dopo essere stato a lungo in visita a Renato su a via Oriani, la tragedia era scoppiata. Non seppe mai come Iselda avesse potuto essere stata già informata del lutto. Com'era avvenuto che la notizia avesse passato in un baleno le linee per scaricarsi come una folgore sulla loro sala da pranzo, in via Paolo Frisi, apparecchiata per il pasto serale. Sapeva che di queste cose la gente veniva a conoscenza molto tempo dopo, mesi dopo. Se tanti vivi non riuscivano a comunicare con i familiari e venivano pianti per morti... figuriamoci i morti. Dovevano entrarci il Vaticano, gli Alleati, i servizi segreti, non sapeva chi e che cosa, ma era così: avevano telefonato, una telefonata fatta da Roma, per dire che lui era stato ucciso.

Iselda sedeva sul lino del sofà azzurro con i grandi occhi smarriti, tormentando con la mano il lungo filo di perle. Bianca era in piedi, le spalle alla finestra e riferiva, o quasi mimava, la voce sembrava non volerle uscire di gola, il messaggio della nonna. Era lei che aveva preso la telefonata. Entrambe avevano gli occhi asciutti e le mani che tremavano.

No, non era stato un incidente. Lui era stato "giustiziato". Erano arrivati nottetempo alla Querciolotta alcuni sconosciuti armati e lo avevano prelevato, insieme a due esponenti repubblichini, che però sembrava vivessero in città e fossero in paese per caso. In paese, non con suo padre alla Querciolotta. Questa cosa non si capiva bene: se fossero passati prima dalla tenuta e poi in paese, ma si pensava che fosse stato l'inverso.

Comunque Alessandro gli altri non li conosceva, era cosa certa, non aveva niente a che fare con quelli, non li aveva mai visti. Ma con loro, i due maturi fascisti – comandanti delle Brigate Nere? –, era stato trovato cadavere, perché, dopo averli prelevati dalle rispettive abitazioni, li avevano portati tutti nei pressi del cimitero di Villa Basilica e contro il recinto erano stati fucilati quella stessa notte, dopo poche ore, forse un'ora dopo la cattura. Il solo conoscente che Alessandro avesse nel suo esilio, il Bovio, un professore di Torino sfollato presso parenti all'inizio della guerra dopo i duri bombardamenti di quella città e che con Alessandro giocava volentieri a scacchi, aveva detto a Maria Adele che non aveva idea di chi fossero gli assassini, benché conoscesse praticamente tutti lì intorno, e che comunque se anche l'avesse saputo non l'avrebbe mai detto. C'era una guerra civile in corso, da una parte e dall'altra c'erano vittime e lui sentiva molta pena per quelle vittime, ma parlare di delitti e di colpevoli, denunciare qualcuno era insensato. Maria Adele faceva riferire tutto questo per informarli di quali fossero le speranze di ottenere giustizia.

Sembrava a Roberto di conoscerlo, il professor Lamberto Bovio. Su di lui, sulla presenza di un uomo di cultura, aveva fondato la speranza che Iselda organizzasse i suoi studi in campagna. Il padre glielo aveva descritto per lettera, in modo faceto e con un po' di sarcasmo (perché Alessandro era un bell'uomo grande e aitante e un po' impietoso verso chi non fosse altrettanto dotato), come un mingherlino un po' curvo, con i pantaloni alla zuava dai quali uscivano due zeppi che trascinavano grandi scarpe e gli occhialini tondi sul naso a becco. Subito il professore gli tornò vivido in mente come se l'era immaginato, davanti alla scacchiera persiana del nonno. Maria Adele mandava a dire che aveva dovuto fare tutto da sola, come se Alessandro se lo fosse portato via la peste. Aveva dovuto dare sepoltura a quel genero così mal morto – verso il quale loro tre credevano ora, costernati, di sapere che in verità lei non nutriva alcun sentimento da vivo – con grande smarrimento e dolore. Adesso aspettava soltanto il passaggio delle linee, che ormai doveva essere imminente, per piangerlo con i suoi cari.

Informava di aver scritto due lettere: una ad Iselda e Bianca e una a Roberto, ma che per quelle bisognava aspettare un corriere e sarebbe stato molto più difficile. Così diceva l'informatore anonimo: che c'erano due lettere, ma non si sapeva chi le avrebbe recapitate, né quando. E aveva ripetuto a Bianca, atterrita, che suo padre era stato fucilato, che questa era la cosa essenziale, così aveva detto,

”essenziale”, da comunicare alla madre e nelle lettere non si diceva nulla di più. Aveva aggiunto qualcosa sui partiti armati, sulle armi o cosa, ma a quel punto Bianca non aveva udito altro perché si era sentita venir meno. Poi la telefonata, anche molto lunga, si era interrotta.

Il tenente Doubleday è innamorato

Il tenente Doubleday è innamorato. Oh, la notizia aveva fatto il giro del comando, a cominciare dal sergente O'Groats – *Godammed*! – giù giù fino all'ultima ausiliaria, come portata dal flusso morbido delle onde dei capelli, mentre le teste si avvicinavano nel bisbiglio, e insieme da radiofoniche ondate di sassofono e ticchettii di macchine da scrivere Remington.

Quella mattina il sole batteva sul Colle Oppio, dove aveva sede il comando dell'Oss, infilzava acuminati raggi attraverso le persiane, abbassate sui soldati che conversavano appoggiati al muro del corridoio e strizzavano gli occhi, indorava in aria il fumo delle sigarette. Ogni volta che il tenente Doubleday entrava al comando aveva addosso gli sguardi di tutti ed erano in genere di simpatia, venata di emulazione in quelli degli uomini, di vera e propria adorazione in quelli delle ragazze. Perché aveva i capelli castani e veniva dal Maryland e emanava un aroma di dopobarba inglese. E perché era un Doubleday dei fiocchi di mais istantanei Doubleday, che ogni mamma americana conosce. Ma soprattutto perché era così amichevole e alla mano con ciascuno al comando, con i suoi uomini e anche con il personale, compreso quello italiano e persino le donne delle pulizie. Anzi si diceva che qualcuna fosse stato proprio lui, così occupato e con mansioni tanto delicate e importanti, a preoccuparsi di farla assumere. Per buon cuore, e non solo al comando, ma anche all'ospedale militare del Celio, come infermiera o inserviente. Un benefattore.

Ma quella mattina lo scrutarono tutti più attentamente, mentre attraversava il corridoio centrale col suo passo elastico. Perché il tenente Doubleday era innamorato! Di un'italiana, si diceva, una nobildonna, forse una principessa. Un ufficiale inglese dell'*Intelligence* lo aveva visto con lei al tennis di casa Lovatelli, che anche lui frequentava, e poi le dattilografe in gruppo lo avevano incontrato, senza essere viste o riconosciute, all'uscita del concerto per le truppe alla Basilica di Massenzio, nel grande parcheggio semibuio, mentre aiutava a risalire in macchina la misteriosa italiana bionda, che aveva uno spolverino blu copiativo e un cappello con la veletta. Ma sulla veletta e addirittura sul cappello c'erano incomprensibili contraddizioni, perché alcune parlavano invece di una chioma sciolta, bionda o forse fulva. Era notte.

Marvin entrò nel suo ufficio senza chiudere la porta. Il *mug* con il caffè era già sulla scrivania, caldo e fumante: lo avevano visto arrivare. *Freshly brewed*, come piaceva a lui. C'era un'aria strana al comando quella mattina. Come di sospensione. E quel sole – *Dammit*! – che filtrava dalle persiane e tagliava la stanza a strisce bianche e nere. *Black and white*... oh ... come il whisky che gli aveva fatto bere il colonnello al bar del Flora finché non s'erano fatte le due, come il fascicolo di "Masses" che giaceva ancora sulla scrivania con i suoi caratteri "bastoni" inconfondibili, neri sul bianco. Bella grafica e dannato monsignore. Quando lui era entrato, l'altra mattina, Brian Gregory l'aveva in mano.

L'irlandese era venuto a cercarlo senza preavviso, qualche giorno prima, e tutti si erano messi sull'attenti. Un monsignore, così poco cattolico all'aspetto, in *clergyman* ma con l'anello al dito, e che anello, la chioma argentea e il viso adolescente, l'aria felpata, lo sguardo inquisitivo e interrogativo degli occhi verdi o cerulei secondo la luce, un modo di fare insieme insicuro e insinuante, come titubante ma solo per formalità. Chiedeva del tenente Doubleday, avevano in comune degli amici, lo avevano fatto subito accomodare, addirittura sedere nel suo ufficio. Gli amici erano i giovani Jovi Frezza.

Come se tutto dipendesse da lui, Doubleday; perché era questo che con mille circonlocuzioni era lì a suggerirgli. Di lasciar perdere, di insabbiare o depistare le indagini. Come se lui non dovesse rispondere a nessuno, come se fosse il padre eterno. C'era di mezzo – così aveva esordito – una persona in buona fede, una giovane persona avventata e inesperta verso la quale lui aveva diciamo stima? O vogliamo dire amicizia? O forse, e perché no, dell'affetto e dell'umana comprensione? Mettere a tacere, ecco la cosa più saggia; nessuno scrupolo di coscienza, per carità. Non sarebbe stato lì a chiedere. Ma entrambi sapevano bene che era stato un periodo oscuro, l'occupazione tedesca, e aveva fatto tante vittime non solo fisiche ma anche morali, come dire, psicologiche, una follia collettiva, comprensibile, veniale, la cui responsabilità era nella violenza nazista e fascista... E il monsignore parlava, parlava. Svogliato, ma parlava.

Oh ma lui, Doubleday, non era il padre eterno, purtroppo. Poteva considerarsi un gentleman che avrebbe anche potuto fare, eventualmente, una cortesia. Ma c'era ben altro in pentola. E aveva un gran mal di testa... Per fortuna quella mattina non aveva visite. Il sergente Michael O'Groats si affacciò e subito scattò sull'attenti:

– Buongiorno, signore. Bella giornata, signore.

– *Come in.*

Bella giornata un corno. Quelle lame di sole lo stavano trafiggendo. Bevve un sorso dal *mug,* povera la sua testa. Lei la testa gliela l'avrebbe mai tenuta tra le mani? Tra le bianche mani dalle unghie a mandorla tagliate corte?

– Novità da Migliavacca? –, chiese sommessamente, sperando non ce ne fossero.

– Sissignore. Un nuovo ritrovamento, signore. Terrifico, signore...

– Riposo, O'Groats.

– Grazie, signore.

Rilassò le gigantesche spalle simili a quelle di un giocatore degli *Yankees* in tenuta da campo. L'incredibile sviluppo muscolare di Mike O'Groats, da quali ascendenti gli venisse e soprattutto come facesse a mantenerlo nel sedentario lavoro d'ufficio, era per Doubleday, che pure faceva ogni mattina le sue flessioni, uno dei misteri romani più fitti, paragonabile solo all'onniscienza della Bocca della Verità o alla reincarnazione guadagnata dai fedeli nel mitreo di Santa Prisca.

– E dove sarebbe stato questo ritrovamento?

– Un enorme deposito di armi, tenente, dentro... dentro alla *Tower of*... alla Torre di Pisa.

– Di Pisa? Ma è un'altra città, ma che dici O' Groats?

– Una torre, spiacente, devo controllare.

– Lascia perdere, continua.

– Non si può descrivere, signore, un arsenale... Una cosa... una cosa fuori dall'immaginazione. Bombe, fucili mitragliatori, vere e proprie mitraglie da campo, persino due bazooka, pistole che non si contano... *Holy Jesus*! e tutto insieme con le munizioni, scatole su scatole, di ogni tipo, tutto stipato là dentro, proprio un arsenale... quando ha telefonato che ci mandava il motociclista con il rapporto be', insomma, si sentiva che anche lui... Migliavacca e i suoi... e anche qui i ragazzi... ci sono proprio tutti rimasti di... be' come dire... –. Il sergente O'Groats era eccitatissimo, balbettava quasi, il bel viso marziale tutto rosso sotto le lentiggini. – Ma legga, tenente.

E indicò sul tavolo la velina fitta di dattiloscritto che doveva aver appena deposto là, impaziente.

– Ma la cosa... la cosa incredibile è che la porta è chiusa, sprangata. È certo che non è stata aperta da un centinaio di anni.

– Ah sì. Da un centinaio di anni, dici...

Poi come una furia lui, il pacifico Marvin che

non perdeva mai la calma, a voce bassa, però, ché la testa, oh!, la sua povera testa...

– Ma che accidenti dici stamattina, O'Groats? La torre di Pisa. La porta sprangata. E tutte quelle cose dentro che mi hai appena elencato, dannazione, come ci sono arrivate?

– Sono lì, dentro la torre, come diavolo si chiama, vicino a quei ruderi...

– Torre Argentina?

– No, no... C'è scritto lì, legga, tenente... Più su, davanti al Foro, come si chiama, il foro di Torino, Toriano... di Traiano –, e intanto si avvicinava alla scrivania.

– La Torre delle Milizie!

Lesse trionfalmente, piegando la testa quadra e rasata, sbirciando sul foglio che vi aveva depositato:

– Sì ecco, la Torre delle Milizie.

– E la torre è chiusa da centinaia di anni!

– Lo dicono gli esperti.

Pochi minuti dopo il tenente Doubleday era in piedi davanti alla portiera aperta della balilla nera su cui stava appoggiato di sghembo, in bilico sul gomito, l'italiano basso nel lungo impermeabile bianco, la cui testa nera e lustra scintillava al sole che scaldava la rotonda di accesso alla Torre delle Milizie, vicino al mezzogiorno.

Dall'alto, sulla sinistra, era tutto uno scivolare di ruderi giù per le pendici (del Viminale? si chiese Doubleday, che non era ancora riuscito a collocare i sette colli nella topografia di Roma occupata, quella città disordinata e assolata) fino al grande lago dei mercati traianei e ancora al di là fino al Colle Capitolino. Peccato quell'interruzione, quella via voluta da Mussolini, che conduceva ai grandi fori. Il tutto sfigurato, nello sfondo e in quella prospettiva, dall'intervento monarchico dell'altare della Patria: *the typewriter*, la macchina da scrivere, come lo chiamava il tenente Doubleday per via dell'inconfondibile forma. Gli archeologi italiani che facevano, mentre si compivano quegli scempi? E i professori di storia? E quel Croce, professore di estetica, di cui si leggeva la voce sull'Enciclopedia Britannica, oh no... professore no. Lui si urtava se lo chiamavano così, aveva sentito dire. Ma invece di queste minuzie e ridicole suscettibilità, ma insomma... non poteva costituire un *pressure group* internazionale? Misteri. Piazza Venezia e il fatale balcone di lassù non si vedevano, nascosti dal serpeggiare della via IV Novembre e dei suoi caseggiati tutti in discesa. Alcuni solenni, altri meno.

Là presso si ergeva la grande costruzione militare miracolosamente intatta dopo sette secoli, la torre da dove solo la leggenda voleva che l'imperatore Nerone avesse assistito all'incendio di Roma, non lontano dalla *Domus Aurea* e dal Colle Oppio, da dove cioè lui e il vecchio Mike O'Groats indegnamente, per così dire, provenivano. Ma pur sempre la torre confiscata da Enrico VII, quando venne incoronato imperatore romano. La costruzione dominava solenne i due uomini che la interrogavano.

– Fussi che fussino talpe, tené.

– *What?*

Il commissario stava in piedi accanto all'antico battente di bronzo medievale, sprangato.

– La cosa, tenente, che m'ha incuriosito subito... –, biascicava svogliato Migliavacca nel suo italiano che Marvin doveva fare grandi sforzi per capire, indicando il pesantissimo chiavistello arrugginito – ... è indove fossero passati. Sto pezzo di fregno...

"Questo *clausillum*", lo corresse mentalmente Doubleday, quasi chiedendo scusa agli autori della commedia latina e perfettamente ricordando le serenate ai chiavistelli degli amanti fuori della porta dell'amata, un *topos*. L'amata... Oh... Una luminosità come di neve gli calò sull'anima, una biondezza pensosa, un fioco chiarore di pelle tesa, palpitante, profumata...

– Non è stato sforzato, tené, mi sentite? Anzi ci giurerei... –, e sputò fulmineo di fianco. – Questa... nemmeno aperta. Fussi che fussino talpe...

– Cosa?

Il tenente spinse avanti il mento in segno interrogativo. Migliavacca estrasse un pettine dal taschino e cominciò a lisciarsi indietro la chioma impomatata:

– Una galleria, tenente. E infatti ci sta.

– Infatti cosa, commissario?

– Una galleria che neanche il budello dell'inferno... –, e guardò Marvin con le pesanti palpebre semichiuse:

– Avete capito, tenente? Una galleria ci sta che è come una quaresima, che quando so' arzate le ganasce della fogna si può seguitare tutta insino a la Marina.

– *What*? Fino a Ostia?

– A' tenente, e capiteme. Alla Marina. Insino al ministero della Marina, al lungotevere. Me so' chiarito? –, concluse indolente.

Confounded! Le fogne. Capiva i mitrei. Capiva le catacombe. Aveva saputo che in quelle di Santa Priscilla, sulla Salaria, monsignor Gregory e i suoi avevano tenuto nascosti centinaia di ebrei e di clandestini. Ma ora anche le fogne! La *Cloaca Maxima* di età repubblicana? *Unbelievable*!

– A' tenente, se non ci credete, accomodateve... –, e fece una specie di mezzo inchino cerimonioso, accompagnandolo col corto braccio – ... che poi... –, e tirò fuori un taccuino dai margini riccioluti che prese a sfogliare con difficoltà umettandosi il dito, mentre il tenente Doubleday istintivamente si ritraeva. – Appuntà! –, aveva chiamato. L'appuntato s'affrettò, controluce, verso la macchina essendo rimasto discosto per riguardo ai superiori, ma pur sempre a tiro di voce: – Appuntà, vammi un po' a prendere i verbali...

– E dove?

– Ma in coppa a o' sedile –, disse Migliavacca che parlava anche il dialetto di ciascuno dei suoi sottoposti. – ... sì, alla fine di febbraio... aspetta nu' poco... –, e avvicinò al naso il taccuino. – ... Al venticinque febbraio, capito, appuntà? Che questo pe' l'italiano –, e senza riguardo accennava col capo al tenente Doubleday, come se non fosse là a fissarlo – ci ha più boni l'occhi che l'orecchi.

E rivolto al tenente, sempre più frastornato:

– Ci avrei anche un regazzino morto ammazzato a la Marina. No a Ostia, tenente, mi capite? –, e il capo andò lentamente all'indietro come se Doubleday stesse in quel mentre crescendo di statura. – Un affare del febbraio scorso.

E scandì con le labbra tumide:

– Un pischello trovato morto al lungotevere nei pressi del ministero della Marina, e proprio allo scavalco d'un tombino, che... a più accurata e diligente ispezione è apparso non perfettamente chiuso o meglio recante i segni d'una recente e non ben dissimulata effrazione –, finì col leggere sul verbale redatto in data 25 febbraio 1944. Alzò torpidamente gli occhi dal foglio:

– Avete inteso, tené? Può anche esse che tutto l'armamentario... se movesse, da solo o in compagnia, in giro per le gallerie della cloaca, e poi eruttasse fora i danni che andava facendo un po' qua un po' là.

– *Yeah, yeah* –, il tenente Doubleday tagliò corto annuendo velocemente col capo, sempre dritto in tutta la sua altezza e nervoso. Però era in gamba il commissario Migliavacca, non c'era che dire. Non fosse stato per il disagio che gli provocava quell'uso indiscriminato e continuo della saliva: sul dito quando sfogliava i rapporti che poi gli consegnava, sul pettine, persino sulle scarpe quando le spolverava col fazzoletto. Ma il tenente Doubleday non era, oh no, proprio non era un razzista nei confronti degli italiani, come certi americani e soprattutto inglesi che conosceva (dei francesi sospettava che lo fossero verso *tout le monde*). Da certi automatismi etnici sapeva prescindere e poi più erano tipici e più si esercitava a riferirli agli antenati latini degli interessati, benché qualche volta fosse un poco difficile... comunque provava ad animare, in quei gesti, le centinaia di facce immote, ma altrettanto tipiche, dei Musei capitolini. Gli sarebbe piaciuto lavorare con Migliavacca in *team*, magari invitarlo qualche sera a cena all'Hotel Flora, forse meglio al club, meno formale. I militari ballavano la sera e lui poteva portare la signora. Ma c'era una signora Migliavacca? –, si chiese. *A smart guy*, comunque.

All'appuntato era rimasta aperta in mano la cartellina bisunta (ma che ci facevano con le carte al commissariato di piazza del Collegio Romano?) dalla quale penzolavano due fettucce lise:

– Questo è per voi –, proclamò generosamente Migliavacca mettendovi dentro il foglio e consegnando il tutto nelle mani riluttanti di Doubleday, che si affrettò a passare il fascicolo a Mike O' Groats, come se scottasse. E in realtà quel fascicolo scottava, pensò il tenente. *Watch out, buster*, disse a se stesso. Attento, bello.

L'aria tiepida e tersa dei fori tremò all'improvviso di un cupo boato. *Dammit.* Il cannone di mezzogiorno del Gianicolo.

Lo stadio Flaminio

Dalla finestra vide lo *sky terrier* di nome Venier prendere dritto la via dei cancelli di Villa Glori. Era sabato. Era quasi notte: un'ora strana per una passeggiata, ai primi di novembre. Roberto metteva in ordine i fogli delle dispense e aveva fatto anche un elenco ordinato dei libri da richiedere in biblioteca, delle citazioni da cercare, delle pagine dove inserirle nella tesina alla quale lavorava. Evitava Iselda e Bianca e stava di nuovo in mansarda, a studiare. Sapeva che allo stadio Flaminio c'era un incontro di *foot-ball* tra militari americani, o magari era di boxe nel quadrato all'aperto situato sul prato al centro delle gradinate dello stadio, ai piedi della collina. Pensò che forse quella sera avrebbero potuto esserci frequentatori nel parco. L'aria era dolce. Qualcuno che con il binocolo volesse godersi l'incontro riservato alle truppe alleate e ai loro amici e invitati. Ma subito si ricordò che dalla villa lo stadio non era visibile. Un giovanotto, che aveva provato senza successo a vedere le partite dal belvedere, se ne lamentava con gli amici al Caffè delle Muse, neanche due settimane prima. Roberto ricordava distintamente la conversazione. Aveva detto – com'è che aveva detto? –: "Allora è meglio dal terrazzo di casa mia".

Ma dal terrazzo di casa sua quel giovanotto avrebbe potuto vedere il quadrato lontano illuminato a giorno dai riflettori, non la boscaglia vicina dove stava raspando il cane. Roberto pensò che lì qualcuno poteva sempre vagare, qualcuno che ignorava di non trovare un buon punto di osservazione, che vi passeggiava senza mèta, che vi portava la ragazza. Ma che non si vedesse il match o la partita, questo era sicuro. Lui ne aveva la certezza. E la certezza si tramutò in decisione. E la decisione da quel momento divenne precisione di gesti, freddezza, rapidità, coordinamento, ordine logico nella successione: divenne sistematica e perentoria.

Scese le scale, aprì la porta dell'appartamento chiusa a chiave. Tutto era chiuso a chiave. Da due giorni. Percorse il lungo corridoio. Sempre girando chiavi arrivò in camera sua senza incontrare nessuno dei familiari. Frugò nell'armadio in cerca di un impermeabile che non metteva da mesi e che aveva cacciato bene in fondo, quand'era sceso dalla mansarda, alla fine della reclusione. Si rovesciò una scatola, caddero figurine di ras e negus, le figurine della guerra in Africa Orientale. "Non mi dire che sono ancora qui." Le lasciò tranquillo sparse per terra, erano un centinaio, avevano invaso il pavimento, prese l'impermeabile che stava cercando e lo indossò. Riprese il corridoio. Raggiunse lo studio. Scostò lo sportello della vetrina quel tanto da infilare la mano dietro gli oggetti che la nascondevano e la prese, la rivoltella. Era la prima volta che la toccava dopo la morte di suo padre. Pensò che lui avrebbe voluto averla, quella notte alla Querciolotta.

Si avvicinò al lume sul tavolo, era ormai buio fuori, la molla della rivoltella ebbe uno scatto morbido e compresso. Le sue dita già esperte fecero scivolare il caricatore, che prese dalla tasca dell'impermeabile, subito dentro la fessura. Lo spinse fino in fondo col palmo della mano. Ci fu un altro scatto ancora più elastico e breve, come se la pistola fosse soddisfatta di essere stata nutrita. L'infilò nella cintura. Si accorse quanto era dimagrito in quelle ultime settimane e temette, anzi fu sicuro, che nella cintura la pistola non avrebbe retto e sarebbe scivolata. Preferì metterla nella tasca destra. Si infilò i guanti che in quel gesto aveva trovato al fondo dell'altra tasca, estrasse anche la striscia di stoffa impermeabile che si legò alla vita perché il *trench* non spiombasse, mostrando l'ingombro della pistola.

Scese le scale rapidamente. Non erano ancora le sette di sera ma la portineria appariva già chiusa per il sabato fascista come si chiamava, prima della guerra, l'orario prefestivo e si avviò dietro il cane che stava indugiando sul marciapiedi e dietro i fanali spenti, mentre l'ombra del suo accompagnatore aveva già superato i cancelli. Pensava sempre ad Alessandro, con furore. Passò da un cespuglio all'altro, nascosto dall'ombra, con una tecnica del pedinamento che aveva perfezionato durante l'occupazione tedesca, quando cercava di sapere ciò che si tramava contro i camerati, e ci riusciva quasi sempre. Si era anche esercitato negli ultimi giorni per rifarsi un allenamento, scegliendo ora l'uno ora l'altro ignaro passante.

Ancora, come ai bei tempi dell'occupazione nazista, sentì il cuore battergli in petto con esultanza. Sentì il corpo saldo e ben addestrato, scattante, sicuro, sempre più "una splendida forma per la sua anima", e fu certo che non aveva patito per il dimagrimento. Tutta l'umiliazione per la paura del ricatto e per l'angoscia d'un pericolo ignoto, capace di ghermirlo all'improvviso senza che sapesse da dove veniva, s'erano sublimate in una fredda furia, in una esaltazione che lo faceva lucido e fiero dei suoi singoli gesti così precisi e belli e puri, senza timore. Era calmo e contava tra sé: numeri dispari come il fiottare ritmico del cuore, come i passi del cavallo prima dell'ostacolo, tre, cinque, sette...

Saliva in mezzo ai cespugli evitando i sentieri, sorvegliando dall'alto l'andare incerto, vagante, impuro del cane e del suo accompagnatore. Quando vide costui profilarsi ben chiaro sulla spianata a pochi metri da lui, tirò fuori la pistola di tasca e mirò con calma, con le due mani ben ferme. Subito dopo esploso il colpo lasciò cadere la pistola e si serrò il bavero dell'impermeabile sulle orecchie con le mani guantate. L'ultima cosa che udì fu lo sparo. Ma l'aveva davvero udito? Da quel momento la scena gli apparve come un film muto. Non fuggì, rimase senza respirare, non udì né un grido né un lamento. Solo vide il cane che aveva preso a scendere a precipizio verso i cancelli. Rimase così, immobile, molto a lungo, non avrebbe saputo dire quanto. Attese, nascosto nei cespugli, man mano abbassandosi carponi fino a terra con le braccia a circondarsi il capo come sotto un bombardamento, finché fu sicuro che nessun altro aveva udito, che nessuno stesse sopraggiungendo. Raccolse la pistola. Il silenzio era completo, anche se a un più attento e lungo ascolto c'era un brusio quasi impercettibile e come un'eco lontana a renderlo più palpabile. Cominciò a correre in direzione opposta a quella che aveva preso il cane nella sua discesa precipitosa. Forse la bestia guaiva, forse avrebbe richiamato qualcuno? Scese a precipizio sull'altro versante verso lo stadio.

A mano a mano che correva in direzione dello stadio udiva levarsi indistinte le grida e poi sempre più chiare. Rallentò il passo e giunse all'ingresso sud: non era più sorvegliato, l'incontro era ormai al termine. Pure alcuni ragazzi del quartiere s'erano infilati, assistevano in piedi presso l'entrata. Roberto andò in cerca del custode per chiedergli dove fosse la "latrina" (si stupì di pronunciare senza imbarazzo una parola così volgare), per tornargli accanto poco dopo, per rimanervi sino alla fine dell'incontro, commentandolo con brevi battute spiritose nel suo romanesco, anche se più tardi non avrebbe saputo dire chi fosse in campo. Le battute continuarono in inglese quando si avvicinò amichevolmente al gruppo anche un sergente americano, un tipo alto e lentigginoso, aitante come un boxeur, che lo sovrastava di una spanna buona. Perché, come abbiamo detto, Roberto era un ragazzo aggraziato e proporzionato che sembrava molto bello a Iselda, ma non era granché di statura. Aveva uno sguardo innocente e un riso comunicativo, quando aveva voglia di ridere, come quella sera.

Il canto gregoriano a Sant'Anselmo

La domenica, era mattino presto e tutto era fresco e come lavato, Lisa restò a lungo nel Giardino degli Aranci ad attendere che arrivasse il suo amico americano per la consueta passeggiata. Un itinerario che li portava, con vari giri e sguardi al panorama, fino a Santa Sabina e poi a Sant'Anselmo, a tempo per la messa delle nove, quella accompagnata dal coro dei benedettini del convento, dove si tramandava il più puro e arduo esercizio di canto gregoriano. Quando venne l'ora, senza che Marvie fosse arrivato, si avviò in fretta verso il recinto della chiesa, dove entrò, facendo scricchiolare la ghiaia davanti al portico, affannata per la corsa in salita. Varcò il portale e spinse il battente mentre già gli svolazzanti abiti neri si disponevano frettolosi sugli scranni di legno del coro ai due lati dell'altare. Aveva atteso Marvie fino all'ultimo minuto, anche di più.

Non riuscì a seguire la musica. Le orecchie non servivano. Le era sempre occorsa molta concentrazione per ottenere che la sua mente accompagnasse fin nelle più riposte curve il lungo arabesco, che oscillava, si snodava e riannodava verso una sempre più alta astrazione. Non era una musica facile "quel volo di uccelli immobili e perfetti in un cielo senz'aria" e le voci dei monaci andavano seguite una a una con un serrato slancio, come stando in punta di piedi. E quella mattina la sua mente era altrove. Era sconcertata dal ritardo perché Marvie non aveva tardato mai. Forse solo una volta ma di pochi minuti. Piuttosto arrivava sempre con un grande anticipo, come non avesse nulla da fare, e lei lo aveva sorpreso talvolta ad attenderla con l'aria avvilita di chi è là da tempo immemorabile.

Lisa sapeva che se avesse guardato verso la porta proprio al momento del suo ingresso sarebbe stato per lei poco dignitoso, avrebbe tradito ansietà o almeno attesa per il suo arrivo. Non voleva che ciò avvenisse. Marvie doveva sorprenderla intenta e indifferente alla sua assenza. Gli avrebbe fatto un pallido cenno di saluto che significasse chiaramente come lei era là per ascoltare, venisse o no a sentire anche lui era un particolare trascurabile, un privilegio accordato. Ne facesse lui l'uso che più gli era gradito. Per lei al massimo era un'abitudine della domenica, quella di vederlo, ma poteva benissimo farne a meno.

Comunque era certa che sarebbe arrivato: perché non doveva? Ogni tanto Lisa trasaliva. Era come se un alito d'aria nella chiesa gelida di pietre fosse mosso da un corpo che si siede nel banco vicino, o come se una mano fosse per posarsi sulla sua spalla, leggermente, da sentirsi appena. Ma coraggiosamente non si mosse, né si voltò una sola volta.

Quando la messa interminabile finì, poté finalmente volgersi indietro, certa di scorgerlo sul fondo, addirittura convinta di avere sentito tutto il tempo il suo sguardo sulle spalle. Non lo vide e cominciò a sfollare lentamente con i pochi altri, guardandosi attorno. Ma nella chiesa, subito semivuota, fu chiaro che lui non era arrivato. Le sembrò tutto più pallido e sguarnito là dentro.

Il presentimento che non l'avrebbe più rivisto la prese subito come un improvviso vuoto. Si erano sempre dati convegno una volta per l'altra, ben pochi avevano ancora il telefono attivato in quei primi mesi di dopoguerra; forse lui sì, per via della madre, ma Lisa non aveva mai pensato a chiedergli il numero, non c'era l'abitudine a contare sul telefono. Scoprì con sorpresa però che non sapeva neanche esattamente dove abitasse. Lui glielo aveva forse detto così, vagamente, ma l'indirizzo non lo aveva. Del resto aveva sorvolato perché non ci teneva a dare il suo: che avrebbe detto sua madre, così poco socievole e così sospettosa, se le fosse capitato in casa e senza preavviso un tipo del genere? Lisa sentì un profondo senso di abbandono e di solitudine e sperò ancora, con tutte le forze, di vederlo arrivare con il suo passo strascicato sulle scarpe da golf malandate, sempre le stesse. Oppure di vederlo appoggiato col gomito alla balaustra del belvedere, in quel modo un po' fatuo che lo faceva somigliare a una statua di Prassitele.

E, in un solo momento, sentì tutta l'assurdità di quel poco, anzi di quel niente che aveva sempre saputo di lui, personaggio uscito da un libro che in un libro sembrava rientrasse, di quel suo bizzarro e docile compagno di passeggiate e di letture e del loro amputato rapporto, che a lei, abituata a contentarsi di poco, era bastato. Non capì, ma sentì un'ombra oscura scendere sulla gioia di un'amicizia e di un affetto che, come molti altri che le appartenevano, era difficile distinguere e chiamare per nome, separandolo da altri simili e tutti diversi. Sta di fatto che da quel giorno, pur continuando a trovarsi nei luoghi delle loro passeggiate, come per abitudine, non si ostinò a cercarlo né si fermò ad attenderlo; sperò solo, con una certa ansia, d'incontrarlo per caso.

Comunque Lisa non capì. Né d'altronde avrebbe capito, se anche avesse letto un trafiletto di cronaca nera, che forse i giornali pubblicarono e forse no, in cui si diceva che un certo Mauro C. di anni ventidue, nato ad Amatrice, noto alla polizia come ragazzo di vita uso a frequentare militari alleati sugli argini del Tevere, era stato trovato ucciso lontano dal luogo dove d'abitudine si prostituiva e dunque probabilmente da qualcuno cui aveva dato un appuntamento eccentrico, forse un cliente sul quale aveva tentato un ricatto. La polizia indagava. A Lisa quella notizia non avrebbe detto assolutamente nulla, né quindi avrebbe potuto aiutarla a capire, se anche l'avesse letta. Ma non la lesse e poi era veramente arrivata ai giornali? E i giornali che eventualmente l'avessero ricevuta, non la scartarono forse all'ultimo momento, per altre senza dubbio più importanti? Succedevano tante cose a Roma, verso la fine del '44.

Qualcun altro non capì perché quel ragazzo

amante dei cani non si fosse più presentato a prendere e portare a passeggio lo *sky terrier* della signora americana, Deborah Calvert-Jones, un maggiore delle ausiliarie di una certa avvenenza (anzi l'ultima sera Venier era tornato a casa da solo e sembrava terrorizzato). E fu il portiere dello stabile in cui il maggiore aveva preso alloggio nei pressi di Villa Glori, ai Parioli. Ma non si stupì, perché del resto il ragazzo per quel servizio non percepiva alcun compenso e forse, non vedendo arrivare la mancia che attendeva, si era stancato. Indubbiamente, poiché appariva bisognoso, aveva trovato da fare qualche altro lavoro retribuito e non aveva più tempo per il cane. Ne domandò una volta distrattamente al portiere del dodici che glielo aveva presentato, ma neanche quello ne sapeva più niente e poi sembrò che neanche avesse capito bene di chi gli domandava.

L'interrogatorio

– Di mio padre, era di mio padre. Non conosco nessun arsenale.

Quella fu la prima volta che Doubleday ebbe finalmente una risposta alle sue domande.

– Di suo padre, sicuro, e questa Colt 45 –, il tenente la posò con deliberata imprudenza sul tavolo sfilandola dalla sua fondina – questa è di mio nonno che ha fatto la guerra di Secessione.

Aveva deciso di fare il duro, il tenente Doubleday, per male che gli riuscisse, al modo del sergente O'Groats che aveva avuto così tanti meriti nella cattura del prigioniero. Il vecchio Mike lo chiamava brutalmente come un gangster, e cioè "faccia d'angelo". Ma non era il suo stile, così proseguì più ragionevole e composto:

– Guardi, signor Corigliano, che io non sopporto i bugiardi. Le bugie le dicono i bambini e lei non è più un bambino. Alla sua età, anzi molto più giovani, i romani già guidavano gli eserciti, lo sa? Abbia il coraggio di affrontare le sue responsabilità. Ha già diciotto anni.

Ammesso poi che il documento d'identità fosse

autentico. Oh, *Dammit*! proprio non li dimostrava diciott'anni, quell'isterico baby-fascista. Aveva vomitato. Aveva strillato tutta la notte come una marmotta scotennata. Povera la sua testa e quella dei suoi uomini. Forse per tutti i bicchieri che il sergente gli aveva fatto ingoiare. Ci sapeva fare il vecchio Mikey O'Groats coi ragazzini, tirarselo dietro dopo un match di boxe. Oh, *well*, non approfondiamo. Certo anche questo aveva un'aria da ragazza, *a blushing blossom*. Aveva avuto occhio il vecchio Mike, meglio non dire per cosa, ché una certa fama ce l'aveva: tutte calunnie probabilmente. O'Groats rivendicava una Pid (*Professional Intuitive Disposition*) innata, che con la *Security* aveva e non aveva a che fare, con quella del signor Corigliano no di certo. Ma era stata preziosa: e conta il risultato. Forse O'Groats aveva avuto fiuto davvero: un bel colpo, congratulazioni, realmente un buon lavoro.

– Signor Corigliano, leggo qui che nella sua prima deposizione in cella, raccolta dal sergente Michael O'Groats (è stato lei a non volere uscire per venire da me!), ha dichiarato che suo padre non è in grado di confermare in alcun modo quanto lei afferma, né dare spiegazioni sulla provenienza dell'arma che avrebbe dovuto essere consegnata.

– ... infatti.

– Perché sarebbe morto due giorni fa, ma lei non vuole o non sa dirmi né dove né come, e sostiene che non è disponibile alcun certificato di morte, né in generale alcuna documentazione relativa a suo padre a partire dall'estate del 1943, cioè da ben oltre un anno.

– Mio padre ha lasciato Roma nel luglio del '43, dal giugno del '44 si trovava oltre le linee.

– Oltre le linee dove? Perché non è rimasto a Roma? Suo padre era ricercato? Dai tedeschi? Dai fascisti? O al contrario fuggiva proprio perché era fascista? Che cosa faceva oltre le linee? Chi lo nascondeva? Era andato a Salò?

– Non posso dirlo.

E lo guardava impassibile e definitivo, il *kid*, e se Doubleday capiva qualcosa non avrebbe più dovuto aspettarsi risposte. Non muoveva un muscolo del suo bel viso roseo, anzi solo appena le labbra, gli occhi azzurri fissi e inespressivi e con un lieve strabismo. Chi ha detto, voleva sapere, che gli italiani sono bruni e con gli occhi neri? Quelli sono i garzoni italoamericani che infornano *pizza-pies* e verranno da altre regioni. L'avrebbe detto a Mary Beth tornato a casa: a parte le infermiere del Celio, lui aveva incontrato solo italiani biondi e con gli occhi azzurri e anche i dipinti di Raffaello... Oh, no. Quel pensiero era un'ossessione.

Il ragazzo muoveva appena le labbra. Pregava, forse? Si sa, gli italiani sono molto cattolici. Ma no, non pregava, non lui. Si sarebbe detto cantasse. Cantava? Non è possibile. Si canta per addormentarsi, ma quando si è interrogati, e da un ufficiale dell'Oss, bisogna essere molto svegli, oh sì, molto svegli e intelligenti. *Get wise*, avrebbe voluto dirgli, fatti furbo.

– Signor Corigliano, lei è un giovane uomo intelligente, il suo linguaggio, il suo vestiario, *well*, voglio dire il suo aspetto, la sua condizione... Da quello che la mia esperienza a Roma mi suggerisce, dovrebbe essere... insomma lei mi appare proveniente da un ambiente educato e civile...

Oh Dio, niente a che fare con l'*élite* di casa Jovi Frezza, oh no. Ormai le capiva bene queste sottigliezze. Avrebbe potuto disegnare una mappa dettagliata dei connotati di ogni particolare ambiente, ogni *nuance* di livello la coglieva a colpo d'occhio. Avrebbe riportato a Mary Beth quella mappa e sarebbero divenuti tra i loro amici gli esperti del vecchio continente. Oh! Così vecchio, ma anche così giovane e vitale. Roma, il posto ideale per aspettare la fine del mondo... perché era quello il paradosso, l'antinomia vecchio-giovane, la dialettica interna tra antico e vergine, ha vent'anni ma ha lo stesso viso dipinto da Raffaello. Oh no! Ancora lei, Vicky.

– Perciò capirà, signor Corigliano, è meglio ascolti bene ciò che sto per dirle.

L'italiano del tenente Doubleday che lo stava interrogando era praticamente perfetto, anzi aveva persino un lieve accento romano, noncurante, e persino elegante e assolutamente stupefacente in un ufficiale americano. Roberto smise di contare tra sé. Come un'improvvisa vampata di calore, lo sorprese il ricordo indistinto di una cadenza, un'inflessione strana che aveva nelle orecchie, ostentatamente inglese, tutto il contrario del parlare sommesso, corretto, disinvolto del suo inquisitore, ma se ne liberò subito. Si era lasciato prendere dal panico quella notte in guardina, ma solo per colpa del gin. Accidenti a quel cristo di mezzo pugile in uniforme e al suo invito alla mescita di via Flaminia, dove poi sul tavolo era comparsa la borraccia del gin, accanto alla birra. Non sapeva perché, ma gli era presa una ridarella, un'allegria, una voglia di sbronzarsi, che era dai tempi dei campeggi con Renato che non gli prendeva così. E s'era fidato, accidenti a se stesso stavolta, s'era fidato di brutto e aveva cominciato a inneggiare al fascismo e ai camerati, agli uomini fatti per la guerra. Ma così, per impressionarlo, ché quelle cose forse neanche le pensava più. Uno che fa ciò che lui aveva fatto, con un tale coraggio, quel gelo nel petto, come può fare poi una simile fesseria? Andare alla mescita del Flaminio con un M.P.? Gli era piaciuta la scommessa, s'era esaltato alla bellezza, alla perfetta, fantastica circolarità del racconto che avrebbe fatto a Renato: che c'era di meglio come alibi di un marcantonio di poliziotto americano?

Anche Fausto ci avrebbe sformato. Mica solo lui era capace di farsi amici gli Alleati, di rigirarseli come voleva, di fare l'amicone coi nemici. Che poi Mike era proprio un bel tipo, se non fosse stato quel giuda che s'era dimostrato. Anzi la sera prima aveva pensato proprio a Fausto, ma per dire che ci aveva ragione, non c'era niente di strano a fraternizzare con gli Alleati. Erano soldati o no? Quel sergente lui l'ammirava, un fisico, ci aveva. Quando se le sarebbe mai sognate due spalle così messe, Renato? Hai voglia anelli, in palestra. Aveva i capelli a un centimetro dalla cute, che davano tutta la curvatura del cranio e una potenza al collo e uno spicco alla mascella... S'era lasciato andare, ma che aveva detto? Proprio non se lo ricordava. Cose che non pensava forse più, apologia della forza e della guerra, fatte per piacere a un soldato così, per fraternizzare. L'importante era non dire più niente.

– Signor Corigliano –, riprendeva pazientemente Doubleday – io sarò franco e leale con lei. Lavoro per questo ufficio, l'Oss americano a Roma, che ha l'incarico d'indagare su qualsiasi attività segreta e dunque, almeno in questo periodo, vietata. Attività militare o politica, che si svolga nei territori occupati dalle nostre truppe di liberazione e dietro le nostre linee. Ma il mio compito, nell'ambito di questo ufficio, è più specifico. Consiste nel venire a conoscenza con ogni mezzo possibile, esclusa la tortura –, e sorrise – dell'ubicazione di depositi occulti di armi. Ho l'incarico anche d'individuare e sequestrare singole armi in possesso di privati. Lasciando ad altri, e cioè alla magistratura italiana, la sanzione per tale reato, e anche alla polizia italiana il compito d'indagare e procedere per eventuali singoli episodi criminosi, o illeciti, che con tali armi siano portati a termine da cittadini italiani. Sempre che si tratti di delitti comuni e non politici e non si configurino come insurrezione armata e veri e propri fatti militari. Lei mi segue?

Il ragazzo non batté ciglio.

– Quindi ciò che mi interessa specialmente è la provenienza dell'arma che il sergente O'Groats le ha trovata addosso, anzi che lei ha spontaneamente mostrato al sergente senza subire perquisizioni.

Trovata?... Mostrata?... E come no, che se non gli fosse scivolata di tasca quello nemmeno ci pensava. A divertirsi, a chiacchierare pensava.

– Sull'uso che lei ha fatto della pistola, se ne ha fatto uso, non dico di non essere interessato, ma mi riguarda solo indirettamente e solo in seconda istanza, perché il reato per me è già nella sua detenzione. Sono chiaro? Capisce bene cosa dico?

Il ragazzo non fece alcun segno di assenso.

– Io seguito a ricevere, sia dai nostri inquirenti sia dai colleghi italiani, notizie di continui ritrovamenti di armi, che non vengono spontaneamente consegnate, come invece impone la legge marziale. Per lo più armi di fabbricazione italiana, e dunque presumibilmente in dotazione ai fascisti, moschetti 91 e pistole Beretta, per la verità quasi tutte del tipo di quella in suo possesso: Beretta automatica modello 34, calibro 9 corto. Ho bisogno di conoscerne la provenienza e lei su questo deve essere sincero.

Roberto lo guardava fisso, senza alcuna espressione decifrabile.

– Signor Corigliano, *on the other hand*, il Servizio d'Informazione del comando alleato, coordinato con il comando della Pubblica Sicurezza italiana, riferisce, e lo testimoniano sempre più numerosi verbali d'interrogatorio, che per tutto l'ultimo anno e cioè dal luglio del '43, ma in particolare dal settembre, si sono svolti atti di violenza privati, aggressioni e persino omicidi che non si configurano come atti di guerra. Sono da considerarsi forme di delinquenza comune, da parte di squadre di giovani e giovanissimi teppisti bene armati, qualificantisi come fascisti, contro giovani "non organizzati, ma testimonianti altre idee politiche" –, (sì, così li aveva chiamati Vicky) – e questo assolutamente a prescindere dai rapporti tra i partiti clandestini, oggi legali, e gli occupanti tedeschi. Tutto questo, cioè, rimane fuori dalle vicende della guerra partigiana che gli Alleati hanno sostenuto e riconosciuto. E quando le dico omicidi mi riferisco anche all'assassinio di un quattordicenne, tale, ecco... Fraschella Pietro, sarà Pietro Fraschella –, disse quasi tra sé Doubleday leggendo dal verbale – che gli inquirenti hanno ragione di ritenere legato a questi atti di violenza. Conosceva questo giovane?

Non ebbe bisogno di frugare nella memoria. Fu certo. Anche se più tardi non capì come aveva potuto, tra tanti di cui parlavano, anche esagerando, i congiurati. Perché anche di altri morti si parlava, tra i camerati. Ah! così si chiamava la sciarpa gialla: Fiaschella. Quattordici anni! pensò con sprezzo Roberto. Che ci facevano i fessi di quattordici anni nella guerra tra pesci rossi e camerati? Ma non disse nulla.

– Le mie indagini nella capitale –, Doubleday continuava il suo monologo – hanno avuto il risultato di ricostruire una rete clandestina di comunicazione che si serviva dell'antica rete fognaria romana, la Cloaca Massima, utilizzandola come percorso sotterraneo, rapido e riservato per unire lontani quartieri (quasi come la metropolitana che il vostro regime ha sempre progettato e mai costruito). E non solo, ma anche come nascondiglio di armi e materiale bellico, e forse di armati. Depositi collocabili soprattutto nella parte terminale, quella che corre in pratica sotto il Foro Romano...

Voltò le spalle al ragazzo, che sembrava il docile allievo di una lezione del Dottor Doubleday all'Università di Baltimora, e indicò sulla carta topografica con il righello:

– Proprio qui, all'altezza della Torre delle Milizie, abbiamo trovato depositi in quantità maggiore dell'usuale, ma sempre delle medesime armi su cui stiamo indagando, armi che ad ogni ritrovamento disegnano i nodi delle maglie di un'ampia rete, nella quale sfortunatamente parrebbe che lei sia caduto.

Era di nuovo rivolto verso di lui. Il tenente Doubleday doveva essere mancino, perché teneva la bacchetta impugnata con la sinistra e poggiata mollemente sul palmo destro. L'aria era severa e interrogativa. Come a un allievo:

– Che mi dice? –, domandò.

Nella Torre delle Milizie? Al Foro Romano? Questo è matto, pensava Roberto, ma non mosse un solo muscolo del viso pur continuando a fissare l'interlocutore come aveva fatto dall'inizio del colloquio fino a riuscire quasi a non vederlo. Stava seduto davanti all'ufficiale diritto e composto, il mento un po' sollevato, i gomiti sui braccioli, le dita intrecciate.

– Una quantità di armi da rifornire un piccolo esercito. Ma il comando alleato non lascerà mettere a repentaglio l'incolumità di uno solo dei suoi uomini...

E quando mai? Quelli, pensò ironicamente Roberto, pur di non rischiare la pelle, erano capaci di bombardare una mezza città per stanare due cecchini. E Montecassino? Chi l'aveva fatta in briciole l'abbazia per il fantasma di una guarnigione? Quelli certo che la guerra, l'eroismo l'avevano nel sangue!

– ... perché una manciata di teppisti, risparmiati dalla guerra –, aggiunse Doubleday – quella vera, giochi a fare imboscate nella Cloaca Massima, neanche fossimo ai tempi di Catilina, della Repubblica Romana.

Il tenente era compiaciuto della sua oratoria, ma avrebbe dovuto fare più attenzione a Roberto, che per la prima volta era impallidito e ora andava lentamente coprendosi di chiazze di rossore.

– Non siamo venuti a giocare con voi ragazzi, qui a Roma, una città che difenderemo nelle sue antiche e libere istituzioni, per dirla con Cicerone! –, concluse solennemente.

Ma in Roberto l'impassibilità, duramente imposta a se stesso, si stava dissipando, insieme ai postumi della sbornia. Invano cercava di pensare con irrisione:

"Si scalda l'americano, manco fosse lui Cicerone..."

In realtà Roberto aveva paura. Ecco quello che Renato gli nascondeva, pensò per la prima volta e, per nascondergliielo meglio, lo evitava. Ecco perché se l'era presa tanto per i sospetti di pedinamento, perché era così teso, i nervi a fior di pelle. I camerati non s'erano disciolti, soltanto lui si era lasciato distrarre, tra la fine dell'estate e l'autunno, con l'università e fino a quella fulgida estate di San Martino con le sue passeggiate stordite. Distratto da Iselda, dagli esami, dalle sue personali ossessioni, aveva creduto di potere fare da solo. E intanto era morto suo padre. Nessuno avrebbe più potuto proteggerlo mai.

Gliel'avevano ucciso, Alessandro, senza che lui nemmeno percepisse il pericolo, facesse qualcosa per cercare di evitarlo. Continuare a militare, magari lontano da lì, fare muro con gli altri camerati contro gli assassini di Alessandro, non permettere che arrivassero lì come il lupo nell'ovile, come la faina nel pollaio. Di tutti i progetti degli antichi camerati invece non sapeva più niente di niente, zero. Roberto che arrossiva sempre per gli altri stavolta arrossì per se stesso.

Contemporaneamente, come se la coscienza quasi nuova d'essere senza padre lo avesse indebolito, si fece strada e lo prese allo stomaco una nostalgia di Renato, che non lo cercava, che gli preferiva Bianca, ormai, per andare in gita a Fregene, dove i carabinieri avevano sparato a Muti e i camerati dicevano che era stato per ordine di Badoglio. Lo avevano ucciso su un sentiero, una piccola strada nella pineta che i veneti della bonifica gli avevano indicato col vezzoso nome di "Palombina", piccola colomba. Colombina e Arlecchino. Questo erano tornati a essere Renato e Bianca, come nella famosa recita alle elementari. Anche ora lui era in platea, troppo timido per recitare. Con la camionetta di Fausto ci erano andati a Fregene in quell'ultimo settembre dorato, e la scusa era che solo Bianca aveva influenza su Maria Adele e c'era un progetto che suo cugino accarezzava – dell'università era già stufo – e solo sua nonna, la padrona, poteva consentirgli di realizzare. Tutte scuse per tenerlo lontano dalle attività segrete dei camerati, dalle armi, che non sospettasse, perché Renato non lo considerava all'altezza.

Lo prese la nostalgia di Renato, delle corse sulla sabbia dove le postazioni delle mitragliatrici, i fortini costruiti dai tedeschi già si andavano sgretolando e le pallottole di alghe secche, perfettamente arrotondate dal mare, si tiravano come palle di neve da una parte all'altra dei cavalli di frisia. Nostalgia dei piedi nudi nell'acqua già fresca dove s'immergevano le più avanzate radici della pineta. E insieme agli ultimi fumi del gin scomparivano definitivamente tutte le illusioni e le superficialità di quella fine d'estate trascorsa credendo che ogni cosa fosse dimenticata, quasi un brutto sogno, finché l'autunno aveva portato quel segno sanguigno alla sua porta, l'avvertimento del suo persecutore inviato dai rossi. Gli avevano ammazzato Alessandro per vendicarsi di lui, di quello che aveva fatto durante l'inverno. Questa era la loro vendetta. Certo non l'avevano mai perso di vista, sapevano tutto di lui e della sua famiglia, nessuno era al sicuro. Con i fatti gli avevano ricordato che non si doveva né si poteva dimenticare. Quando si è uomini si deve affrontare la realtà, diceva l'americano. Una forte nausea lo aveva ripreso.

Non lo aveva creduto all'altezza? O forse Renato lo voleva per caso proteggere? Ci aveva una rabbia che lo torceva dentro, che gli toglieva il respiro. Si sentiva deluso, umiliato, ferito. Eh no!, lui sarebbe stato all'altezza. Non solo, ma per la prima volta sarebbe stato lui a proteggere Renato, lo avrebbe salvato come aveva fatto tante volte con lui. Chiudere i conti, costi quello che costi, prima di dirgli addio, prima che Renato si fidanzasse e poi si sposasse con Bianca e lasciasse Roma. Questo voleva. Non dovere più nulla a nessuno.

– Signor Corigliano, lei riconosce di appartenere a questa consorteria, a questo gruppo, a questa associazione a delinquere, o si tratta di cospirazione, di una congiura ai danni delle forze di liberazione da parte di fascisti, della cui dottrina politica lei ha dichiarato al sergente Michael O'Groats di sentirsi ancora partigiano?

E siccome Roberto, tutto congestionato, sembrava non capire:

– Insomma, lei appartiene a una "colonna"? Sapeva delle armi? Ha collaborato a nasconderle? Sa nulla dell'assassinio di Pietro Fraschella? Su tutto quanto a lei contestato come si dichiara, innocente o colpevole?

– Colpevole –. Finalmente il baby-fascista aveva parlato.

Il tenente Doubleday ebbe la netta sensazione che se avesse detto "colpevole o innocente" lui avrebbe risposto: "innocente". Come un'eco. Tanto fu meccanico, automatico lo scatto di quell'intervento, il primo dopo così ostinato silenzio. Come se in realtà fosse soltanto un modo di farlo tacere, di far cessare le sue domande incalzanti. Il giovane Doubleday pensò che era di quasi dieci anni più vecchio di quel ragazzo: gli sembrò un *kid* indifeso, qualcuno da proteggere.

Certo, pensò, inutile illudersi che dopo una sconfitta, che dopo una simile catastrofe e le sue distruzioni non ci fosse in atto un conflitto civile tra chi aveva avuto il potere fino a quel momento, e aveva voluto e giustificato la guerra, e chi si era opposto al regime. A tenere gli arsenali d'armi nascosti, per il momento in cui loro se ne fossero andati, potevano essere i partigiani dell'una come dell'altra parte, e questi proprio per il timore che i fascisti riprendessero il potere sotto altro nome: le "forze oscure della reazione in agguato", come le chiamava Vicky. Con tutte le proteste di Maria Vittoria, che attribuiva ogni cosa ai fascisti, armi i partigiani ne avevano. Al Nord i rapporti che riceveva dicevano che la guerra civile si era inasprita con eccidi da ambedue le parti. Perché non avrebbero dovuto conservare quelle armi anche a Roma, dove la progettata insurrezione popolare non c'era stata, ma forse era soltanto rinviata?

Dovevano averne di armi i partigiani, soprattutto i più intransigenti verso il trascorso e abominevole regime, quelli con un progetto più chiaro e un'organizzazione anche all'estero, i comunisti insomma o come si facevano chiamare Maria Vittoria e i suoi amici, Partito d'azione, gli pareva, o trotzkisti. In fondo così simili a lui e Mary Beth, così impegnati, così disinteressati!, ché da un livellamento non avevano che a rimetterci. Dovevano averne di armi e le sue indagini dovevano anche esservi arrivate molto vicino, se gli avevano mandato Brian Gregory con tutta la sua autorità. Un monsignore, un uomo di pace, come tacita garanzia che non sarebbero state usate, che la via della violenza era abbandonata per la via democratica al socialismo, forse addirittura come la promessa, gli pareva, che sarebbero state gradualmente consegnate.

Il suo dovere indubbiamente non era salvare il migliore, ma scoprire la verità, secondo il metodo induttivo d'indagine, il metodo filologico che gli avrebbe suggerito Professor Pflaum. Erano più numerosi gli indizi positivi contro i comunisti o contro i fascisti? Ma si trattava ancora solo di indizi, giacché uno di loro, in quella stanza, si stava dichiarando colpevole, sotto interrogatorio e senza minacce?

Ma era veramente un interrogatorio? Non poteva, non era americano, nello spirito della Costituzione, intendeva (anche se poi la legge marziale aboliva tutto), fare del baby-fascista, forse ancora sotto i fumi dell'alcol, un capro espiatorio. Anche se per quel che ne aveva capito suo padre era certo una spia "repubblichina", come si diceva. Anche se aveva una stupida faccia rosea e irritante. No, se ritrattava, se si dichiarava innocente... non era il caso di procedere, di attribuirgli una responsabilità così grande, era quasi un bambino. E stava per riformulare la domanda, ma Roberto lo anticipò di un secondo:

– Confesso, sono colpevole.

– E di che cosa esplicitamente si dichiara colpevole?

– Di avere occultato armi e di avere ammazzato Fiaschella.

– Chi era Fraschella, perché l'avrebbe ucciso?

– Perché era un pesce rosso.

– *I beg you pardon*? Cosa vuol dire, si spieghi.
– Un comunista.
– Cioè per motivi politici.
– Perché era un rosso.
– E come l'avrebbe ucciso?
– Con la mia pistola –, disse sicuro Roberto, che quella sera l'aveva passata a Renato, perché il suo revolver l'aveva chiuso a chiave Bice, sospettosa. – La pistola che ora ha il suo sergente. E ricordo che era la notte tra il 24 e il 25 febbraio all'una o giù di lì, nel cunicolo sotto il ministero della Marina. Fiaschella aveva i capelli neri ricci e una sciarpa gialla e l'ho ucciso con un colpo al collo.

Il tenente Doubleday era sbigottito: dal modo di esprimersi di quel grazioso giovinetto, ma soprattutto dalle cose che diceva. Intanto la notizia in sé era riservata, ma i particolari poi erano noti solo a Migliavacca, e a lui da ventiquattr'ore. Ma chi era il mostro che aveva davanti?

– Chi era con lei? –, riuscì a chiedere, turbato.
– Tutti.
– Tutti chi?
– I camerati.
– Mi faccia subito i nomi.
– I nomi se li scordi. Mai. Però posso dirle che la pistola non era di mio padre, era dell'arsenale dei camerati, infatti ce la passavamo.

Tanto, pensò amaramente Roberto, suo padre non poteva più smentire. E la sua faccia aveva un'espressione che dissuase Doubleday, rimasto di sasso, dal proseguire ed insistere. C'era nel suo rifiuto qualcosa di assolutamente definitivo.

"Forse domani...", pensò il tenente. Oh, ma lui l'aveva capito dall'inizio che c'era una connessione... i fascisti, il cunicolo, le armi, la Beretta e quel baby-fascista, la razza del fanatico: occhi chiari, assenti, un po' strabici. "La violenza è sempre e solo fascista", aveva ragione Vicky. Però che formidabile intuito, Marvin Doubleday junior, pensò ancora come stordito e poco convinto, sei un rabdomante. *A divinatio*, avrebbe detto Professor Pflaum.

Un appuntamento a lettere viene disdetto

Lisa sarebbe andata certo più spesso all'università se avesse saputo, anche soltanto supposto, di potervi incontrare Guido, che lei credeva deportato in Germania. Anche l'ipotesi lontana di un simile incontro l'avrebbe gettata in uno stato di confusione, turbamento, emozione, sonno perso e vago languore. Chissà come avrebbe preso a batterle furiosamente il cuore se avesse saputo che invece di essersi dissolto nella nebbia dei "campi di lavoro" – poco si sapeva in verità di cosa si trattasse – lui era in procinto di uscire da casa sua al quartiere Trionfale, proprio là nei pressi e proprio quella mattina, a quasi un anno dalla telefonata che le aveva fatto. Chissà quante domande si sarebbe preparata per lui. E a Guido, se avesse dovuto raccontarle anche solo metà della storia di come c'era arrivato, a casa, dopo la sparizione di ottobre, non sarebbe bastata un' intera serata. Ma francamente, se l'avesse avuta da passare con chi voleva la serata, davvero non avrebbe scelto Lisa. Infatti gli era uscita completamente di mente. Lui aveva preferito raccontarlo a Edgardo. Almeno lui ci capiva.

Guido stava per andare all'università per una pratica in segreteria quando una telefonata lo aveva bloccato. Quella mattina Edgardo non poteva, non era libero. Bisognava rimandare all'indomani. Così Guido rimase a casa. Del resto all'università andava di rado, preferiva lavorare con gli operai in cellula a preparare la propaganda seria, quella da fare tra la gente che avrebbe votato, non in mezzo ai ragazzini che spesso ventun anni non li avevano neanche. Per studiare c'era tempo. Quanto a Edgardo, pur di non andare laggiù lui trovava delle scuse, era sempre stato pigro e restio, anche prima della guerra, a imbrancarsi con le scolaresche. Ci aveva un suo snobistico e altero rifiuto. Si era iscritto alla Scuola di Biblioteconomia della Vaticana, vicino casa sua, entrava dalla porta di Sant'Anna e frequentava con assiduità le lezioni. Aveva avuto bisogno della malleveria del suo parroco perché accettassero la domanda. Era convinto che per fare studi storici e critici sulla letteratura italiana, che fossero seri, quella bibliografica era una preparazione indispensabile. Attività politica vera e propria non ne faceva, ma era un simpatizzante del Pci perché finalmente Guido lo aveva convinto. Come lo aveva convinto?

— Politicantismo, confusione, corruzione? Certo. Ma un rimedio c'è e sta appunto nel Pci del compagno Ercoli, quello ch'è sbarcato a Napoli il 27 marzo. Lui rappresenta, credimi, un fenomeno senza precedenti: è "un testimone oculare che viene dalla storia", come dicono i nostri. Arriva direttamente dalla storia e dalla rivoluzione. Guarda, se non temessi la retorica, direi che viene dalla "gelida

Terra Promessa" –, l'appassionato lettore di Maeterlinck ch'era in Edgardo rimase molto colpito da questa immagine –, come un pollone pronto all'innesto sulla realtà italiana. I fascisti in buona fede lui li capisce, vuole la riconciliazione con quelli che sinceramente, pur ingannati, hanno creduto.

Credere, come combattere e specialmente obbedire, spiegava Guido, non era affatto passato di moda! Poteva stare tranquillo Edgardo. E la serietà della storia con lo stalinismo era assicurata. *Ordo renascendi est crescere posse malis*, aveva citato Guido senza scusarsi per la sua erudizione, anzi una volta tanto schiacciando Edgardo in cultura oltre che in hegelismo. La legge del progresso sta nel suo sapere e potere avanzare proprio attraverso le sciagure, perché il giocondo divenire della storia guida il suo carro anche e soprattutto su montagne di cadaveri.

— Io mi ricordo –, aveva detto Guido con infinita pazienza e con l'affetto di sempre, che la riconciliazione però aveva esaltato, verso quel suo fascista mutante e incerto e docile, per la prima volta soggiogato – che tu una volta mi citasti un esempio, un aureo esempio secondo te, di uomo che crede nella politica e nella sua terribile serietà. Mi dicesti che Mussolini non aveva mosso un dito perché Galeazzo Ciano, suo genero, non venisse processato. Alto tradimento era stato il suo e doveva pagare con la vita. Processato a Verona, è stato fucilato. È vero. Allora una cosa voglio dirti, che tu certo non sai. Il figlio di Stalin, Jakov Dzhugashvili, prigioniero dei tedeschi, è morto tentando la fuga. E sai perché? Perché la proposta di scambiarlo con von Paulus, prigioniero dei russi, è stata respinta da Stalin: "Non scambio un soldato semplice con un feldmaresciallo!" è stata la risposta. Hai capito?

Edgardo aveva capito. Quando Guido era tornato a Roma, con un coraggio che rasentava la temerarietà, lo aveva fatto in mezzo a mille pericoli assolutamente reali, divisi equamente con la sua staffetta, una ragazzina intrepida, o incosciente?, di tredici anni. Avevano incontrato anche le SS: venivano avanti così, almeno quattro uomini affiancati, con le tute mimetiche e al collo i nastri delle munizioni, e sventagliavano col mitra nel folto delle macchie senza attendere di udire lo sfrasco, sistematicamente. I due viaggiatori s'erano buttati in un fosso e s'erano salvati. Come reali e tangibili erano stati quei pericoli, così lui aveva creduto reale pure l'insurrezione che si preparava, che lui preparava, e aveva mosso le sue pedine per individuare l'incarico di Edgardo nella milizia a Roma, pronto a gettargli la rete addosso prima che i fascisti battessero in ritirata. E a metterlo al muro. Ma poi l'insurrezione non c'era stata.

A quel punto Guido sapeva benissimo dove trovare Edgardo, che non era partito per il Nord, anzi da un po' di tempo s'era defilato. Così era andato a trovarlo a casa armato di intenzioni pessime, non sapeva bene quali. E la madre di Edgardo sorridendo aveva tritato il ghiaccio nel tè freddo come quando c'erano gli esami da preparare a fine anno scolastico, proprio di quella stagione, in giugno. E come un temporale d'estate – pensava Guido – a lungo annunciato, con nuvole sempre più nere che si gonfiano a invadere il cielo, ventate gelide, lontano brontolio di tuono e improvvisi, secchi vortici a terra che fanno volare in alto la polvere – concreti e reali e minacciosi segni di tempesta che sta per esplodere – tutto a un tratto quell'arrovellìo si scioglie e lascia passare un raggio o intravedere l'azzurro, allo stesso modo la loro amicizia aveva avuto il sopravvento e anche l'antica complicità. Guido stesso pensandoci non finiva di stupirsene. A vedersi così spiritati gli era venuto da ridere. Qualche ritorno di rancore, ma sulle note alte, quelle che ormai sono venute a galla e con una bella urlata passa tutto.

Alla fine ricordavano insieme, passo a passo, ciò che era stato, ma come una cosa della quale non portavano la responsabilità, una cosa dolorosa e inevitabile che li aveva divisi. Ma per motivi ideali, nobili, niente di personale. Compagni duri e delatorii Guido ne conosceva e aveva imparato a stimarli. Lui e Edgardo erano sempre gli stessi, si doveva solo ricominciare. Contava il futuro e quello sì che dipendeva da loro. In entrambi, ma soprattutto in Guido, c'era "la sensazione di governare il futuro e quindi anche un'eccitazione, un divertimento".

La pistola

Il vecchio Mike O'Groats entrò, si fermò sulla porta e disse:

– Signor tenente, la Beretta non ha sparato da almeno dieci anni. Non può sparare: la balistica dice che non ha neanche tutti i pezzi dentro. Il giovanotto ci ha preso in giro. Si è inventato tutto. Ora bisognerà capire come ha fatto e perché. *I'm sorry*. Mi dispiace, signore.

– Rimane la detenzione di armi, lo so –, fece eco seminascosto dietro quelle spalle da giocatore di baseball l'avvocato Pasatieri. – Possiamo spiegare tutto. Comunque all'atto della contestazione di reato al nostro cliente era stata fatta ingerire una notevole quantità di alcol, droga alla quale non era mai stato iniziato. Intendiamo querelare l'autorità militare. Inoltre si tratta, non lo dimentichi, di un minore. Bisognerà tenerne conto.

Epilogo

Era il maggio del 1945. A casa di Iselda arrivò una lettera di Maria Adele. Dopo il delitto della Querciolotta altre lettere non erano arrivate.

Carissimi,

non ho ancora superato il dolore per le sfortunate vicende giudiziarie di Robertino, che mi avvelenano la gioia per la fine della guerra qui da noi e il ritorno della legalità, almeno si spera.

Pensarlo in difficoltà così grandi mi è di peso pressoché insopportabile, ma bisogna pure andare avanti.

Prego molto per lui, perché sia forte e riesca a uscirne in qualche modo, ma so bene purtroppo che il nostro bimbo non sarà più lo stesso.

Attendo con ansia notizie di lui e del suo scagionamento e non riesco a farmi una ragione. Non so, non capisco e non posso credere che ciò di cui si è accusato abbia potuto anche solo immaginarselo.

Devo rimproverarti, Iselda, figlia mia, ché forse per il dolore non sei stata affatto chiara con me nelle tue lettere, in questi ultimi mesi, e invece io ho proprio bisogno di vedere chiaro per farmi una ragione.

Su lui avevo riposto le mie speranze di un avvenire migliore per tutti. Dopo la scomparsa di suo padre, si direbbe che il destino abbia voluto accanirsi facendogli perdere il lume della ragione.

Nonostante la tragedia che qui è avvenuta sei mesi fa, mi sento circondata da buone persone e sempre più legata alla campagna, ora che questi ultimi avvenimenti familiari mi hanno così segnata, e non penso di tornare in città per adesso. Almeno finché non avrò trovato chi prenda in mano l'azienda, che ora con l'acquisto del molino e della cartiera contigua è diventata una cosuccia importante.

Abbiamo l'occasione di ricominciare e di provare a ridare il lavoro a tanta gente, come mi sollecitano dal comune rinnovato, e anche di impiegare bene i nostri capitali. Gualtiero, che mi ha sempre dato carta bianca, ora mi dice di fare come se la proprietà di sua madre non l'avessi solo curata e ampliata, ma fosse stata mia fin dall'inizio. Gliene sono grata e voglio ricambiarlo facendo le scelte più opportune.

Renato, mi scrive Bianca, sarebbe disposto a stabilirsi qui e a occuparsi dell'azienda e ne sarei più che felice. Vorrei che mi scrivesse lui stesso e mi dicesse dei suoi progetti. Un giovane imprenditore pieno di entusiasmo e di voglia di crescere: ecco proprio quello di cui ho bisogno io. Spero che sia ancora come lo ricordo: forte, robusto e sano come un corallo, così dicono qui da noi. È anche bello e per giunta simpatico a tutti. Lo aspetto a braccia aperte, venga quando vuole ora che finalmente, grazie a Dio, siamo dalla stessa parte del fronte. So che ci sono disagi e perciò non insisto perché il viaggio lo intraprendiate voi, Iselda e Bianca, e neanche Bice, ma Renato con Federico possono pure mettersi in cammino per riabbracciarmi, ché tanto lo desidero. Anche Renato solo, se Federico ha troppi impegni.

Dico Renato, perché devo decidere in questi giorni se allargare la cartiera o aggiungere al bosco la segheria Derenzi, che rileverei proprio per pochi soldi, giusto per non licenziare gli operai che tornano, ed è sempre all'interno del perimetro delle nostre strade provinciali, le due fra cui siamo.

Con la ricostruzione, che prima o poi dovrà avviarsi nelle città, la carpenteria ha un avvenire. Mi potrebbe già dare un consiglio, lo presenterei come mio procuratore a quelli che trattano e alle autorità qui in paese, preoccupate che la segheria non chiuda.

Sono sicura che, umano e comprensivo com'è, saprà avere buoni rapporti con tutti e soprattutto con i sindacati di sinistra che più si occupano dei lavoratori ed è importante che ci vogliamo tutti bene e lavoriamo d'amore e d'accordo, dal momento che gli interessi mi sembrano gli stessi.

Sono sicura che avrà davanti, almeno lui, un brillante avvenire, ma è importante che anche Bice e Federico ne siano convinti e approvino per il loro primogenito questa scelta che a me pare buona e opportuna.

Vi abbraccia tutti in attesa delle vostre nuove

Maria Adele

Indice

Finito di stampare nel mese di gennaio 1992
presso lo stabilimento G. Canale & C. S.p.A.
Borgaro Torinese (TO)

Printed in Italy